U0902271

中国教学哲学的历史考察

孙杰 著

中国社会科学出版社

图书在版编目（CIP）数据

为己之学：中国教学哲学的历史考察 / 孙杰著．—北京：中国社会科学出版社，2021.10

ISBN 978－7－5203－9048－4

Ⅰ.①为…　Ⅱ.①孙…　Ⅲ.①教育哲学—研究—中国　Ⅳ.①G40－02

中国版本图书馆 CIP 数据核字（2021）第 188698 号

出 版 人　赵剑英
责任编辑　王鸣迪
责任校对　韩海超
责任印制　张雪娇

出　　版　中国社会科学出版社
社　　址　北京鼓楼西大街甲 158 号
邮　　编　100720
网　　址　http://www.csspw.cn
发 行 部　010－84083685
门 市 部　010－84029450
经　　销　新华书店及其他书店

印　　刷　北京君升印刷有限公司
装　　订　廊坊市广阳区广增装订厂
版　　次　2021 年 10 月第 1 版
印　　次　2021 年 10 月第 1 次印刷

开　　本　710×1000　1/16
印　　张　19.5
插　　页　2
字　　数　310 千字
定　　价　118.00 元

古之学者为己，今之学者为人。——孔子：《论语·宪问》

尽其心者，知其性也。知其性，则知天矣。存其心，养其性，所以事天也。殀寿不贰，修身以俟之，所以立命也。——孟子：《孟子·尽心上》

古之学者为己，今之学者为人。君子之学也，美其身；小人之学也，以为禽犊。——荀子：《荀子·劝学》

古之学者为己，以补不足也；今之学者为人，但能说之也。古之学者为人，行道以利世也；今之学者为己，修身以求进也。——颜之推：《颜氏家训·勉学》

古之教人，莫非使之成己。自洒扫、应对上便可做到圣人事，洒扫、应对，便是形而上者，理无大小故也。故君子只在慎读。——程颢：《宋元学案》卷十三《明道学案》

古之学者为己，其终至于成物。今之学者为人，其终至于丧己。——程颐：《论语集注·宪问》

古之学者为己，所以自昭其明德。己之德已明，然后推其明以及天下。——陆九渊：《陆九渊集》卷三十五《语录下》

古之学者求天知，今之学者求人知；古之仕者行己，今之仕者求利焉。——胡宏：《胡宏集·知言·纷华》

盖闻古之学者为己，今之学者为人，故圣贤教人为学，非是使人缀缉言语，造作文辞，但为科名爵禄之计。须是格物、致知、诚意、正心、修身，而推之以至于齐家、治国，可以平治天下，方是正当学问。——朱熹：《晦庵先生朱文公文集》卷七十四《玉山讲义》

为己之学，成己所以成物，内本可以及末也；为人之学，徇人至于丧己，逐末而不知反本也。——何坦：《西畴老人常言·讲学》

君子之学，为己之学也。为己故必克己，克己则无己。——王阳明：《王阳明全集》卷八《书王嘉秀清益卷》

古之学者，为己是也。三代之学，皆所以明人伦也。明人伦者，尽为人道也。尽为人之道者，尽己也。心，己之心也；性，己之性也。学问思辨笃行，皆以存己之心，养己之性，是无所为而为。心又不为人而存，性又不为人而养，这便是古之学者为己。——湛若水：《湛若水先生文集》卷二十《九华山中华书堂讲章》

古之学者为己，亦为人。今之学者为人，亦不为己。古之学者，非不为人也，为人亦所以为己也。今之学者，非不为己也，为己亦所以为人也。卒之名实俱丧，故曰：不为人，亦不己。——陈确：《陈确集·近言集》

死亡的历史会复活，过去的历史会变成现在，这都是由于生命的发展要求它们的缘故。罗马人和希腊人躺在他们的坟墓里，直到文艺复兴时代，才被欧洲精神新的成熟所唤醒。文明的原始形式，那样粗糙，那样野蛮，躺在那里被人遗忘，或很少为人注意，甚或被人误解，一直要到欧洲精神的新阶段，即大家知道的浪漫主义或恢复运动才来“同情”他们——那就是说，承认它们作为自己现在特有的兴趣。就是这样，历史的伟大论著现在对我们来说是编年记录，许多文献目前是默默无声，但是等到时来运转，生命的新的闪光又会从它们的身上掠过，它们又会重新侃侃而言。

——［意大利］克罗齐：《历史和编年史》

目　　录

绪　论

中国教学哲学的历史之思

> 按照中国哲学的传统，它的功用不在于增加积极的知识（积极的知识，我是指关于实际的信息），而在于提高精神的境界——达到超乎现世的境界，获得高于道德价值的价值。《老子》说："为学日益，为道日损。"（第四十八章）这种损益的不同暂且不论，《老子》这个说法我也不完全同意。现在引用它，只是要表明，中国哲学传统里有为学、为道的区别。为学的目的就是我所说的增加积极的知识，为道的目的就是我所说的提高精神的境界。哲学属于为道的范畴。
>
> ——冯友兰：《中国哲学简史》[①]

中国教学哲学的历史考察，正是要开启属于提高精神境界的为道之旅……

一　问题缘起：历史之思的学术判断

中国教学哲学历史之思的学术判断，主要是回答中国教学哲学研究思想缘起方面的学术问题。虽然"哲学"[②] 一词并非我国古已有之，但是我国古代社会存在哲学这一学术事实却得到了学界认可；虽然"教育哲学"一词也并非我国古已有之，但是，我国古代社会形成了基于教育

---

① 冯友兰：《中国哲学简史》，北京大学出版社2013年版，第5页。

② 汉语"哲学"一词是日本哲学家西周的发明。西周在《百一新论》（1874）中首先用"哲学"来翻译 philosophy 一词，虽然其时的哲学被看作为区别于东方儒学的词语，但是标志着"哲学"一词的产生。此后，直到1902年前后，"哲学"才被用于中国传统思想。

活动的教育哲学的教育事实。我国古代学者对哲学基本问题和范畴的认识和看法，既为古代学者思考教育问题提供了逻辑路径，也构成了古代教育哲学本体论、价值论的重要思维要素。诸如作为我国古代哲学研究的核心问题——天人关系，古代学者关于天人关系中天、人之间本然关系的探讨，构成了古代教育哲学的本体论基础；关于天人关系中天、人之间应然关系即“天人合一”理想境界的探讨，则构成了古代教育哲学的价值论基础。由此，天人关系就成为古代教育哲学的核心问题。同样，天道与人道、学问与人格、为己与为人、高明与中庸甚至包括政与教等古代哲学研究的重要命题，也是古代教育哲学研究的重要命题。中国古代哲学及教育哲学的重要命题，为我们思考中国教学哲学问题提供了学术基础。然而，中国古代哲学与教育哲学之间相关命题的互涉，不仅使得中国古代教育哲学研究难以摆脱古代哲学命题的窠臼，而且造成古代教学哲学研究陷入了窠臼中的窠臼。这正是对中国教学哲学进行历史考察的缘由之一。

我们走进古代学校教育教学生活不难发现，我国古代以官学为主体的学校教育教学活动，实质上不同于以制度化教育为依托的近现代学校教育活动，然而，以近现代学校教育教学活动为基础的教育范畴却成为诠释我国古代学校教育教学活动的参照标准和学术依据。正如在教育史研究领域，教育史研究成为学校教育史研究，与以教育的作用、目的和任务以及教学内容、原则和方法，德育内容、原则和方法等范畴体系来诠释古代教育思想相类似，“使古人讲洋话”或“让古人讲我们的话”，同样也成为我国古代哲学包括教育哲学研究领域所共同面临的学术境遇。“今日之谈中国哲学者，大抵即谈其近日自身之哲学者也；所著之中国哲学史者，即其今日自身之哲学史者也”（陈寅恪语），事实上，如果我们查阅同时期的相关教育哲学著作，不难发现，谈教育哲学者也成为谈其近日自身之教育哲学者也。无论是“使古人讲洋话”还是“让古人讲我们的话”，都会使我们经常忘记自身存在的历史性，而以非历史、超时间的普遍性来看待我国古代教育哲学的发展历程。正如何光荣在《中国古代教育哲学》中所言：“中国之哲学深蕴着教育思想，中国之教育思想体现着完备的哲理；二者关系极为密切，几乎可以说一而二、二而一，二者统一于一体之中。”① 因此，寻找中国教学哲学的历史性，就成为进行历史考察的缘由之二。

我们要寻找中国教学哲学的历史性，就必须对中国古代教学哲学做到“真切的了解和理解”，即：“必神游冥想，与立说之古人，处于同一境界，而对于其持论所以不得不如是之苦心孤诣，表一种之同情，始能批评其学说之是非得失，而无隔阂肤廓之论。否则数千年之陈言旧说，与今日之情势迥殊，何一不可以可笑可怪目之乎？”② 而“处于同一境界”之“同情”，并不是完全没有批判的想当然式的“设身处地”，而是要以古代教学哲学自身的逻辑理路和思想立场去批判地对待古代教学哲学本身，并从中探寻属于中国教学哲学的话语体系和概念系统。中国教学哲学的历史考察就在于梳理出中国教学哲学发展的独特思路，勾勒出中国教学哲学特有的问题域，从而实现建构中国教学哲学概念体系的研究宗旨。

二　兼陈中衡：历史之思的历时共时

“往古来今谓之宙，四方上下谓之宇”（《文子·自然》），“宙”和“宇”就暗合中国古代之时间和空间的概念。从研究范围来看，中国教学哲学的历史考察，主要是致力于中国教学哲学的历史研究，并把研究范围限定于近代社会之前的古代社会，从而在宏观层面具有时间和空间的一致性，有利于从整体上理解和把握中国教学哲学的自身特点；从研究内容来看，主要集中于古代教学哲学层面的学术研究，古代教学哲学既是区别于近代教学哲学和现代教学哲学的时间概念，又是不同于近代教学哲学和现代教学哲学的空间概念，古代教学哲学具有自身的时空观。因此，中国教学哲学的历史考察，就必须立足于古代教学哲学自身的时空观，来剖析古代教学哲学的话语体系和概念系统，以此来提炼中国教学哲学独特的形态、问题、概念体系和方式方法。

我们对于中国教学哲学研究历时共时的学术思考，除来自研究范围和研究内容的学理层面思索之外，还基于对相关文献研究成果梳理的学

① 何光荣：《中国古代教育哲学》，北京师范大学出版社 1997 年版，（自序）第 4 页。

② 陈寅恪：《金明馆丛稿二编》，上海古籍出版社 1980 年版，第 247 页。

术判断。与本研究相关的前期学术研究论著主要包括三个层面。

第一个层面：教学哲学方面的研究。这方面的学术研究论著主要有：周浩波、迟艳杰的《教学哲学》（辽宁教育出版社 1993 年版）；张楚廷的《课程与教学哲学》（人民教育出版社 2003 年版）；张立昌、郝文武的《教学哲学》（中国社会科学出版社 2009 年版）；于永昌的《教学哲学》（辽宁教育出版社 2013 年版）。这些著作的研究体系如表 1 所示。

表 1　**著作的研究体系**

周浩波、迟艳杰《教学哲学》	第一章　教、学、教学；第二章　教：方法论的选择；第三章　教：逻辑链条中的历史浓缩；第四章　教学：关系中的一般范型与准则；第五章　教学：社会、文化因素的渗透；第六章　教学理论：规范的前提与结构；第七章　教师：职业素养的构成；第八章　学生：主体性的确立与消失；第九章　课程：研究的还原；第十章　教学理论研究展望
张楚廷《课程与教学哲学》	第一章　教学与教学哲学；第二章　布鲁纳的结构原理；第三章　结构主义与后结构主义；第四章　结构主义的改造；第五章　结构课程概论；第六章　后现代课程观；第七章　课程模式问题；第八章　“五 I”课程构想；第九章　科学主义与课程；第十章　人本主义与课程；第十一章　社本主义与课程；第十二章　重温马克思全面发展学说；第十三章　人文引领的和谐课程观
张立昌、郝文武《教学哲学》	第一章　导论；第二章　教学本质论；第三章　教学目标哲学；第四章　教学内容哲学；第五章　教学主体哲学；第六章　教学过程哲学；第七章　教学方式哲学；第八章　科学与人文教学哲学；第九章　课程改革哲学；第十章　教学评价哲学
于永昌《教学哲学》	第一章　教学知识论；第二章　知识论的教学表达；第三章　教学矛盾论；第四章　教学价值论；第五章　教学实践论

教学哲学研究首先要回答的问题是如何看待教学和哲学之间的关系，同样由于哲学研究范畴相对来说较为成熟，就存在用哲学研究范畴

来进行教学哲学研究的学术倾向。教学哲学研究不是哲学与教学的简单相加而成，也不是用哲学范畴来诠释教学，而是要用哲学的思维方式和反思的方法来思考教学的基本问题。故此，教学本质、教学目标、教学内容、教学主体、教学过程、教学方式、教学评价等教学哲学基本问题研究，才是教学哲学研究的应有之义。

第二个层面：中国教学论史和教学思想史方面的研究。这方面的学术研究论著主要有：董远骞的《中国教学论史》（人民教育出版社 1998 年版）、张传燧的《中国教学论史纲》（湖南教育出版社 1999 年版）、熊明安的《中国教学思想史》（西南师范大学出版社 1989 年版）、李定仁的《教学思想发展史略》（甘肃教育出版社 2004 年版）。这些著作的研究体系如表 2 所示。

表 2　**著作的研究体系**

董远骞 《中国教学论史》	第一章　绪论 （上篇　中国教学论发展简史）第二章　中国古代教学思想鸟瞰；第三章　中国近代教学论发展史略；第四章　新民主主义教学论的创建；第五章　一条曲折的路——教学论发展的 40 年；第六章　80 年代末到 90 年代初教学论研究的动向 （下篇　中国教学论问题史）第七章　探索教学规律所走过的路；第八章　教学原则的历史探究；第九章　教学艺术观的发展；第十章　成绩考评的发展简史；第十一章　启发教学思想和方法的发展；第十二章　学习、自学辅导思想和方法的发展；第十三章　创造教学思想和方法的发展；第十四章　情感培养思想和方法的发展；第十五章　课的形式的发展史；第十六章　教学竞赛与教学竞争问题的探讨史
张传燧 《中国教学论史纲》	第一章　中国教学论史研究概述；第二章　中国教学论发展分期及其特征；第三章　中国教学论与中国传统文化；第四章　中国传统教学论的理论基础；第五章　中国教学论基本范畴发展史；第六章　教学目的论；第七章　教学内容论；第八章　教学过程论；第九章　教学原则论；第十章　教学模式论；第十一章　教学评价论；第十二章　教学艺术论

续表

熊明安 《中国教学思想史》	第一章　先秦时期的教学思想；第二章　两汉时期的教学思想；第三章　魏晋南北朝时期的教学思想；第四章　隋唐时期的教学思想；第五章　两宋时期的教学思想；第六章　辽、金、元时期的教学思想；第七章　明朝时期的教学思想；第八章　清朝时期的教学思想；第九章　民国时期的教学思想；第十章　新中国成立后教学思想的新发展
李定仁 《教学思想发展史略》	第一章　教学目的；第二章　课程；第三章　教学过程；第四章　教学原则；第五章　教学方法；第六章　教学手段；第七章　教学组织形式；第八章　教学模式；第九章　教学艺术；第十章　教学评价

教学哲学研究要以教学思想为对象，教学论史和教学思想史就是教学思想层面的研究。通过对上述著作的简要概括不难发现：无论是教学论史还是教学思想史研究，大致有两种主要的研究方式，一是依据历史分期的历时性研究方式，一是按照教学构成要素的共时性研究方式。事实上，无论是历时还是共时都不是纯粹意义上的历时或共时研究，在历时性研究中依然是按照教学构成要素来对教育家的教学思想进行研究，在共时性研究中也是按照时间发展的先后顺序进行历时性的梳理。本研究所采用的研究方式，参考和借鉴董远骞《中国教学论史》中的研究方式，即采用历时（发展历程）与共时（构成要素）相结合的方式展开研究。

第三个层面：中国教育哲学方面的研究。这方面的学术研究论著主要有：黄济的《中国传统教育哲学思想概论》（河南教育出版社 1994 年版）；于述胜、于建福的《中国传统教育哲学》（江苏教育出版社 1996 年版）；何光荣的《中国古代教育哲学》（北京师范大学出版社 1997 年版）；张瑞璠的《中国教育哲学史》（山东教育出版社 2000 年版）；刘复兴、刘长城的《传统教育哲学问题新释》（湖北教育出版社 2000 年版）。这些著作的研究体系如表 3 所示。

表3 **著作的研究体系**

黄济 《中国传统教育哲学思想概论》	第一章 中国传统教育哲学思想的发展历程；第二章 社会观与教育；第三章 人性论与教育；第四章 伦理观与教育；第五章 知识论与教学；第六章 美学和美育；第七章 结论
于述胜、于建福 《中国传统教育哲学》	第一章 性与习；第二章 知与行；第三章 道与文；第四章 教与政；第五章 和·美·学；第六章 “天人合一”与理想人格
何光荣 《中国古代教育哲学》	第一篇 本体论；第二篇 人性论；第三篇 认识论；第四篇 教育论；第五篇 道德修养论；第六篇 人生意义论
张瑞璠 《中国教育哲学史》	本书共分为四卷：第一卷秦汉至汉代、第二卷魏晋到南宋、第三卷元代至清初、第四卷近代（1840—1949）。在第一卷中作者将先秦至西汉分为三个阶段，春秋创立和奠基、战国分化和争鸣、秦汉融和和总结。第二卷所述起自魏晋终于两宋，重在揭示中国古代教育哲学的第二个发展高峰——宋明理学，在其第一个发展高潮（以程朱理学为代表）的历史轨迹、思想逻辑和理论特色。第三卷所述，起自元代而终于明末清初，重在揭示宋明理学在其第二个发展高潮（以阳明心学为代表）时期的历史轨迹和思想逻辑。就理学教育哲学演变的内在逻辑而言，从程朱理学到阳明心学转变的关键，是由理本体转变为心本体。（注：仅简要呈现与本研究相关的前三卷的结构体系）
刘复兴、刘长城 《传统教育哲学问题新释》	第一章 天道与人道；第二章 政与教；第三章 学问与人格；第四章 为己与为人；第五章 高明与中庸

教学哲学研究既是教学论研究的应有之义，也是教育哲学研究的应有之义。教学和教育之间存在的相互关系，使得教学哲学研究在教育哲

学研究中显得尤为重要。本书所着重关注的是历史层面或者可以直接表述为中国古代教学哲学层面的研究，所以，中国传统教育哲学层面的教育哲学研究，特别是中国传统教育哲学的发展历程及基本问题研究，为从整体上把握中国古代教学哲学的发展历程及基本问题提供了必要的文献基础。

总而言之，中国教学哲学的历史考察就是立足于古代教学哲学的时空观，从对古代教学哲学的发展历程及基本问题的分析入手，来探寻属于中国教学哲学的话语体系和概念系统。

三　谋篇布局：历史之思的内容体系

教学哲学是关于教和学关系的哲学，“主要任务是研究为何教和学，教学什么，如何教和学”，从而来揭示“教和学关系及其发展的合理性”①。为何教和学、教学什么、如何教和学，就构成了教学哲学的主要研究内容。

（一）时间跨度

中国教学哲学的历史考察主要以中国古代教学思想为对象，研究从先秦时期至明末清初的古代教学哲学的发展历程。其中包括先秦诸子学说、汉代经学、魏晋玄学、隋唐佛学、宋明理学及明清实学的教学思想，并以此为依托来寻找教学事实和教学行动的思想依据。从实质上说，就是对教学思想的前提反思。

（二）整体结构

中国教学哲学的历史考察就是研究古代教学为何教和学、教学什么、如何教和学方面的哲学问题，就是思考古代教学如何在教学观的支配下围绕构成教学的基本要素（教学目的、教学内容、教学方法）而展开教学活动的教学哲学问题。教学思维是教学观和教学操作思路的统一体，一定的教学观就会形成相应的教学操作思路。教学操作思路是教学目的、教学内容和教学方法的统一体。中国教学哲学的历史考察，就需要在厘清中国古代教学理念的基础之上，来探讨包括教学目的、教学

① 张立昌、郝文武：《教学哲学》，中国社会科学出版社2009年版，第8页。

内容和教学方法在内的教学操作思路。教学境界既可以简单认为是教学方法所要达到的方法境界，更是包括教学观和教学操作思路等综合在内的精神升华，是一种基于具体教学要素而又超越和升华于其上的理想状态。故此，教学观、教学操作思路、教学境界共同构成了中国古代教学哲学问题的范畴体系。

本书的逻辑体系就是围绕由教学观、教学操作思路所构成的古代教学哲学体系来展开的。

（三）篇章结构

中国教学哲学的历史考察依据历时与共时相结合研究方式，围绕教学观和教学操作思路相统一的逻辑体系，从中国古代教学哲学的发展历程及基本问题入手来谋篇布局。具体包括中国教学哲学的回溯、始基、核心、追求和流变五个部分的内容。

第一章为“教学过往：中国教学哲学的回溯”。主要研究中国教学哲学思想的历程、主线、高峰和范畴四个方面的内容。中国教学哲学思想的历程，在于梳理从先秦时期至明末清初的教学哲学的发展历程；中国教学哲学思想的主线，在于探寻古代教学哲学发展历程中占主导地位的教学思想；中国教学哲学思想的高峰，则在于分析古代教学哲学发展历程中的思想高峰期；中国教学哲学思想的范畴，试图从古代教学哲学本身来寻找教学哲学的基本问题。

第二章为“教学理念：中国教学哲学的基础”。主要研究性与习、学与教两对范畴及其相互关系。性与习范畴既是从天与人范畴切入教育哲学问题的关键点，又是中国传统教育哲学范畴的逻辑起点。从性与习范畴到学与教范畴，是从中国传统教育哲学进入教学哲学的必由之路。学与教范畴是中国传统教学哲学范畴的始基，中国传统教学哲学就是从论述学与教范畴开始的。同样，教学操作思路也正是在教学理念支配之下所展开的，教学目的、教学内容和教学方法之中体现着教学理念。

第三章为“教学操作思路：中国教学哲学的核心”。主要包括教学目的、教学内容和教学方法三个方面的内容。教学操作思路包括教学目的和教学手段两个组成部分，主要用来思考教学的合目的性与合规律性方面的基本问题。教学目的与教学手段相互关联，有什么样的教学目的就会相应地选择什么样的教学手段，一定的教学手段就是服务于一定的教学目的的。教学手段包括教学内容和教学方法两个方面的主要内容，教学内容和教学方法都为教学目的服务。教学内容回答了教学什么的问题，教学方法则是用来回答如何教和学的问题。教学目的、教学内容和教学方法共同构成了中国教学哲学的核心。

第四章为“教学境界：中国教学哲学的追求”。教学境界既可以理解成为运用教学方法所能达到的艺术境界，同样，更是包括教学理念、教学目的、教学手段等整体在内的精神升华，是对教和学关系及其发展合理性的超越性的理解和阐释。好教学、好学生、好教师就是教学境界的理想表征，体现了中国古代教学所要追求实现的理想境界。

第五章为“从学到教：中国教学哲学的流变”。主要包括道学观的流变、教学观的流变两个方面的内容。道学观的流变，主要论述“道”之动、“学”之变及“道—学”思想的内在重塑。在中国古代教学哲学的发展过程中，正是因为有此道才有此学才有此教，儒家之道从天道到政道再到人道的变迁，造成包括道之载体——经学、经学之传承——教学在内的教学哲学诸要素关系的重置。教学观的流变，主要论述教学关系的重新诠释及学科建构两个方面的内容，论述了教育学科视角下对于教与学之间相互关系的重新认识和学科定位。“教学是有教的学”体现了对于教与学关系诠释的新思考。

四　运思路径：历史之思的逻辑和途径

以历史学视角的介入，在避免中国教学哲学的历史考察研究以今例古的学术弊端情况下，有助于把从今天理论立场的审视和对于对象本来的真实的考察恰当地结合起来，进而从古代教学哲学生成变化发展的动态过程中，去探寻和诠释中国古代教学哲学的精神实质。

（一）研究思路

本书研究要继承和发扬传统史学研究的优势，发扬以各部分以及部分之间的存在的联结性或对比性的关系形成结构张力，以视角的流动贯通形成整体性思维特点，在暗示和联想中把古代教学哲学的意义蕴涵于其间，从而弥补中国教学哲学的历史（或中国的实际）与西方教学哲学的逻辑（或西方的理论）分为两极的弊端，并以此为基础来探寻中国古代教学哲学的运作机理和逻辑体系。

（二）研究方法

本书研究是一个由研究方法的理论基础和一般研究方法两个大的方面及其相关层次构成的研究系统。

第一，研究方法的理论基础。参考和借鉴我国传统史学理论及近现代教学哲学、教育史学及中国古代哲学等相关学科理论。

第二，一般研究方法。它是哲学思维方法在历史研究中的运用，主要包括历史文献法、比较分析法、逻辑分析法等，其功能是分析教育历史现象的内在辩证关系和本质特点，在更深层次上把握教育历史的规律。（1）历史文献法，就是要通过对记载古代教学哲学的历史文献的搜集、整理和分析，厘清从先秦时期至明末清初的古代教学哲学的思想渊源及逻辑进程；（2）比较分析法，就是通过对先秦诸子学和宋明理学的比较分析，从中找到中国古代教学哲学发展变化的内在逻辑，并站在教学哲学思维立场去发掘中国古代教学哲学的独特价值；（3）逻辑分析法，就是对中国古代教学哲学进行高度抽象与概括，并进行具体而深入的逻辑论证，并运用当代的教学哲学等理论对其进行诠释，在上升为理论的分析与论证的基础之上，阐发中国古代教学哲学所蕴含的思想价值和学术意义。

五　审思明辨：历史之思的价值和局限

（一）研究的创新之处

本书研究力图突破既定的教学哲学框架和教育学史的研究范式，倡导以“继先人之志、述先人之事”的文化承担意识为前提，贯通“通人精神”和“博通之学”之真谛的传统学术理念和治学方式，构建体现中国传统治学方式的古代教学哲学体系。通过对中国古代教学哲学的综合研究，试图回答应否及如何将传统教学哲学纳入研究视野的教育史学问题，试图解决教育史研究者提升研究水平和理论层次的方法论问题，并在此基础之上探寻属于中国教学哲学的话语体系和概念系统。

（二）研究的局限之处

本书研究可能存在的局限之处为：

第一，思维方式的限制。研究者本人的思维方式受现代教育学科知识生成方式的熏陶而成，如何更加“客观地”去认识和理解古代教学哲学文本，就成为研究者必须正视的第一个难题。

第二，学科体系的限制。现代教学哲学体系是一个相对来说较为成熟的学科体系，也是得到教育学界共识的学科体系。如何在研究中国古代教学哲学的同时，梳理出中国古代教学哲学发展的内在理路，并且从教学哲学思想本身探寻古代教学活动的思想脉络，是一个很难突破的思想历程。

第三，文本解读能力的限制。如何恰当地解读古代学者的话语体系和言语表达方式，进而深入地体悟古代学者诠释教学哲学问题的思维方式，就成为本研究如何取得具有说服力结论的关键所在。

总而言之，中国教学哲学的历史考察，就是要力图突破思维方式、学科体系及文本解读能力的限制，并在中国古代教学哲学研究方面取得实质性进展。

第一章

教学过往：中国教学哲学的回溯

[**题解**] 为己与为人：古之学者为己，今之学者为人。(《论语 · 宪问》)

我们以程树德撰《论语集释》中的相关注释文本为范本来诠释“为己与为人”[①]。

[**考证**]《荀子 · 劝学篇》：“君子之学也，入乎耳，箸乎心，布乎四体，形乎动静，端而言，蠕而动，一可以为法则。小人之学，入乎耳，出乎口，口耳之间，则四寸耳，曷足以美七尺之躯哉?”又云：“古之学者为己，今之学者为人。君子之学也以美其身，小人之学也以为禽犊。”杨倞《注》：“禽犊，馈献之物也。”《北堂书钞》八十三、《太平御览》六百七引《新序》云：齐王问于墨子曰：“‘古之学者为己，今之学者为人。’何如?”对曰：“古之学者得一善言以附其身，今之学者得一善言务以悦人。”《后汉 · 桓荣传论》：“孔子曰：‘古之学者为己，今之学者为人。’为人者凭誉以显扬，为己者因心以会道。”“显扬”，邢《疏》引作“显物”，谓显之于物也。《颜氏家训 · 勉学篇》：“古之学者为己，以补不足也。今之学者为人，但能说之也。”

[**集解**] 孔曰：“为己履而行之，为人徒能言之”。

[**唐以前古注**] 皇《疏》：明今古有异也。古人所学，已未善，故学先王之道，欲以自己行之，成己而已也。今之世学，非复为补己之行阙，正是图能胜人，欲为人言己之美，非为己行不足也。《笔解》：韩

① 程树德：《论语集释》，中华书局2013年版，第1154—1155页。

曰："为己者，谓以身率天下也。为人者，谓假他人之学以检其身也。孔云'徒能言之'，是。不能行之，失其旨也。"李曰："孟子云尧舜性之，是天人兼通也。汤武身之，是为己者也。五伯假之，是为人者也。"

［**集注**］程子曰：为己，欲得之于己也。为人，欲见知于人也。

［**余论**］《四书辨疑》：欲得之于己，此为为己之公。欲见知于人，此为为己之私。两句皆是为己，为人之义不可通也。盖为己，务欲治己也。为人，务欲治人也。但学治己，则治人之用斯在。专学治人，则治己之本斯亡。若于正心修己以善自治之道不用力焉，而乃专学为师教人之艺，专学为官治人之能，不明己德，而务新民，舍其田而芸人之田，凡如此者，皆为人之学也。《论语稽》：古者八岁入小学，十五入大学，人无不学也。其入学也，自洒扫应对而极于修齐治平，皆切于日用之事，故曰为己。三代以后，惟士人学，其他则否。而士之为学，每以见知于人，博取富贵为心，较古人之学，名同而实异，故此章以为己、为人两言而括之。

［**发明**］张伯行《困学录》：古之学者为己，须是不求人知。有一豪求名之心，功夫便不真实，便有间断。试思仁义礼智，吾心之所固有，孝弟忠信，吾身之所当为，无一是求名之事。《易》云："遁世无闷，不见是而无闷。"《论语》云："人不知而不愠。"《中庸》云："遁世不见知而不悔。"须存此心，方是实做功夫，方有进处。夏锡畴《强学录》：如恶恶臭，如好好色，为己也。徇人而为善者，为人也。此关打不过，则事事从人起见，己之脚跟无扎实处，而欲求圣人之道，难矣。故《中庸》末章复自下学立心之始言之，特地从头转来说为己道理，为学者开示入德之门，其意亦深且切矣。知为己，始能立得志定，始能做慎独功夫。不知为己，则毁誉荣辱足以为吾之累，而外物之加损于我者多矣。

《论语集释》中对于"古之学者为己，今之学者为人"的诠释，让我们看到了古人为学之道——以修己、立己、行己为本。即："正心修己以善自治之道"。"'古'象征着孔子心目中的理想状态，'今'则代表了当时的现实，所谓'为己'是指自我的完善，'为人'则指迎合他人以获得外在的赞誉。在此，孔子以托古的形式，提出了个体的自我实现问题”，“以为己否定为人，也意味着将评价的标准从他人转向自我，个体的行为不再以他人的取向为转移”①。学以“明己德”“美其身”，“壹是皆以修身为本”，教人以“成己”作为为学鹄的——《大学》之“明明德”与《中庸》之“率性”正是此意。中国古代教学哲学的逻辑体系由此而展开。

第一节　中国教学哲学思想的历程

教学哲学既是教学论的分支学科，又是教育哲学的分支学科。我们对于中国教学哲学思想历程的考察，就是要在对中国教学论思想历程和中国传统教育哲学思想历程的回溯和反思的基础之上来划分中国教学哲学思想的发展历程。

一　中国教学论思想历程的回顾

在我国学者对于中国教学论思想发展历程的研究著述中，董远骞的《中国教学论史》和张传燧的《中国教学论史纲》最具有典型代表性。我们试结合两部论著的篇章结构和具体内容来展开分析。

（一）《中国教学论史》中的教学思想历程

董远骞在《中国教学论史》中将教学论史分为两篇，第一篇为中国教学论发展简史，第二篇为中国教学论问题史。在中国教学论发展简史中，讨论了关于中国教学论（教学思想）发展简史的阶段划分问题。董远骞认为，如果按照一般历史学关于古代、近代、现代的分期对中国教学论发展简史进行阶段划分，首先就必须要从教学论史的研究对象出发加以具体分析。但是，由于古代史比古代教学思想发展简史长得无法比拟，所以，以古代史上限作为古代教学思想发展简史的上限是不适当的。再加上，教学思想是在教学经验的基础上形成的，在春秋战国以前关于教学经验的记载是极少的，更没有发现对教学经验作概括的论著，

① 杨国荣：《善的历程——儒家价值体系的历史衍化及其现代转换》，上海人民出版社1994年版，第25页。

所以更谈不上关于教学思想的文献记载。正因如此，中国教学思想发展简史的上限就应该以春秋战国时期为限。具体来说，就应该以《论语》等记载教学经验的论著为开端。同样，按照一般的历史分期，中国历史的古代和近代以1840年鸦片战争为界。而事实上，中国古代教学思想的发展并不终止于1840年，从1840年至20世纪初这段时间的教学思想，主要是古代儒学教学思想的延续。所以，中国古代教学思想的下限就延续到20世纪初。

董远骞从对中国古代教学思想发展阶段上限和下限判断出发，在“中国古代教学思想鸟瞰”① 中从五个方面主要对儒家（作者指出中国古代教学思想应包括各家有关教学的论述）有关教学的论述作鸟瞰，如表1-1所示。

表1-1　**中国古代儒家教学思想鸟瞰**

一、孔子的教学思想要点
二、集儒家教学思想大成的《学记》
三、古代儒家教学思想的演进：（一）董仲舒独尊儒术和圣化思想（二）韩愈的《进学解》和《师说》（三）朱熹等的直观教学和读书法（四）王守仁常存童心的思想
四、古代儒家教学思想对日本的影响
五、古代儒家教学思想及其演进的特点

孔子—《学记》—董仲舒—韩愈—朱熹—王守仁等，是儒家教学思想的主要代表，体现了儒家教学思想发展的历史进程。作者虽然指出古代教学思想延续至20世纪初，但是认为古代教学思想的主体却是在1840年之前形成的，或准确地说，宋明理学教学思想就是古代教学思想发展高峰的标志。

（二）《中国教学论史纲》中的教学思想历程

张传燧在《中国教学论史纲》中根据历史演进阶段和学术思潮发展的脉络，认为中国教学论发展经历了“百家争鸣”、“独尊儒术”、玄

① 董远骞：《中国教学论史》，人民教育出版社1998年版，第12—28页。

佛道滥觞、重振儒术、理学兴盛、中体西用、引进探索、独立创建等阶段；根据自身体系发展的线索，可分为萌芽、形成发展、成熟衰微、过渡转化、引进探索、体系构建六个发展时期。作者按照后一种对中国教学论发展历程的划分，展开了具体的分析论述①，如表 1－2 所示。

表 1－2　**《中国教学论史纲》对于中国教学论发展阶段的划分**

一、中国教学论萌芽及其特征	中国教学思想是伴随着中国学校教育的产生、发展而逐步产生、形成和发展演变的，构建了中国教学论体系的基本框架，奠定了后世教学论发展的基础。在先秦各家中，儒家教学思想最全面、最丰富、最深刻，成为先秦教学理论的主导方面。
二、中国教学论发展及其特征	从秦统一中国到隋唐的 1000 多年，是中国古代教学论体系定型和发展阶段。
三、中国教学论成熟及其特征	从宋到明的近 700 年里，中国古典教学理论发展成熟并逐渐走向衰落。
四、中国教学论转化及其特征	清朝是我国社会新旧转型时期，可分为前后两个阶段，清初教学理论标志着古代教学理论的终结，清末教学理论则完成了中国教学理论从旧到新的转化。
五、中国教学论重构及其特征	从清末民初至 1949 年中华人民共和国成立，中国近现代教学理论是在批判继承中国古代教学理论、引进吸收西方近现代教学理论的基础上，在实践和理论探索创新的双重构建中形成发展的，初步建立起了具有中国特色、中西互补融合、符合时代要求、适应教学实践发展的中国现代教学理论体系，为当代中国教学理论的发展奠定了基础。
六、当代中国教学论发展及其趋势	从 1949 年中华人民共和国成立到 90 年代末的 50 年间，可分为两个阶段。1950—1978 年为第一阶段。在这个阶段，我国教学论发展以引进学习苏联教学论为主，同时开始了当代教学论的初步探索。1978 年后，在全面改革开放的背景下，以解放思想、实事求是的思想路线为指导，中国教学论也进入了新的发展时期。新时期教学论发展是在反思重建、全面引进、综合创建三个方面展开的，取得了令人瞩目的成就，为 21 世纪中国教学论的进一步发展打下了坚实的基础。

① 张传燧：《中国教学论史纲》，湖南教育出版社 1999 年版，第 7—27 页。

我们根据《中国教学论史纲》对于中国教学论发展阶段的划分，再结合本书的具体研究内容，不难发现，依据《中国教学论史纲》的阶段划分，中国古代教学论的发展阶段为中国教学论萌芽、发展、成熟三个主要阶段，也可以表述为“百家争鸣”、“独尊儒术”、玄佛道滥觞、重振儒术、理学兴盛五个方面的思想发展历程。

值得一提的是，吴文侃在《比较教学论》的第三章《中国教学论的历史发展》中曾指出，“中国的教学思想发端最早，但具有独立体系的教学理论的出现，始于春秋战国时期的‘百家争鸣’时代。儒、墨、道、法等各家在相互争鸣、相互吸收的过程中，分别形成各具风格的教学理论。西汉以后，‘罢黜百家，独尊儒术’文教政策的实施，使得儒家学说长期居于统治地位，以儒家教学思想为代表的中国传统教学理论，对连绵二千余年的中国封建社会的学校教育起着主要作用”①。依据上述认识，作者将中国古代教学论分为：先秦时期的教学论、汉唐时期的教学论和宋元明清时期的教学论三个阶段。我们如果将《中国教学论史纲》（张传燧）和《比较教学论》（吴文侃）关于中国古代教学论发展阶段的划分进行比较，不难发现，两本著作对于中国古代教学论发展阶段的划分大致相同。事实上，《中国教学论史》（董远骞）对于中国古代教学论的认识，同上述两本著作中对于中国古代教学论发展历程的认识，基本上是一致的。由此，我们从总体上完成了对中国古代教学发展历程的整体认知。

二　中国传统教育哲学思想历程的回溯

正如于述胜在《近30年中国传统教育哲学研究的不同理路》一文中指出，“在中国大陆，近30年来的传统教学哲学研究有两个中心或主要学术团队。其一，是以黄济先生为首的北京师范大学团队；其二，是以张瑞璠先生为首的华东师范大学团队”②。以黄济先生为首的北京师范大学团队，基本理路是“由论而入于史”，即出于建立学科知识体系

① 吴文侃：《比较教学论》，人民教育出版社1996年版，第72页。

② 于述胜：《近30年中国传统教育哲学研究的不同理路》，《北京师范大学学报（社会科学版）》2010年第6期。

的需要并从现代教育哲学问题出发，去回溯和总结传统教育哲学的丰富思想观点；以张瑞璠先生为首的华东师范大学团队，基本理路是“由史而进于论”，即通过总结中国教育思想史的研究成果，在哲学层面上把握中国教育的历史与文化精神。我们试以这两个团队的代表性著作为例，来回溯关于中国传统教育哲学思想发展历程的阶段划分。

（一）北京师范大学团队：以《中国传统教育哲学思想概论》为代表的阶段划分

黄济先生在《中国传统教育哲学思想概论》中指出，“中国的传统哲学思想，包括教育哲学思想在内，大致经历了先秦的诸子百家、汉代的经学和神学、魏晋的玄学、隋唐的佛学和‘三教’并举、宋明的理学、明末清初的实学（或经世致用之学）、近代的西学东渐等不同发展阶段。但在这一发展过程中又以儒学为主，儒学在不同的思想冲击影响下，其自身也在不同程度地发生着变化：其经历过西汉开始的儒学独尊和神学化，儒道互补魏晋玄学的出现，援佛入儒宋明理学的形成，以致近代西学东渐之后新儒学出现的不同情况”①。由此，中国传统教育哲学思想历程的划分如表1－3所示。

表1－3　**中国传统教育哲学的思想历程**

一、先秦诸子百家争鸣（或先秦诸子学）	（一）学派林立，百家争鸣；（二）春秋战国各学派所提出和论争的问题；（三）区域性文化；（四）春秋战国时期的教育
二、两汉经学与神学化	（一）经学的形成与发展；（二）《黄帝内经》中的哲学思想；（三）唯物论与神学的斗争
三、魏晋玄学	（一）魏晋玄学的兴起与发展；（二）玄学对教育、文学艺术等方面的影响；（三）范缜与神灭论
四、隋唐佛学的兴盛与“三教”并举	（一）隋唐时期的哲学思想；（二）韩愈、李翱等维护儒家道统和反佛、道的斗争；（三）柳宗元和刘禹锡的唯物主义思想
五、宋明理学	（一）宋明理学的主要内容；（二）气本体、理本体和心本体；（三）反理学的斗争

① 黄济：《中国传统教育哲学思想概论》，河南教育出版社1994年版，第1页。

续表

六、明清之际的实学	（一）明清实学的基本特征及其代表人物；（二）对明末清初时期实学的评价
七、近代西学东渐	（一）第一阶段：洋务派与守旧派的论争；（二）第二阶段：维新派与洋务派的论争；（三）第三阶段：资产阶级革命派与改良派之间的论争；（四）新文化运动中的中心文化论争

从对各阶段具体内容的阐释中，作者认为中国古代的哲学思想（包括教育哲学思想），差不多都可以从先秦的诸子百家中找到它的胚胎和萌芽。也就是说，先秦的哲学思想和教育哲学思想，为我国古代哲学思想和教育哲学思想奠定了基础。宋明理学是中国古代哲学发展的最后阶段，也是唯心主义哲学发展的最高阶段。作者还特别指出，宋明理学实际上应当说是从宋代起跨越宋、元、明、清四代占有统治地位的哲学思想，由于宋、明两代最有代表性，其主要代表人物是程、朱、陆、王，都是宋明两代的人物，因而称为宋明理学。由此，中国古代教育哲学思想的发展阶段，实际上就是从先秦诸子（萌芽阶段）到宋明理学（最高阶段）的思想历程。

（二）华东师范大学团队：以《中国教育哲学史》为代表的阶段划分

张瑞璠先生主编的《中国教育哲学史》共分为四卷，其中第一卷由春秋至东汉、第二卷由魏晋到南宋、第三卷由元代至清初、第四卷近代（1840—1949），中国古代教育哲学史研究内容主要在第一卷至第三卷，也就是1840年之前的古代教育哲学思想内容。

第一卷起自春秋终于东汉：作者认为，从先秦到西汉是一个不可分割的完整历史阶段。这一时期又可分为前后紧密相连的三个阶段：春秋创立和奠基、战国分化和争鸣、秦汉融合和总结。

第二卷起自魏晋终于两宋：作者认为，本卷重在揭示中国古代教育哲学的第二个发展高峰——宋明理学，在其第一个发展高潮（以程朱理学为代表）的历史轨迹、思想逻辑和理论特色。值得一提的是，宋明理学是经过两汉经学、魏晋玄学和隋唐佛学的发展之后，通过回归原始儒学，再造内圣外王的儒学精神传统。

第三卷起自元代而终于明末清初：作者认为，本卷重在揭示宋明理学在其第二个发展高潮（以阳明心学为代表）时期的历史轨迹和思想逻辑。同样，从程朱理学到阳明心学转变的关键，是由理本体转变为心本体。

我们如果对以黄济先生为首的北京师范大学团队和以张瑞璠先生为首的华东师范大学团队关于中国古代教育哲学思想发展阶段的划分进行比较，从其内容上看，二者都认为，中国古代教育哲学思想经历了两个高峰期，即先秦诸子学和宋明理学；从其形式上看，虽然在对汉至唐之间教育哲学发展阶段划分的理解方式不同，但是对于汉唐教育哲学思想在古代教育哲学思想整体发展历程中所处地位的认识相同，从而为我们划分中国教学哲学思想发展历程提供了重要的思想基础。

三　中国教学哲学思想历程的构想

我们通过对中国教学论思想发展历程的回溯，发现无论是《中国教学论史》（董远骞）还是《中国教学论史纲》（张传燧），都认为中国古代教学思想是在学校教育产生之后而产生的，因此都主张以先秦诸子学作为中国古代教学思想的开端。同样，都认为先秦诸子学不仅作为中国古代教学思想发展历程的历史存在方面的开端，而且从教学思想自身内部的各个组成要素来看，先秦诸子学又可看作中国古代教学思想自身发展的胚胎和萌芽阶段。正如恩格斯在评价古希腊的哲学思想时认为，“在希腊哲学的多种多样的形式中，差不多可以找到以后各种观点的胚胎、萌芽”①。先秦教学思想的历史地位就在于孕育了古代教学思想的胚胎、萌芽。另一个值得注意的方面是对宋明理学在古代教学思想发展历程中地位和作用的关注。宋明理学既是古代教学思想发展的高峰，又是古代教学思想发展历程的终结。通过对前期研究论著的分析，不难发现，此种终结是思想自身内部发展的终结，而不是代表着古代教学思想自此以后就不存在任何学术影响或不具有任何思想地位。按照董远骞的理解，中国古代教学思想的余绪可能延续至 20 世纪初，甚至更

① 《马克思恩格斯选集》（第 3 卷），人民教育出版社 1972 年版，第 486 页。

长；或者可以说，我们至今依然生活在传统教学哲学思想的润泽之中。汉唐经学教学思想处于先秦诸子学至宋明理学的过渡阶段，既是中国古代教学思想从萌芽至高峰的过渡阶段，又是先秦诸子学向宋明理学转变的过渡阶段。

我们通过对中国传统教育哲学思想发展历程的回溯，发现无论是《中国传统教育哲学思想概论》（黄济）还是《中国教育哲学史》（张瑞璠）同样都突出强调先秦诸子学在中国传统教育哲学思想发展历程中的奠基作用，尤其重视宋明理学在传统教育哲学思想发展历程中的顶峰地位。特别值得注意的是，在《中国传统教育哲学思想概论》将宋明理学理解为是对宋、元、明、清教育哲学思想总结概括的基础之上，《中国教育哲学史》将宋明理学分为两个阶段，一是以程朱为代表的理学教育哲学思想阶段，二是以阳明心学为代表的理学教育哲学思想阶段，反映了理学教育哲学思想内部从理本体向心本体的思想演进历程，拓展和深化了对于宋明理学思想自身发展进程的思想认识。

我们通过对中国教学论思想发展历程和中国传统教育哲学思想发展历程的回溯，对中国教学哲学思想发展历程（主要指中国古代教学哲学思想）的构想如下：

中国古代教学哲学思想的主体进程：

先秦诸子教学哲学—汉唐经学教学哲学—宋明理学教学哲学

值得说明的是：

第一，先秦诸子教学哲学是中国古代教学哲学的胚胎和萌芽，奠定了中国古代教学哲学的基础；宋明理学教学哲学是中国古代教学哲学发展的顶峰、终结和衰变，是宋、元、明、清时期教学哲学的总称，其中既包括程朱理学也包括阳明心学。

第二，汉唐经学教学哲学既是从先秦诸子教学哲学向宋明理学教学哲学的过渡期，也是中国古代教学哲学的发展期，在教学哲学思想发展过程中起到了承上启下的中介作用。

第三，中国古代教学哲学思想作为一个整体概念，应该从教学哲学思想发展的整体历程上进行诠释，以此来完整体现中国古代教学哲学思想内容。

第二节　中国教学哲学思想的主线

中国教学哲学思想的主线，就是在中国古代教学哲学发展历程之中占主导地位的教学哲学思想。中国古代教学哲学来自古代学者对于中国古代教育教学及中国古代教育哲学的思考和探索，因此，有必要从中国古代教育思想及中国古代教育哲学思想的源头来探寻中国教学哲学思想的主线。

一　中国传统教育哲学思想主线的思索

我们试通过对中国教育思想史和中国传统教育哲学思想史研究的代表性著作的分析，在梳理中国古代教育思想和中国传统教育哲学思想主线的基础之上，来探寻中国古代教学哲学思想的主线。

（一）中国古代教育思想主线的确认

在中国教育思想史研究领域，王炳照、阎国华先生主编的《中国教育思想通史》（八卷本）与孙培青、李国钧先生主编的《中国教育思想史》（三卷本）是研究中国教育思想史的最为系统性的通史性著作。在《中国教育思想通史》的“绪论”中，对中国教育思想主线的理论问题进行了系统阐述。

一个国家或一个民族在不同的历史发展阶段，总要形成一种占主导地位的主体教育思想，同时还会存在多种占非主导地位的教育思想，呈现出教育思想的多元性。主体教育思想的形成是通过各种教育思想长期对抗、论争、融合、吸收而逐步确立的。一种教育思想占据主导地位不是偶然的，一般需要具备三个基本条件：第一，符合当时社会发展的要求；第二，同当时的教育实践保持了紧密的联系；第三，善于融会教育思想的历史传统和各种教育思想的长处。一般来说，在某一历史发展阶段占主导地位的教育思想总是反映着当时社会发展和教育发展的进步趋势，凝聚着当时人们对社会和教育认识的最高成果，具有较强的活力。在一定的历史发展阶段，占主导地位的教育思想如果不能反映社会进步和教育发展的新要求，就必然会逐步丧失其优势，退出主导地位，而由原来不占主导地位或新诞生的教育思想所取代。①

不同历史发展阶段的教育思想就是由占主导地位和非主导地位的教育思想所构成的，在构成教育思想多元性的同时也保证了不同历史发展阶段教育思想的生命力。而一种教育思想之所以能成为同时期占主导地位的教育思想，就在于其能反映社会进步和教育发展的新要求。在中国古代教育思想发展过程中，儒学就是占主导地位的教育思想，究其原因有二。

儒家教育思想占主导地位的根本原因在于“与中国社会和文化环境的契合”。“中国自秦汉以来基本上都是实行统一的封建中央集权制，社会关系是封建宗族宗法制，经济基础是自给自足的小农自然经济形态，文化传统是社会至上、伦理为本。儒家教育思想强调隆礼重道、尊师重教；政教一元、官师一体；社会本位、修身为本；伦理为宗、道义兼求；孝悌为本、忠恕为上。中国的社会与文化孕育了儒家教育思想，儒家教育思想又有力地维系着中国社会与文化”②。

儒家教育思想占主导地位的重要原因在于：一是以寓作于述为宗旨，二是以献身教席为己任。第一，以寓作于述为宗旨的具体表现为：“儒家教育思想之所以长期居于主导地位，有多方面的原因。从儒家教育思想本身而言，它具有其他学派所不具备的长处和优势。儒家教育思想以‘述而不作，信而好古’为宗，实际又是‘以述代作’。‘寓作于述’便于融会和凝聚中华民族的悠久文化传统和先圣前贤的智慧，植根于广阔而深厚的民族文化背景之中，又致力于传播民族文化于社会各个阶层和各个方面。儒家教育思想以庸、常、中、和为宗，深邃广博，又浅近平实，像大海一样，能够无所不容，又无所不化。无论是面对儒家教育思想的内部分化，还是其他学派教育思想多次冲击，都能较快地调整自身，发展自身，消解分歧，求同存异，取人之长，补己之短”，“由原始儒家，到汉唐经学，再到宋明理学，儒家教育思想都是在整合

---

① 王炳照、阎国华：《中国教育思想通史》，湖南教育出版社 1994 年版，（绪论）第 5 页。

② 王炳照、阎国华：《中国教育思想通史》，湖南教育出版社 1994 年版，（绪论）第 7 页。

内部、融合各家的过程中发展的”。第二，以献身教席为己任的具体表现为：“儒家教育思想世世代代聚集着一批批的传人，而且同教育实践保持着密切的联系，以献身教席为己任。儒家教育思想涵盖着教育实践的方方面面，教育实践的丰富多彩的现实滋养着儒家的教育思想，丰富了儒家的教育思想”，“儒家教育思想哺育造就了一代代的儒学传人，儒学传人重视自己的学术传统，保持着儒学的凝聚力和生命力”。[①] 儒家教育思想与中国古代社会生活与教育教学之间的契合性，使得儒家教育思想成为中国古代教育思想中占主导地位的教育思想。正如李大钊在揭示以孔子学说为代表的儒家教育思想所以能支配中国人心达两千年之久的根本原因时指出的：“因他是适应中国二千余年来未曾变动的农业经济组织反映出来的产物，因他是中国大家族制度上的表层构造，因为经济上有他的基础”[②]。由此，儒家教育思想在中国古代教育思想中占主导地位并成为古代教育思想的主线。

同样，《中国教育思想史》“前言”认为，中国历来的教育思想主要特性表现为：实践性、历史性、继承性和民族性，其中在论述“民族性”时指出：

每个民族都有自己生息活动的地域，都有自己的历史文化，都有自己的社会经济和政治制度，形成自己的教育传统和特点。中华民族有悠久的历史，灿烂的文化。其优秀的文化传统，很大程度上是靠教育维系的。中华民族的先哲们，较早认识教育的意义，多数从社会群体生活需要来肯定教育的作用，视教育为社会生活实践的重要内容，为政的基本手段之一，重视教育的社会功能。与此相联系，也就尊重担负教育责任的教师，要求扩大教育面，要使社会成员都具有道德规范的观念，要根据个性特点来施教以提高教学效果。儒家成为中华民族历代教育主流，其倡导的重教尊师、有教无类、注重德育、因材施教、教学相长、启发诱导、学思结合等，成为中华民族优良的教育传统，与世界上其他民族

① 王炳照、阎国华：《中国教育思想通史》，湖南教育出版社 1994 年版，（绪论）第 6—7 页。

② 《李大钊选集》，人民出版社 1959 年版，第 297 页。

比较，显然有自己的特点。①

儒家作为中华民族历代教育主流的教育地位和思想地位，正是中华民族传统得以传承的重要文化载体和教育保障。

（二）中国传统教育哲学思想主线的确认

我们以中国传统教育哲学思想研究的代表性论著：《中国教育哲学史》和《中国传统教育哲学思想概论》为例，来考察中国传统教育哲学思想的主线问题。

《中国教育哲学史》在“前言”中指出，“何以中国文明能够长期延续而生生不息？甚至在各种外来文化剧烈冲击下亦能沉着应变而不失其坚强的民族凝聚力？一个重要的原因，就是因为中国向来重视教育，几乎所有有建树的哲学家都是教育家，都热衷于各种形式的讲学和教育活动，都把目标指向理想人格的塑造和培养。其中，儒家学派尤为突出。正是在这个意义上，当代著名哲学家张岱年曾明确指出：‘儒家哲学是教育家的哲学。’范文澜则认为：儒家教育思想作为中国传统教育思想的核心内容，理应是‘中国教育史的一条主线’。儒家学派从其创建之日起，即把目光从玄远的‘天道’转向世俗的‘人事’，表现出人类理性精神的觉醒：人不再是天的附属品，而有其自身的存在价值和意义。”② 由此看来，《中国教育哲学史》认为中国传统教育哲学思想的主线就是儒家教育思想。《中国传统教育哲学思想概论》中同样指出，“中国的传统哲学思想，包括教育哲学思想在内，大致经历了先秦的诸子百家、汉代的经学和神学、魏晋的玄学、隋唐的佛学和‘三教’并举、宋明的理学、明末清初的实学（或经世致用之学）、近代的西学东渐等不同发展阶段。但在这一发展过程中又以儒学为主，儒学在不同的思想冲击影响下，其自身也在不同程度地发生着变化：其经历过西汉开始的儒学独尊和神学化，儒道互补魏晋玄学的出现，援佛入儒宋明理学的形成，以致近代西学东渐之后新儒学出现的不同情况”③，儒学在中

① 孙培青、李国钧：《中国教育思想史》，华东师范大学出版社 1995 年版，（前言）第 4 页。

② 张瑞璠：《中国教育哲学史》，山东教育出版社 2000 年版，（前言）第 2 页。

③ 黄济：《中国传统教育哲学思想概论》，河南教育出版社 1994 年版，第 1 页。

国传统教育哲学思想中的主导地位再次得到确认。此外，《中国传统教育哲学》在对中国传统教育哲学历史发展进程的奠基期——先秦诸子的教育哲学的论述中，认为“先秦时期，就是中国文化的轴心时代”，“所提出的各种教育问题以及对这些问题的哲学思考，奠定了中国传统教育哲学的理论基础，为后世教育家们对于教育问题的思考提供了重要的理论素材。我们甚至可以这样说，后世的教育哲学思想，正是沿着先秦诸子所开辟的道路和指引的方向继续探索的结果。在先秦诸子中，对后世影响最为深远的是儒、墨、道、法四家”①。但是，在经历先秦社会发展之后各家的命运却大不相同——“墨家从汉以后就成为绝学，其部分思想观念在下层人们中间尚有所保存，对中国传统教育哲学影响不大；法家建立在冷酷的利己主义思想基础上的君人南面的数术权谋，在儒学独尊以后，主要是在官场的权力斗争中暗地里发挥作用，在高雅的哲学思想领域，没有什么立身之地；儒家自汉以来作为中国传统学术的正统，一直支配着文化教育；道家的自然原则，则作为对儒学的补充，同儒学一道，共同影响了后世的教育哲学”②，可见，儒、墨、道、法四家之中只有儒家成为中国传统学术的正统，同样也是中国传统教育哲学的正统。

二　中国儒家教育哲学思想线索的梳理

我们通过对中国古代教育思想和中国传统教育哲学思想主线的梳理，不难发现，儒学既是中国古代教育思想的主线也是中国传统教育哲学思想的主线。既然儒学被视作中国传统教育哲学思想的主线，那么我们就有必要借鉴相关研究资料来进一步梳理儒家教育哲学思想自身发展的线索，从而为我们以儒家教育哲学思想为主线展开深入、系统的研究寻找依据。我们试以《中国教育哲学史》（第一、二、三卷）为范本，按照著作的先后顺序来重点梳理儒家教育哲学思想发展的历史线索，如表1－4所示。

---

① 于述胜、于建福：《中国传统教育哲学》，江苏教育出版社1996年版，第4页。

② 于述胜、于建福：《中国传统教育哲学》，江苏教育出版社1996年版，第10页。

表 1－4　　**儒家教育哲学思想发展的历史线索**

孔子	1. 求安重义的理论价值取向；2. “义”对“仁”和“礼”的贯通作用与“中和”本质；3. 利的分类、取利之道和义利关系；4. 重公利、社会本位和经世致用之学；5. 贵义贱利、重精神轻物利和“为己之学”；6. 融科技知识于道德课程之中的教育内容
孟子	1. 辨“义”；2. “有恒产者有恒心”的道德、教育基础论；3. “唯义所在”的道德价值论；4. 道德、知识、利益三位一体的分工学说；5. “穷达”之分和“为己”之学；6. 孟子义利观的理论基础——性善论和“存心”“寡欲”的教育方法论
荀子	1. 义利观和价值取向；2. 道德教育的理论基础；3. “先义后利”的功利主义道德教育方法；4. 以礼分利、尚贤使能和教育目标的层次划分；5. 性恶论和“化性起伪”的教育作用论；6. 导欲论和“心之所可中理”的理性教育原则
秦汉儒家	1. 从“坑儒”到“尊儒”的艰难历程；2. 董仲舒天人同构和天人相通的宇宙统一论；3. “正其谊不谋其利”的义利观及其价值导向；4. 董仲舒以天人合一为依据、性“三品”为基础的教育哲学思想；5. 儒学强化、衰落、反省、叛逆与王充思想承先启后的转折意义
魏晋玄学	1. 王弼：“名教出于自然”；2. 嵇康：“越名教而任自然”；3. 郭象：“名教即自然”
隋唐时期	韩愈、李翱：理学教育的先驱 1. 韩愈：“务使合于孔子之道”；2. 李翱：“灭情复性”
北宋理学	1. 周敦颐：“寻孔颜乐处”；2. 张载：“知礼成性，变化气质”；3. 程颢、程颐：“天下之事，惟义利而已”
南宋理学	朱熹：1. 心性论与教育价值论；2. 知行观与为学之方；3. 礼论与教育内容和教育阶段论；4. “明人伦”与圣贤人格论 陆九渊：1. “心即理”与道德主体论；2. “发明本心”的教育方法论 杨简：心学派教育哲学的禅学化

过渡时期的理学教育哲学：

元代：1. 许衡；2. 吴澄　明初“述朱”派：1. 薛瑄；2. 吴与弼

续表

明代心学	1. 陈献章的教育哲学；2. 湛若水的教育哲学
王守仁	1. 曲折的心路历程；2. “心即理”的本体论；3. “致良知”的本体功夫论；4. “知行合一”的认识论；5. “天泉政道”与阳明学派的分化
心学派教育哲学在明中后期的发展： 1. 王畿；2. 王艮与泰州学派；3. 工夫派；4. 刘宗周	
明末与清前期的教育哲学： 1. 黄宗羲；2. 顾炎武；3. 王夫之；4. 颜元；5. 戴震	

从《中国教育哲学史》前三卷关于儒家教育哲学思想的具体研究内容来看，孔子、孟子、荀子、董仲舒、韩愈（李翱）、朱熹、王守仁构成了儒家教育哲学思想的主体，同样，他们对于有关儒家教育哲学方面的教育命题的提出和阐释，就构成中国教育哲学思想教育命题的主体部分和主要内容。《中国教育哲学史》对于中国古代儒家教育哲学思想线索的梳理和研究，为我们深入开展中国教学哲学研究奠定了思想基础。

三 中国教学哲学思想主线的审定

我们对于中国古代教育思想及中国古代教育哲学思想的发展历程进行梳理之后发现，儒家教育思想及教育哲学思想既是中国古代教育思想的主线，也是中国教育哲学思想的主线。因为教学哲学是教育哲学的分支学科，我们就此可以认为中国古代教学哲学的主线是儒家教学哲学。事实上，在《中国教学论史》中对中国古代教学思想研究对象进行界定时就曾指出，“中国古代教学思想发展简史以我国古代封建的教学思想，主要是儒家教学思想及其演进作为研究对象”①。与此同时，《中国教学论史纲》同样指出：中国古代教学理论是“以儒教教学思想为主导，包容各家教学思想的结构体系，坚持‘尊孔崇儒’的指导原则；

① 董远骞：《中国教学论史》，人民教育出版社 1998 年版，第 3 页。

采取继承、改造、融合的发展道路，确立了古代教学论发展的基本方向"①；田慧生、李如密的《教学论》认为，"我国教学思想的发展源流分明，教育家们都是在继承前人的基础上不断发展完善的，并由此形成以儒家教学思想为主干的教学思想传统及体系"② 等。教学哲学同样也是教学论的分支学科，中国古代教学论的主线是儒家教学思想，那么中国古代教学哲学思想的主线自然也是儒家教学哲学。我们通过对中国古代教育哲学思想和教学思想主线的梳理，最终确定中国古代教学哲学思想的主线是儒家教学哲学思想。

既然儒家教学哲学思想是中国古代教学哲学的主线，那么就需要进一步确定儒家教育思想自身发展的线索。我们通过对儒家教育哲学思想发展线索的梳理，在《中国教育哲学史》中主要对孔子、孟子、荀子、董仲舒、韩愈（李翱）、朱熹、王守仁等代表人物的教育哲学思想进行研究，并以此来体现儒家教育哲学思想发展的思想逻辑和历史进程。那么，在主要以儒家关于教学的论述作为研究对象来鸟瞰中国古代教学思想的论著——《中国教学论史》中所呈现的儒家教学主线又如何呢?《中国教学论史》在"中国古代教学思想鸟瞰"中，主要研究孔子的教学思想、集儒家教学思想大成的《学记》、古代儒学教学思想的演进等三个方面的主要内容。在古代教学思想演进部分的主要内容包括：董仲舒独尊儒术和圣化思想、韩愈的《进学解》和《师说》、朱熹等的直观教学和读书法、王守仁常存童心的思想等。孔子、《学记》、董仲舒、韩愈、朱熹、王守仁等，构成了中国古代教学思想演进的历史进程。同样，《现代教学论》（第一卷）指出，"在两千多年的发展历程中，出现了一大批教育大师，从孔子、墨翟、孟轲、荀况、董仲舒，到韩愈、朱熹、王夫之，他们在总结教育实践经验的基础上，基于不同的哲学观、自然观、社会观和教育观，形成了教学理论基本发展的不同思想观点。这是先哲们博大精深的教学思想，成为世界教学论发展中的瑰宝"③。中国古代教育哲学和中国古代教学思想的研究论著中，对于儒家教育哲

① 张传燧：《中国教学论史纲》，湖南教育出版社 1999 年版，第 12 页。
② 田慧生、李如密：《教学论》，河北教育出版社 1999 年版，第 57 页。
③ 裴娣娜：《现代教学论》（第一卷），人民教育出版社 2005 年版，第 2—3 页。

学思想和教学思想主要代表人物的确认基本相同，为我们最终确认儒家教学哲学思想的代表人物提供了参考和借鉴。

至此，我们完成了对于中国教学哲学思想主线的审定。

第一，在儒家教学哲学思想的代表人物方面，以孔子、孟子、荀子、董仲舒、韩愈、朱熹、王阳明为中心；

第二，在儒家教学哲学思想的代表著作方面，以《学记》为中心，参照《大学》《中庸》对先秦儒家教学哲学思想进行全面梳理；

第三，儒家教学哲学思想是在继承、改造、融合中形成的，必然存在共时和历时层面的吸收和借鉴，故以儒家教学哲学思想为主并不意味着对处于非主导地位的其他学派的古代教学哲学思想的忽视，同样，正是因为非主导地位的教学哲学思想的共同存在，才最终促成了儒家教学思想的发展和完善。

第三节　中国教学哲学思想的高峰

中国古代教学哲学思想以儒家教学哲学思想为主线，并以孔子、孟子、荀子、董仲舒、韩愈、朱熹、王阳明等古代先哲的教学哲学思想为中心。在此基础之上，我们有必要来进一步论证儒家教学哲学思想发展历程中的思想高峰，从而来探寻儒家先哲们所集中关注的教学哲学命题以及所展开的理论阐释。

一　中国传统教育哲学思想高峰的判断

中国传统教育哲学思想是以儒家教学哲学思想为主线，儒家教育哲学思想在其发展历程中形成了思想发展的高峰期。我们试在对儒家教育哲学思想发展高峰期进行梳理的基础上，寻找儒家教育哲学思想的主要命题。

（一）中国古代教育思想高峰的确定

杜成宪在《中国教育思想史研究散论》中指出，“在中国教育思想发展的上述两大阶段中出现过两个高峰和两次转折。两个高峰是指中国传统教育思想奠基时期的先秦诸子教育思想和儒家教育思想体系重建时期的宋明理学教育思想；两次转折是指晚清以来，中国教育思想在古今中西文化的交织冲撞之中，由传统向现代的历史性转变和由新旧民主主义向社会主义的历史性转变。由此形成了中国教育思想发展的阶段性结构”①。先秦诸子教育思想和宋明理学教育思想，就是中国传统教育思想发展中出现的两个高峰。

作为中国传统教育思想的第一个高峰——先秦诸子教育思想，以儒、墨、道、法为代表。虽然儒、墨、道、法在秦汉之后的历史命运不尽相同，“墨家从汉以后就成为绝学，其部分思想观念在下层人们中间尚有所保存，对中国传统教育哲学影响不大；法家建立在冷酷的利己主义思想基础上的君人南面的数术权谋，在儒学独尊以后，主要是在官场的权力斗争中暗地里发挥作用，在高雅的哲学思想领域，没有什么立身之地；儒家自汉以来作为中国传统学术的正统，一直支配着文化教育；道家的自然原则，则作为对儒学的补充，同儒学一道，共同影响了后世的教育哲学”②，但是它们共同构成了先秦诸子教育思想体系。我们试以孙培青、李国钧主编的《中国教育思想史》为例，来梳理先秦诸子所关注的教育思想命题，如表 1－5 所示。

表 1－5　**先秦诸子所关注的教育思想命题**

儒家：1. 孔丘：（1）“性相近也，习相远也”——教育与人的发展、（2）“庶、富、教”——教育与社会的发展、（3）“志于道，据于德，依于仁，游于艺”——教育自身发展规律；2. 孟轲：（1）“人皆可以为尧舜”——教育与人的发展、（2）“善政不如善教之得民也”——教育与社会的发展、（3）“大丈夫”——理想人格及其修养、（4）“深造自得”——治学与教人方法；3. 荀况：（1）“长迁而不反其初”——教育与人的发展、（2）“明分使群”——教育与社会的发展、（3）“始而为士，终而为圣人”——教育的目标、（4）“始乎诵经，终乎读礼”——教、学思想；4.《礼记》：（1）《大学》、（2）《中庸》、（3）《学记》、（4）《乐记》；5.《易传》：（1）生生不息的社会与教育、（2）“睽”与“感”的教育方法论意义。

① 杜成宪：《中国教育思想史研究散论》，《河北师范大学学报（教育科学版）》2016 年第 2 期。

② 于述胜、于建福：《中国传统教育哲学》，江苏教育出版社 1996 年版，第 10 页。

续表

墨家：墨翟：（1）“兴天下之利，除天下之害”——教育与社会的发展、（2）“兼士”——教育目标、（3）“厚乎德行，辩乎言谈，博乎道术”——教育内容、（4）“虽不扣必鸣”——教育方法。
道家：1. 老聃：（1）“道法自然”——对教育的基本要求、（2）“为道日损”——对学习与求知的要求、（3）“反者道之动”——对教育教学活动的理解；2. 庄周：（1）“无以人灭天”——对教育与人关系的思考、（2）“至人无己，神人无功，圣人无名”——人格理想、（3）“有真人而后有真知”——论学习与求知。
法家：1. 早期法家：（1）管仲的“四民分业论”、（2）子产的“天道远，人道迩”；2. 商鞅：（1）“壹教”——文教政策的制定、（2）“燔诗书而明法令”——教育内容之一、（3）“国之所以兴者，农战也”——教育内容之二；3. 韩非：（1）“民固骄于爱，听于威矣”——教育与人、（2）禁“二心私学”——文教政策、（3）“以法为教”“以吏为师”——法治教育、（4）“力多则人朝”——“耕战”教育、（5）“以功用为之的彀”——培养“智法”之士。

作为中国传统教育思想的第二个高峰——宋明理学教育思想，是宋、元、明、清时期理学教育的总称。“‘理学’形成于北宋时期，它糅合了儒、佛、道三家的思想，使得‘理学’教育理论体系自一开始就周旋于儒、佛、道三家的哲学之间。胡瑗、孙复、石介开其端，邵雍、司马光衍其流，而周敦颐、张载则实光大而成就之。其后经二程之扩充，而衍为南宋朱陆二大派。元代‘理学’尊程朱，故陆象山之‘心学’发展颇艰。到了明初，虽程朱思想被奉为统治思想，但吴与弼诸人之言学，却颇杂于‘心学’。明中叶王阳明氏出，张大陆象山之说，排闼廓清，遂使明朝后半期言‘心学’者遍天下。但王氏倡‘心即理’‘知行合一’‘致良知’，其后学高明有余，沉潜不足，言‘心学’时往往陷于空谈，所以‘心学’之流弊亦日多”，“明末清初，一些受西方思想影响的思想家惩‘心学’之流弊，而开始转求经济实用之学”，“虽因学风的改变而带来教育内容的一些更新，但于教育理论

却无大的建树”。[①] 由此可知，宋、元、明、清时期的教育思想之中以理学教育思想为主体，理学教育思想以程朱和陆王为代表，如表1－6所示。

表1－6 理学教育思想

程朱：1. 程颢、程颐：（1）人性的特质与人的发展、（2）“格物致知”：教育的认识论基础、（3）“存理去欲”：道德教育原理；2. 朱熹：（1）“变化气质以复性”、（2）“明人伦”与圣贤人格的教育目的论、（3）“礼”为核心的教育内容和教育阶段论、（4）自修过程及其原则、（5）教学方式与方法。
陆王：1. 陆九渊：（1）“道器一体”的教育思想逻辑起点、（2）“扩充良知”的教育与学习方法；2. 王守仁：（1）培养“圣人”的教育目的论、（2）“求理与吾心”的教育内容、（3）“知行合一”的教育法、（4）论儿童教育。

首先，我们不难发现，由于《中国教育思想史》各部分的作者不同，所以对如何表达古代教育思想范式的理解不尽相同；其次，对先秦诸子教育思想和宋明理学教育思想代表人物所涉及的教育思想命题的梳理，为我们进一步理清古代教学哲学思想的研究思路奠定了基础；最后，本书的写作也必然面对如何恰当表达古代教学哲学思想的范式问题。

（二）中国古代教育哲学思想高峰的确定

我们通过对中国古代教育思想发展历程的梳理，明晰了先秦诸子教育思想和宋明理学教育思想，被看作中国古代教育思想发展的两个高峰期。在中国古代教育哲学思想发展过程中，“我们认为其中经历了两个高峰和一次转折，‘第一个高峰出现在春秋战国。其文化背景为诸子之学的形成与争鸣，其主体是以孔子及其继承者孟荀为代表的儒家学派。它的历史作用是为我国封建教育思想奠定了基础。第二个高峰即出现在宋明。其文化背景为儒释道由并行而趋向交融，其主体是以程朱陆王为代表的儒家新学派——理学。其历史作用是使教育哲学理论及其体系趋于深化和严密’。如果说，先秦诸子学是中国教育的原生态，代表了轴

① 孙培青、李国钧：《中国教育思想史》（第二卷），华东师范大学出版社1995年版，（绪论）第1—2页。

心时期人类文明的共同觉醒；那么，宋明理学则是儒释道长期交融的理论成果，它把传统儒学人伦上升到本体论高度，并进而打通本体论与心性教育论的内在关联，将中国传统教育哲学引向‘遂密’和‘深沉’，这种‘遂密’和‘深沉’即融会释道精神旨趣之后的儒学再创新——新儒学。与这两个高峰不同，中国近代教育思想在西方文化的猛烈冲击下出现了一个根本方向的转折——从传统教育向现代教育的转折”①。以孔孟荀为代表的先秦诸子学和以程朱陆王为代表的宋明理学，就被视作中国古代教育哲学思想两个高峰的代表，如表1－7所示。

表1－7　**中国古代教育哲学思想的两个高峰**

先秦诸子之学	1. 孔子：(1) 求安重义的理论价值取向、(2) “义”对“仁”和“礼”的贯通作用与“中和”本质、(3) 利的分类、取利之道和义利关系、(4) 重公利、社会本位和经世致用之学、(5) 贵义贱利、重精神轻物利和“为己”之学、(6) 容科技知识于德育课程之中的教育内容；2. 孟子：(1) 辨“义”、(2) “有恒产者有恒心”的道德、教育基础论、(3) “唯义所在”的道德价值论、(4) 道德、知识、利益三位一体的分工学说、(5) “穷达”之分和“为己”之学、(6) 孟子义利观的理论基础——性善论和“存心”“寡欲”的教育方法论；3. 荀子：(1) 义利观和价值取向、(2) 道德教育的理论基础、(3) “先义后利”的功利主义道德教育方法、(4) 以礼分利、尚贤使能和教育目标的层次划分、(5) 性恶论和“化性起伪”的教育作用论、(6) 导欲论和“心之所可中理”的理性教育原则。
宋明理学	1. 程颢、程颐：(1) 辨“义”、(2) “衣食足而有恒心”的教育基础论、(3) “出利入义”的教育目的论、(4) “敬义夹持”的修养方法论、(5) 简论义利与理欲；2. 朱熹：(1) 心性论与教育价值论、(2) 知行观与为学之方、(3) 礼论与教育内容和教育阶段论、(4) “明人伦”与圣贤人格论；3. 陆九渊：(1) “心即理”与道德主体论、(2) “发明本心”的教育方法论；4. 王守仁：(1) “心即理”的本体论、(2) “致良知”的本体功夫论、(3) “知行合一”的认识论。

① 张瑞璠：《中国教育哲学史》，山东教育出版社2000年版，(前言)第3—4页。

《中国教育哲学史》的写作思路是"由史而进于论"，注重从中国古代教育哲学自身特点方面来把握中国古代教育哲学的历史与文化精神。这种对于中国古代教育哲学思想的研究方式，与《中国教育思想史》对于先秦诸子教育思想的研究思路大体一致，即从中国古代教育自身逻辑方面来把握古代教育思想自身的思维特点和言语表达方式。

二 中国教学哲学思想高峰的审思

我们通过对中国古代教育思想发展高峰及中国古代教育哲学思想发展高峰的梳理，可以看出，先秦诸子学和宋明理学正是中国古代教育哲学思想发展的两个高峰，以孔子、孟子、荀子、程朱和陆王为中心的古代先哲正是两个高峰时期的代表性人物。同样，作为教学论分支学科的教学哲学，在我们审定以儒家教学哲学思想作为古代教学哲学思想发展主线的同时，更需要进一步参照中国古代教学思想发展的高峰，来审思中国古代教学哲学思想发展高峰的学术问题。

我们试从研究中国教学论发展史的相关著述中，来寻找有关中国古代教学哲学思想发展高峰的思想内容。首先，中国教学论史的相关著述中关于孔子、孟子、荀子教学思想的评价。《中国教学论史》指出"在先秦各家中，儒家教学思想最全面、最丰富、最深刻，成为先秦教学理论的主导方面"，特别是《学记》"比较全面地总结概括了先秦时期的教学实践和教学论思想"，"标志着先秦教学思想的系统化和理论化"；以儒家教学思想为主导的先秦诸子之学，"共同构建了中国教学论体系的基本框架，奠定了后世教学论发展的基础"[①]；《教学论》认为"孔子是中国古代教学理论的奠基者"，荀子上承孔孟，下接易庸，旁收诸子，开启汉儒，是中国思想史上从先秦到汉代的一个关键；"《学记》是我国系统论述教学思想的第一本专著。它不仅是我国古代先秦儒家教学思想的总结，而且也可以说是世界上最早系统论述教学问题的一篇专著"[②]。其次，中国教学论史的相关著述中关于程朱陆王教学思想的评

① 张传燧：《中国教学论史纲》，湖南教育出版社1999年版，第9、8页。
② 田慧生、李如密：《教学论》，河北教育出版社1996年版，第51、53页。

价。《中国教学论史》指出“理学以儒家思孟学派的‘性命义理之学’为核心，吸收佛道两家的有关思想，比传统儒学更为精致，更具有思辨哲理色彩，体系更严密，更能直接为封建统治服务，终于取代汉经学而成为中国封建社会中后期治国、育人、取士、立身、治家的主要内容和标准”；“理学家从本体论出发，运用理性思辨的方法”，深刻论述了包括教学目的、教学任务、教学内容等在内的教学论各个基本问题，“从而使中国古代教学论在‘理论上趋于成熟，体系上趋于完备’”①；《教学论》认为“我国古代长期积累起来的教学经验和思想，经过朱熹的归纳、整理、总结和改进，使之系统化、理论化了，我国教学理论的发展因而达到了一个新的高度”②。最后，虽然在中国教学论史的相关著述中并没有明确指出古代教学思想发展的高峰，但是我们依据中国传统教育哲学思想发展的高峰，以及中国教学论史著述中对于以孔孟荀为代表的先秦诸子之学和以程朱陆王为代表的宋明理学教学思想的评价，不难发现，中国古代教学思想发展的高峰同中国古代教育哲学思想发展的高峰相同，并且都是以孔子、孟子、荀子、程朱和陆王为中心的古代先哲们的教学哲学思想，代表和体现了中国古代教学哲学思想的主体内容。

总而言之，中国古代教学哲学思想发展经历了两个高峰，一是先秦诸子之学的教学哲学思想，二是宋明理学的教学哲学思想。先秦诸子之学的教学哲学思想以孔孟荀为代表，以《学记》为总结；宋明理学的教学哲学则是以程朱理学教学哲学思想和陆王理学教学哲学思想为中心。正如郭齐家在《中国传统教育哲学与全球伦理》一文中指出，“从中国传统教育哲学的发展历程看，中国古代基本上是以儒家教育哲学为主体，其中又以思孟学派的教育哲学占主导地位”③。从先秦诸子之学的教学哲学思想到宋明理学教学哲学思想的两个高峰，正是以思孟学派思想为主导的教学哲学思想的体现。

① 张传燧：《中国教学论史纲》，湖南教育出版社1999年版，第14、15页。

② 田慧生、李如密：《教学论》，河北教育出版社1996年版，第56页。

③ 郭齐家：《中国传统教育哲学与全球伦理》，《教育研究》2000年第11期。

第四节　中国教学哲学思想的范畴

我们在确立中国教学哲学思想发展的历程、主线及高峰之后，就有必要就如何展开中国教学哲学思想研究的范畴方面的问题进行讨论。根据中国传统教育哲学思想范畴研究，并参照中国古代字义研究的相关历史文献，就能为我们明辨中国教学哲学思想范畴提供借鉴。

一　中国传统教育哲学思想范畴的参照

中国传统教育哲学思想研究存在两个基本理路，一是“由论而入于史”，二是“由史而进于论”，《中国传统教育哲学思想概论》和《中国教育哲学史》就分别是这两种不同理路的代表之作。黄济先生主编的《中国传统教育哲学思想概论》本着“由论而入于史”的研究基本理路，出于建立教育哲学知识体系的理论需要而展开中国传统教育哲学思想研究。因此，对于中国传统教育哲学思想范畴的理解受其《教育哲学》一书理论框架的影响，如表 1－8 所示。

表 1－8　　两本著作篇章结构的对比

《中国传统教育哲学思想概论》	《教育哲学》
第一章　中国传统教育哲学思想的发展历程	第一章　绪论
第二章　社会观与教育	第二章　教育的社会职能
第三章　人性论与教育	第三章　教育与人的发展
第四章　伦理观与教育	第四章　教育目的论
第五章　知识论与教学	第五章　知识论和教学
	第六章　道德论和道德教育
第六章　美学与美育	第七章　美学和美育
第七章　结论	第八章　教育哲学与教育科学的发展

我们通过对两本著作篇章结构的对比，不难发现，在中国传统教育哲学思想研究中存在用西方现代教育哲学范畴来诠释中国传统教育哲学

思想的学术倾向。作者“可能是考虑到哲学思想具有历史、文化差异，在中国的传统哲学与西方现代教育哲学的范畴之间难以建立一一对应关系”，所以在第四、五、六章就试图对“伦理思想的基本范畴”“教学论范畴”“美学思想的主要范畴及其基本关系”展开研究，以试图突破用西方现代教育范畴诠释中国传统教育哲学思想的局限，从中国传统教育哲学思想的内在特征来提炼中国传统教育哲学思想的范畴。

黄济先生的《教育哲学》（1985 年）是在《教育哲学初稿》（1982 年）的基础上修订而成的，之后出版的《教育哲学通论》（1998 年）则是作者在吸收国内外的最新研究成果的基础之上而撰写的一部新著。《教育哲学通论》共分为三编：第一编“中国传统教育哲学思想”、第二编“现代西方教育哲学流派”、第三编“教育哲学的基本问题”。其中：“中国传统教育哲学思想”可以视作对《中国传统教育哲学思想概论》研究的进一步深化，如表 1－9 所示。

表 1－9　**两书部分内容的对比**

《教育哲学通论》“中国传统教育哲学思想”	《中国传统教育哲学思想概论》
第一章　中国传统教育哲学思想的发展历程及其主要特点	第一章　中国传统教育哲学思想的发展历程
第二章　天道观与人性论	第二章　社会观与教育
第三章　历史观与社会	第三章　人性论与教育
第四章　伦理观与道德论	第四章　伦理观与教育
第五章　知识论与教学论	第五章　知识论与教学
第六章　审美观与美育思想	第六章　美学与美育
第七章　研究中国传统教育哲学思想以儒学为主并博采众长	第七章　结论

正如作者所言：“中国哲学、中国教育哲学有自己独特的命题和范畴，它不仅制约着中国文化教育的发展，而且形成了东方文化的特色”①，《教育哲学通论》第一编“中国传统教育哲学思想”研究，就

① 黄济：《教育哲学通论》，山西教育出版社 1998 年版，第 173—174 页。

体现了作者对于中国传统教育哲学命题及基本范畴的学术思索。

黄济先生是依据“由论而入于史”的基本理路来研究中国传统教育哲学的，而张瑞璠先生则集中于从“由史而进于论”的基本理路来研究中国传统教育哲学。我们试以张瑞璠主编的《中国教育哲学史》（第一卷）目录为例，来呈现“由史而进于论”的基本理路下的中国古代教育哲学思想（主要是春秋至东汉部分）研究体系，如表1－10所示。

表1－10　**《中国教育哲学史》（第一卷）目录**

儒家重义轻利的价值取向与以德育为核心的教育哲学思想
墨家重“利”贵“义”的价值取向与文科、实科并重的教育哲学思想
道家脱俗求真的价值取向与学以求“复其初”的教育哲学思想
法家重利求强的价值取向与“壹教”于农战和法治的教育哲学思想
秦汉价值观的综合性发展与教育哲学思想的流变

本卷作者（陈超群）之所以形成上述关于春秋至东汉教育哲学思想的研究体系，取决于作者的基本认识——“中国古代教育思想发展史的基本线索是：以人性论为基础，以义利观为价值导向，以人格理想为终极归宿”①。由此，人性论、义利观、人格理想就构成了作者对于中国古代教育哲学思想范畴的基本认识。

与此同时，于述胜、于建福合著的《中国传统教育哲学》和刘复兴、刘长城合著的《传统教育哲学问题新释》之中，对中国传统教育哲学范畴作了进一步的阐述。其中：《中国传统教育哲学》一书认为，“教育哲学是以抽象思维的形式来表现教育理念的。从这个意义上讲，教育哲学思想的发展就是教育概念、范畴的提出及其含义不断明确和发展的历史。研究有关概念、范畴是如何提出的，它们的含义是如何丰富、变化和发展的，概念与概念、范畴与范畴等之间是如何进行意义的联结的，就可以使我们掌握传统教育哲学思想的变化发展规律，揭示其内在发展逻辑”②。正是在此基础之上，作者认为中国传统教育哲学的

① 张瑞璠：《中国教育哲学史》（第一卷），山东教育出版社2000年版，（本卷引言）第11页。

② 于述胜、于建福：《中国传统教育哲学》，江苏教育出版社1996年版，第31页。

基本范畴包括：性与习、知与行、道与文、教与政、和·美·学、“天人合一”与理想人格等，而性与习关系问题可以作为中国传统教育哲学的逻辑起点。《传统教育哲学问题新释》的作者无意于建构研究传统教育哲学的思想体系，只是选择了几个历史上反复出现、在现代教育中又有其重要意义的理论问题展开研究——天道与人道、政与教、学问与人格、为己与为人、高明与中庸等。天人关系是中国传统哲学研究的核心问题；政与教是中国传统教育哲学中的两个重要的范畴，体现了中国传统教育哲学对教育与社会关系中政治与教育关系的认识，并且同政与道、师与道、道与德等范畴密切相关；学问与人格的关系，构成了传统教育哲学所反复讨论的一个重要理论问题；为己与为人之辨，是儒家教育哲学的一个重要内容，辨别两种对立的为学动机，从而彰显出两种对立的教育价值观；“极高明”表示一种虚学，“道中庸”表示一种实学，追求高明与中庸、理想与现实的统一，是中国哲学的中道品格。

故此，“由论而入于史”和“由史而进于论”正是中国传统教育哲学思想范畴研究的两种基本理路，并由此形成了对于教育哲学命题和基本范畴的不同研究范式：一是立足于现代学科体系来诠释传统教育哲学命题和基本范畴，一是立足于传统教育哲学思想自身来探寻其命题和基本范畴。

二　中国古代字义研究的借鉴

南宋陈淳的《北溪字义》既是解读理学尤其是朱子思想的重要文本，也是中国古代学者对理学范畴研究的代表性著作。

《北溪字义》中的“字义”，正是范畴（字）的意蕴（义）。《北溪字义》通行本分上、下两卷，共收录 26 个范畴条目。其中上卷的范畴条目为：命、性、心、情、才、志、意、仁义礼智信、忠信、忠恕、一贯、诚、敬、恭敬，共 14 个范畴条目；下卷的范畴条目为：道、理、德、太极、皇极、中和、中庸、礼乐、经权、义利、鬼神、佛老，共 12 个范畴条目。

鉴于《北溪字义》仅从上下两卷来呈现理学范畴，后世学者试图对 26 个范畴条目之间的逻辑秩序进行分类，以便从逻辑体系上厘清范畴之间的逻辑关系。邱汉生认为，《北溪字义》卷上似着重论人，如性、情、意、忠恕等，卷下似着重论理，如理、太极、经权、鬼神等。但是卷上之中论命、性的条目，似乎又是关于理的论述；而卷下之中论中和等，也似乎与人的性情相关，所以卷上论人、卷下论理只是大致的分类，并不能非常准确地概括《北溪字义》自身的逻辑体系。张立文则认为，《北溪字义》卷上的 14 个范畴条目，基本属于主体性范畴，卷下的 12 个范畴条目，大体上属于客体性范畴。并列出了 26 个范畴条目之间的逻辑结构图①：

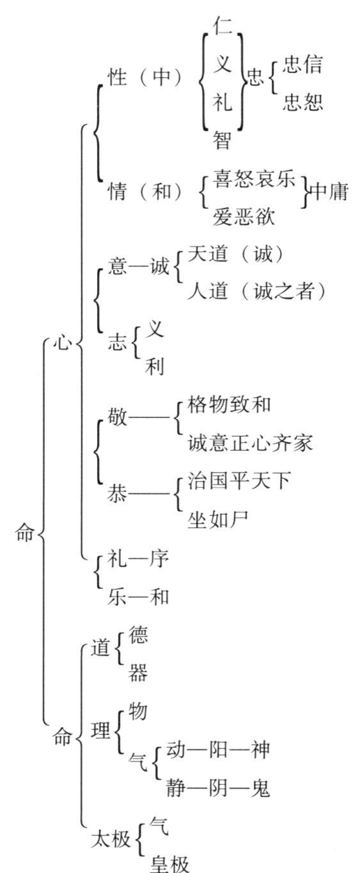

张加才则认为，《北溪字义》卷上为内圣之学，包括心性论和道德

① 张立文：《陈淳的〈北溪字义〉》，《齐鲁学刊》2012 年第 6 期。

论（或功夫论）；卷下为外王之学，包括理本论、教化论和异端批判[①]。其中：

卷上：内圣之学（从心性论逐步拓展到道德论或功夫论的过程）

第一部分：心性论（包括：命、性、心、情、才、志、意诸条目）

第二部分：道德论或功夫论（包括：仁义礼智信、忠信、忠恕、一贯、诚、敬、恭敬诸条目）

卷下：外王之学（从本体论的高度进行探讨，接着从应事成物的准则等方面展开教化论的内容，最后对社会行为的一些扰动因素进行分析，抨击异端）

第一部分：理本论（包括：道、理、德、太极、皇极诸条目）

第二部分：教化论（包括：中和、中庸、礼乐、经权、义利诸条目）

第三部分：异端批判（包括：鬼神、佛老诸条目）

依据作者的理解，《北溪字义》就体现了内圣外王之儒家思想逻辑和治学路径。事实上，朱熹与吕祖谦对《近思录》篇目的命名，就可以被看作对内圣外王之道的推崇：道体、为学、致知、存养、克己、家道、出处、治体、治法、政事、教学、警戒、辨异端、观圣贤。

因此，无论是关于人和理方面的范畴分类，还是主体性范畴和客体性范畴的分类，还是内圣之学与外王之学的范畴分类，都本着探寻《北溪字义》内在逻辑结构的目的而展开学术研究，为我们更加深入地理解和把握古代范畴及其体系提供了学术便利。同样，无论是《近思录》中的14个篇目标题，还是《北溪字义》中的26个字义条目，乃至之后《孟子字义疏证》[②]（戴震）中的8个字义条目，为我们从思维层面走进古代先哲的思想生活提供了可资借鉴的教育资源，或许，我们只有从对古代先哲字义的阐释中才能寻找到打开古代教学哲学思想大门的钥匙。

---

① 张加才：《〈北溪字义〉与理学范畴体系的诠释和建构》，《厦门大学学报（哲学社会科学版）》2004年第3期。

② 《孟子字义疏证》共分为三卷：卷上：理；卷中：天道、性；卷下：才、道、仁义礼智、诚、权。

三　中国教学哲学思想范畴的明辨

我们既分析了“由论而入于史”和“由史而进于论”两种基本理路下的中国传统教育哲学范畴研究，又回归古代先哲们的思维世界来呈现以字义范式呈现的范畴及其体系，那么，究竟该如何诠释中国教学哲学思想范畴呢？是“由论而入于史”还是“由史而进于论”呢？还是另有它种基本理路呢？这是我们必须面对且需要尝试给出解决方案的基本问题。

我们首先来看张文昌、郝文武在《教学哲学》中对教学哲学范畴体系的构建，如表 1－11 所示。

表 1－11　《教学哲学》对教学哲学范畴体系的构建

第一章　导论	第一节　教学与教育的关系；第二节　教学哲学学理；第三节　教学哲学的发展和体系
第二章　教学本质论	第一节　教育本体和教学本质；第二节　教学本质的确定性和发展性；第三节　教学本质的理念性和行动性
第三章　教学目标哲学	第一节　教学目标的向度反思；第二节　教学目标的结构特征反思；第三节　教学目标是学习与发展；第四节　教学的目标是继承更是创新
第四章　教学内容哲学	第一节　知识与课程知识观基础；第二节　课程知识的类型与课程；第三节　什么是最有价值的知识和课程；第四节　教学内容和教学方式；第五节　课程知识及其教学的改革和建构；第六节　学科和课程分化与综合的辩证法
第五章　教学主体哲学	第一节　师生关系理念的发展；第二节　两种师生关系的不同主体性；第三节　师生主体间关系中学生主体性建构的基本原则
第六章　教学过程哲学	第一节　教学过程相关概念分析；第二节　教学过程结构阐释；第三节　教学过程本质反思
第七章　教学方式哲学	第一节　知识增长与能力发展；第二节　不同知识教学方式对能力发展的不同作用；第三节　教学认识论的科学发现和实践整合；第四节　实现三维教学目标统一的有效教学方式

续表

第八章　科学与人文教学哲学	第一节　人文精神的本质；第二节　人文精神和科学精神；第三节　人文精神教育方式
第九章　课程改革哲学	第一节　课程改革的社会文化基础；第二节　课程理念的价值取向；第三节　课程改革的教育基础；第四节　课程改革中的教师与学生
第十章　教学评价哲学	第一节　教学评价观的历史反思；第二节　教学评价的目标选择；第三节　教学评价的内容选择；第四节　教学评价的方法选择；第五节　教学评价的公正与效益

《教学哲学》章节结构的标题实际上就是教学哲学的范畴体系，教学本质、教学目标、教学内容、教学主体、教学过程、教学方式及教学评价哲学等构成了教学哲学范畴的逻辑体系，代表了现今教学哲学研究者的基本学术共识。那么，进行中国教学哲学研究的过程是否可以用这种教学哲学范畴来开展体系建构呢？中国教学哲学研究还有其他方式的范畴体系表达吗？我们再来看黄济在《中国传统教育哲学思想概论》的"知识论与教学"中对教学论范畴的论述。作者特别指出，"中国古代教育哲学是独立发展的，有自己一套范畴体系。从先秦到近代，每一个范畴都有一个发生、发展、演变的历程，历代教育家围绕着基本范畴进行辩论，赋予范畴新的含义，或者由此而创造出新的范畴，从而使范畴体系逐渐丰富和系统"①。正是基于此种考虑，作者认为中国古代教学论的基本范畴为：仁与智、知与行、性与习、教与学、学与思、博与约、故与新、道与艺等，由此来体现古代知识论与教学论之间的相互关系。田慧生、李如密合著的《教学论》中也指出，"我国古代教育家在教学实践中发现了许多矛盾现象并追求这些矛盾的辩证统一的解决方式，如对教与学、学与思、知与行、习与性、文与道、理与情、博与约等范畴及关系的论述"②。既然中国古代教学思想存在基本范畴，那么

① 黄济：《中国传统教育哲学思想概论》，河南教育出版社 1994 年版，第 311 页。

② 田慧生、李如密：《教学论》，河北教育出版社 1996 年版，第 57 页。

如何来展开中国教学哲学的历史考察研究呢？

中国教学哲学的历史考察主要是以中国古代教学思想为研究对象，事实上，包括中国古代教学思想在内的中国古代教育思想研究同样面临着近代教育范畴和古代教育范畴之间的冲突问题。在现今的中国古代教育思想研究过程中，就存在用近代教育范畴来构建中国古代教育思想体系的现象，然而“如今通用的一套教育概念，如学校、学校制度、课程、教育方法、德育、学校管理等等，基本上是西方近代形成的概念，是西方近代学者以古希腊文、拉丁文词根为基础构建的新词；中国近代学者在引进西方教育理论时，在中国原有词汇中，寻求大致对应的词加以翻译。就连‘教育’一词，也是借用《孟子》中偶然出现的提法，表达西方对应的概念”①。针对中国古代教育思想研究（包括中国古代教学思想研究）中存在的问题，我们试从周德昌的《中国古代教育思想的批判继承》一书中寻找解决问题的思路。《中国古代教育思想的批判继承》的篇章结构体系如表 1－12 所示。

表 1－12　**《中国古代教育思想的批判继承》的篇章结构体系**

第一章　中国古代唯心主义教学思想的发展和批判	（一）良知、良能（二）博学、慎思、笃行（三）自求、自得、体察、涵养（四）读书穷理（五）皓首穷经、死守章句
第二章　中国古代唯物主义教学思想的继承和发展	（一）学而知之（二）闻、见、知、行（三）积靡、注错（四）两论相订（五）学以致用
第三章　中国古代德育理论和方法的发展和批判	（一）存天理、灭人欲（二）知、情、意（三）忠、孝、仁、义（四）克己、内省、存心、养性（五）践履、躬行
第四章　中国古代教学方法的继承和发展	（一）教学相长（二）启发诱导、融会贯通（三）因材施教（四）锲而不舍、专心致志（五）循序渐进（六）由博返约（七）学而时习、温故知新

① 陈桂生：《教育文史辨析》，华东师范大学出版社 2012 年版，第 19 页。

《中国古代教育思想的批判继承》给我们的启示是：作者首先寻找古代教学思想、古代德育理论和方法、古代教学方法的基本范畴，在此基础之上，分析基本范畴的发生、发展和演变的历程，并阐明基本范畴的原本义、衍生义及历代教育家所赋予的新义。例如：对“良知、良能”范畴的诠释，就是从孔子开始到孟子、董仲舒、韩愈、二程、朱熹直到王守仁，并认为“他们所宣扬的唯心主义的求知路线，尽管在理论上愈来愈精致，不断出现新的花样，可是万变不离其宗，他们鼓吹的都是天赋观念论，唯心主义天才论和英雄史观。这些都是‘生而知之’和‘唯上智与下愚不移’这个古老的先验命题的继承和发展，这是他们的唯心主义求知路线和教学思想的理论基础”①。我们从作者对“良知、良能”范畴的诠释中，就能体悟依据基本范畴研究的基本理路。同样，既然先秦诸子之学作为古代教学论的萌芽阶段，以孔孟荀为代表的儒家教学思想奠定了中国古代教学论基本框架，那么其中就必然蕴含着古代教学范畴的胚胎和萌芽，以此为思想源头就可以探寻古代教学论的基本范畴。

正如《中国古代教育思想的批判继承》选择教学思想、德育理论和方法、教学方法等基本问题，然后从基本问题的基本范畴出发来批判继承中国古代教育思想。我们要对中国教学哲学进行历史考察，同样需要寻找考察古代教学哲学的基本问题。杜成宪教授在《中国教育思想史研究散论》中就曾指出，中国古代教育思想的基本问题是——“为什么要有教育？凭什么能教育？为什么而教育？用什么来教育？怎么教育？由什么人来教育？教育什么人？”②，并以此基本问题为纲领来展开中国古代教育思想研究。古代教学哲学就是要回答为何教和学、教学什么、如何教和学方面的基本问题，就是关于教学理念③和教学操作思路方面的基本问题。教学思维是教学哲学的核心问题，是指一定的教学观

① 周德昌：《中国古代教育思想的批判继承》，教育科学出版社 1982 年版，第 10 页。

② 杜成宪：《中国教育思想史研究散论》，《河北师范大学学报（教育科学版）》2016 年第 2 期。

③ 教学理念是人们对教学概念要素的价值化的表达。教学理念就是教学观，是负载了一定价值倾向和价值选择的教学观念。（参见刘庆昌《广义教学论》，山西教育出版社 2011 年版，第 59 页。）因此，在本书的第二章及行文过程中存在教学理念和教学观的互用现象。

及其支配下的教学操作思路的统一体。“教学观，是人们关于教学应该是什么的观念；教学操作思路，是人们关于应然的教学如何实现的思维路线。”① 简要来说，就是“目的—手段”方面的基本问题，即教学目的与教学手段（包括教学内容和教学方法）的统一体。由此，就形成了关于中国教学哲学历史考察研究的逻辑体系：

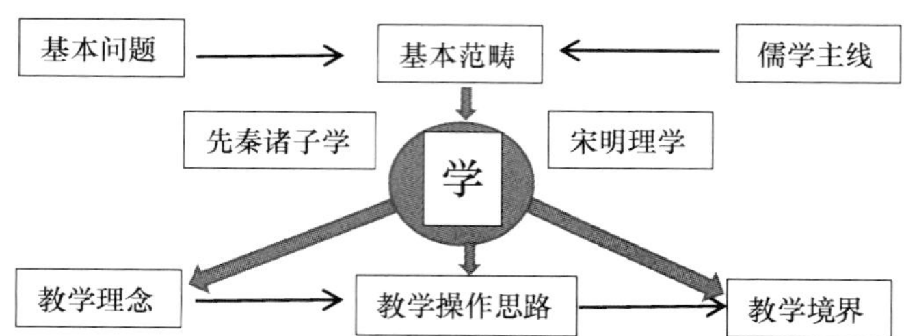

中国教学哲学的历史考察就是以教学哲学的基本问题为纲领，试图从以先秦诸子之学和宋明理学为高峰、儒家教学思想为主线的古代教学思想之中探寻古代教学哲学的基本范畴，并以此基本范畴为核心来考察其发生、发展和演变的历史进程，进而实现构建中国教学哲学逻辑体系的研究宗旨。

① 刘庆昌：《论教学理念的操作转换》，《当代教育与文化》2009 年第 1 期。

第二章

教学理念：中国教学哲学的基础

［**题解**］性与教：天命之谓性，率性之谓道，修道之谓教。[①]（《中庸》）

我们以朱熹《中庸章句》为范本，来诠释“性与教”之间的关系：

正如《中庸章句》篇首所言：

> 子程子曰：“不偏之谓中，不易之谓庸。中者，天下之正道，庸者，天下之定理。”此篇乃孔门传授心法，子思恐期久而差也，故笔之于书，以授孟子。其书始言一理，中散为万事，末复合为一理，“放之则弥六合，卷之则退藏于密”，其味无穷，皆实学也。善读者玩索而有得焉，则终身用之，有不能尽者矣。

依据朱熹的注解，《中庸》为子思所著并传授于孟子，中为正道，庸为定理，为孔门传授心得的方法。在此整体认识的基础之上，对《中庸》原文首句进行注解。

---

① 朱熹在《小学·内篇》之《立教第一》开篇阐释“立教”主旨时，就引用《中庸》此语段展开论证：

> 子思子曰：“天命之谓性，率性之谓道，修道之谓教”。则天明，遵圣法，述此篇俾为师者知所以教，而弟子知所以学。

中国古代教学之理就孕育于其中，与此同时，中国古代教学活动就依此理而展开。

命，犹令也。性，即理也。天以阴阳五行化生万物，气以成形，而理亦赋焉，犹命令也。于是人物之生，因各得其所赋之理，以为健顺五常之德，所谓性也。率，循也。道，犹路也。人物各循其性之自然，则其日用事物之间，莫不各有当行之路，是则所谓道也。修，品节之也。性道虽同，而气禀或异，故不能无过不及之差，圣人因人物之所当行者而品节之，以为法于天下，则谓之教，若礼、乐、刑、政之属是也。盖人之所以为人，道之所以为道，圣人之所以为教，原其所自，无一不本于天而备于我。学者知之，则其于学知所用力而自不能已矣。故子思于此首发明之，读者所宜深体而默识也。

天所赋予人的就称作性，循性而行就称作道，修治此道就称作教。由此，天、人、性、道、教之间的关系得以确立。道是从性来的，而性又是天之所命，教育则是遵循天命之性加以修养，使之合于道的过程。天命之性既是教所遵循的依据，同样又是教所要达到的最终归宿。教之所以发生就在于人或物存在违背“中庸”之道的现象，“不能无过不及之差”，故“圣人因人物之所当行者而品节之”。然而“圣人之所以为教，原其所自，无一不本于天而备于我”，正是因为“本于天而备于我”，所以人性的完善就存在两条相反却相成的途径——“自诚明”（向内省察）与“自明诚”（向外求知）。无论是“诚明”——性，还是“明诚”——教，就是要说明学习与教育对于完善人性的作用，就是要通过向外求知以完其本性和向内省察以有助于求知来完善自身。由此，教之所以发生的缘由已明。

第一节　性与习

性与习范畴既是从天与人范畴切入教育哲学问题的关键点，又是中国传统教育哲学范畴的逻辑起点。中国古代学者对于教学的认识和看法，正是从对性与习范畴及其教育命题的讨论而展开的。我们试以性与习范畴及其教育命题为中心，来深入阐述中国古代学者对性与习范畴及其教育命题认识的发展历程。

一　先秦诸子：天生善恶之性与习

以儒、墨、道、法为代表的先秦诸子对于性与习范畴的认识，共同构成了中国古代学者对于性与习范畴认识的教育原点，其所提出的教育命题成为后世学者的思想原点。我们试以教育经典著作中的教育命题为中心，从对教育命题的本义及引申义的阐述中，来深入剖析教育命题之中所包含的教学之理。

以孔子、孟子、荀子为代表的先秦儒家对于性与习范畴的论述，代表了先秦诸子对于性与习范畴认识的最高水平，尤其以《大学》《中庸》对于性与习范畴的论述最有代表性。孔子对于性与习范畴的论述，主要集中体现在《论语》之中，以“性相近也，习相远也”（《论语·阳货》）最为经典①。值得说明的是，子贡曰：“夫子之文章，可得而闻也；夫子之言性与天道，不可得而闻也”（《论语·公冶长》），虽然后世学者对此语段的注解不尽相同，但是在《论语》文本之中关于性与天道相关内容的论述确实较少。那么，究竟何谓“性相近也，习相远也”呢？朱熹在《四书章句集注·论语集注》中指出：

> 此所谓性，兼气质而言者也。气质之性，固有美恶之不同矣。然以其初而言，则皆不甚相远也。但习于善则善，习于恶则恶，于是始相远耳。程子曰：“此言气质之行，非言性之本也。若言其本，则性即是理，理无不善，孟子之言性善是也，何相近之有哉？”（《论语集注·阳货》）

按照程朱的理解，性分为天命之性和气质之性，其中天命之性是禀受“天理”而成，恰如孟子所言之性善，如果是这个层面的性则“相同”而非“相近”；如果是禀受“理”与“气”杂然相存而成的气质之性，则因其有善有恶则可称得上“相近”。可见，程朱理学是立足于

① 正如颜元所言：“孔子曰：‘性相近也，习相远也’。此二话乃自罕言中偶一言之，遂为千古言性之准”。（《存性篇》卷一）

天命之性和气质之性划分的基础之上来理解“性相近”之说的。对于“习相远”则是突出习善则善、习恶则恶，强调习在人性后天发展过程中的重要作用。

性“相近”而非“相同”，孔子本人对性的论述中也出现了不同的解读：

> 中人以上，可以语上也；中人以下，不可以语上也。（《论语·雍也》）
>
> 唯上知与下愚不移。(《论语·阳货》)
>
> 生而知之者，上也；学而知之者，次也；困而学之，又其次也；困而不学，民斯为下矣。(《论语·季氏》)

上智、中人、下愚构成了三个不同的层次。依据《问字堂集》云：“上知谓生而知之，下愚谓困而不学”；《传习录》问：“上智下愚如何不可移?”先生曰：“不是不可移，只是不肯移”；《孟子字义疏证》则进一步指出：“生而下愚，其人难与言礼义，由自绝于学，是以不移。然苟畏威怀惠，一旦触于所畏所怀之人，启其心而憬然觉悟，往往有之。苟悔而从善，则非下愚矣。加之以学，则日进于智矣。以不移定为下愚，又往往在知善而不为、知不善而为之者，故曰不移，不曰不可移。虽古今不乏下愚，而其精爽几与物等者，亦究异于物，无不可移也”。可见，“不移”只是“不肯移”而不是“不可移”，只要学习就不存在“不可移”的下愚。因此，先天存在的下愚是可以经过后天的学习来改变的。同样，对于中人来说：

> 圣人之道，精粗虽无二致，但其施教，则必因其材而笃焉。盖中人以下之质，骤而语之太高，非惟不能以入，且将妄意躐等，而有不切于身之弊，亦终于下而已矣。故就其所及而语之，是乃所以使之切问近思，而渐进于高远也。(《论语集注·雍也》)

可见，是否可以“语上也”是依据不同的材质和具体的教学内容而施教的体现。孔子在《论语》之中既认为“性相近也，习相远也”

又区分出上智、中人、下愚不同的类型，教育命题背后所内含的学术价值为：第一，注重习对于中人乃至下愚的重要作用，既为习的发生提供了先天依据，又为论证性与习之间的关系提供了理论依据。第二，既然性是“相近”而非“相同”，那么在习的过程中就应该做到因“性”的不同材质而施教，所以，孔子对于不同人性的划分也可能是出于因材施教的考虑。第三，既然“下愚”不是“不可移”而“生而知之者”也并非不是施教的对象，那么从施教对象的层面上来看，“所有人”都是施教的对象且都会因为习而发生变化。第四，不可否认的是，《论语》无论是上智、中人、下愚的论述，还是生而知、学而知、困而学、困而不学的论述，为古代学者从多个层面来认识人性问题提供了思想源头。第五，“性相近也，习相远也”，从“相近”来认识性、从“相远”来认识习以及论述性与习关系，为古代学者从多个层面来思考性与习范畴提供了思维空间。正如朱彬在《经传考证》中所言：

> 孔子未尝明言性善，圣人之言，无所不包，而浑然无迹。后儒言性，究不能出其范围。性善之旨，直至孟子始发之。孟子道性善，言必称尧舜，乃一生愿学大本领，故七篇自述之。

“孟子道性善”① 是“第一次从理论高度对人自身本质加以认识和阐述，并形成论政治必先论教育、论教育必先论证人性的思维习惯”②。我们结合《孟子》原文来分析孟子关于性与习范畴的论述：

> 人皆有不忍人之心。先王有不忍人之心，斯有不忍人之政矣。以不忍人之心，行不忍人之政，治天下可运之掌上。所以谓人皆有不忍人之心者，今人乍见孺子将入于井，皆有怵惕恻隐之心。非所以内交于孺子之父母也，非所以要誉于乡党朋友也，非恶其声而然也。由是观之，无恻隐之心，非人也；无羞恶之心，非人也；无辞

① 孟子学孔子之学，唯此“道性善”“称尧舜”两言尽之。

② 孙培青、杜成宪：《中国教育史》（第三版），华东师范大学出版社 2009 年版，第 67 页。

让之心，非人也；无是非之心，非人也。恻隐之心，仁之端也；羞恶之心，义之端也；辞让之心，礼之端也；是非之心，智之端也。人之有是四端也，犹其有四体也。有是四端而自谓不能者，自贼者也；谓其君不能者，贼其君者也。凡有四端于我者，知皆扩而充之矣，若火之始然，泉之始达。苟能充之，足以保四海；苟不充之，不足以事父母。（《孟子·公孙丑上》）

恻隐之心，人皆有之；羞恶之心，人皆有之；恭敬之心，人皆有之；是非之心，人皆有之。恻隐之心，仁也；羞恶之心，义也；恭敬之心，礼也；是非之心，智也。仁义礼智，非由外铄我也，我固有之也，弗思耳矣。故曰："求则得之，舍则失之。"或相倍蓰而无算者，不能尽其才者也。（《孟子·告子上》）

上述语段体现了孟子对于性端、心与性、情与性、扩而充之等概念或命题的认识。

其一，性端。端者，首也。人有四端，就是人有仁义礼智之首①。仁义礼智四端以仁为首，就在于：自人道遡之天道，自人之德性遡之天德，则气化流行，生生不息，仁也。由其生生有自然之条理，观其条理之秩然有序，可以知礼矣。观条理之截然不可乱，可以知义矣。在天为气化之生生，在人为生生之心，是乃仁之为德也。在人为气化推行之条理，在人为其心知之通乎条理而不紊，是乃智之为德也。惟条理是以生生，条理苟失，则生生之道绝。凡仁义对文，及智仁对文，皆兼生生条理而言之者也。"仁义对文"，仁和义共同构成了孟子思想体系中的最高原则。从天道到人道之生生不息在于仁德，维系生生不息之自然条理的礼义在于智德，仁义礼智四德之根基在于生生条理。可见，"仁"为道德的内在依据，"礼"为外在的行为规范，"智"在于判断外在行为是否本"仁"合"礼"，如果既本"礼"又合"礼"则谓之"义"。

其二，心与性。不忍人之心就是不忍加恶于人之心也，若为人之心，无论贤愚，则皆有恻隐之心、羞恶之心、恭敬之心和是非之心；无

① 在仁义礼智四者中，基本品格是仁与智：所谓羞恶之心与恭敬之心（辞让之心）无非仁与智融合的具体形态。

此四者，若当禽兽，非人心耳。恻隐之心，仁之端也。言仁之端在心，不言心之端在仁，四德是性之所发，藉心见端，然不可云心本于性。观性之得名，专以生于心为言，则本可生道，道不可生本明矣。由此，性生于心，心为性本。“性善的根据完全在于心善，因为心善所以性善。孟子只以良心本心论性善的奥妙就在这里，掌握了这个奥妙也就掌握了性善论的核心”①。

其三，情与性。恻隐、羞恶、恭敬、是非，情也；仁、义、礼、智，性也。性因情之发，而性之本然可得而见，如“今人乍见孺子将入于井，皆有怵惕恻隐之心”，而恻隐之心为仁之端也，犹有物在中而绪见于外也。心为性本，性为情本，心统性情。

其四，扩而充之。扩，推广之意；充，满也。四端在我，随处发见。知皆即此推广，而充满其本然之量，则其日新又新，将有不能自已者矣。惟君子为能扩而充之，然其充与不充，亦在我而已矣，“求则得之，舍则失之”。仁、义、礼、智四端为每个人皆有之，扩而充之则可无所不至也。同样，每个人只有扩而充之四端，才能“尽心”“知性”“知天”。

> 尽其心者，知其性也。知其性，则知天矣。存其心，养其性，所以事天也。殀寿不贰，修身以俟之，所以立命也。（《孟子·尽心上》）

心者，人之神明，所以具众理而应万事者也。性则心之所具之理，而天又理之所以出者也。人有是心，莫非全体，然不穷理，则有所蔽而无以尽乎此心之量。故能极其心之全体而无不尽者，必其能穷夫理而无不知者也。既知其理，则其所从，亦不外是矣。以《大学》之序言之，知性则物格之谓，尽心则知至之谓也。存，谓操而不舍；养，谓顺而不害。事，则奉承而不违也。尽心知性而知天，所以造其理也；存心养性以事天，所以履其事也。不知其理，固不能履其事；然徒造其理而不履

① 复旦大学哲学系中国哲学教研室编著：《中国古代哲学史》，上海古籍出版社2011年版，第57页。

其事，则亦无以有诸己矣。知天而不以殀寿贰其心，智之尽也；事天而能修身以俟死，仁之至也。智有不尽，固不知所以为仁；然智而不仁，则亦将流荡不法，而不足以为智矣。

尽心知性而知天——→造其理——→智

存心养性以事天——→履其事——→仁

由此，从扩而充之到尽心知性、存心养性，就是孟子在性善论基础之上对性与习范畴的理论阐释。从“知”与“养”层面来论证“习”，更加突出强调“习”必须遵循人的内在依据，发扬人的自觉。“孟子只以良心本心论性善的思路，直接决定了其道德内求的路向。这是因为，良心本心是内在的，能不能得到它，完全在于自己是否能够做到反求诸己”①。即：“学问之道无他，求其放心而已矣”（《孟子·告子上》），“学问与成人是同一过程的两个方面，而这一过程在总体上即表现为从先王善端出发，而又返归本性（求放心）”②。

与“孟子道性善，言必称尧舜”之“性善论”相对立的，就是荀子从“习相远”发展而来的“性恶论”。《荀子·性恶》中对“性恶论”观点进行了陈述：

> 人之性恶，其善者伪也。今人之性，生而有好利焉，顺是，故争夺生，而辞让亡焉；生而有疾恶焉，顺是，故残贼生，而忠信亡焉；生而有耳目之欲，有好声色焉，顺是，故淫乱生，而礼义文理亡焉。然则从人之性，顺人之情，必出于争夺，合于犯分乱理，而归于暴。故必将有师法之化，礼义之道，然后出于辞让，合于文理，而归于治。用此观之，然则人之性恶明矣，其善者伪也。
>
> 孟子曰：“人之学者，其性善。”曰：“是不然！是不及知人之性，而不察乎人之性伪之分者也。凡性者天之就也，不可学，不可事。礼义者，圣人之所生也，人之所学而能，所事而成者也。不可学，不可事，而在人者，谓之性；可学而能，可事而成之在人者，

① 复旦大学哲学系中国哲学教研室编著：《中国古代哲学史》，上海古籍出版社2011年版，第58页。

② 杨国荣：《善的历程——儒家价值体系的历史衍化及其现代转换》，上海人民出版社1994年版，第87页。

谓之伪；是性伪之分也。”

若夫目好色，耳好声，口好味，心好利，骨体肤理好愉佚，是皆生于人之性情者也。感而自然，不待事而后生之也。夫感而不能然，必且待事而后然者，谓之生于伪。是性伪之所生，其不同之征也。故圣人化性而起伪，伪起而生礼义，礼义生而制法度，然则礼义法度者，圣人之所生也。故圣人之所以同于众，其不异于众者，性也；其所以异而过众者，伪也。

上述语段之中包含了荀子对于“性恶论”的基本概念或命题。

其一，性、情、欲。性是“生而有”“天之就”“感而自然，不待事而后生”的与生俱来的本能，“饥而欲食，寒而欲暖，劳而欲息，好利而恶害”的生理本能；情是目、耳、口、心、体因“好”（欲望）而追求色、声、味、利、愉佚的表现——“争夺”“残贼”“淫乱”，此情即此欲，此欲因此情，情与欲联合用来说明性。即“性者，天之就也；情者，性之质也；欲者，情之应也。以所欲为可得而求之，情之所以不免也。以为可而道之，知所必出也”（《荀子·正名》）。性成于天之自然，情是性之本质，而欲即情的反映。荀子虽然对情、欲、性三者分别作出界定，但事实上“性、情、欲，是一个东西的三个名称。而荀子性论的特色，正在于以欲为性”①。

其二，性与伪。性与伪之间的关系包含二个基本层面：一是性、伪之分，二是性、伪之合。首先，在荀子看来，性与伪从本质上来说是不同的，是有区分的。性是“不可学、不可事”的，而“可学而能，可事而成之在人者”就是伪，性和伪有先天和后天之别，人之先天之性是恶的，经后天之学和事而由恶变善就是伪的结果。其次，性和伪在实现“善”的过程中是联系与统一的。“无性则伪之无所加，无伪则性不能自美。性伪合，然后成圣人之名，一天下之功于是就也。故曰：……性伪合而天下治”（《荀子·礼论》）。性与伪就是素材与加工的关系，加工只有基于素材展开，没有素材就不能加工文饰；素材只有加工文饰，才能变得更加完善。由此，“可以看出，在成人的出发点上，荀子所表

① 徐复观：《中国人性论史》，华东师范大学出版社 2015 年版，第 234 页。

达的，是一种完全不同于孟子的致思趋向”①。

其三，化性而起伪。性与伪之间发生相互关系的过程，就是“从人之性，顺人之情”的“顺是”，不在发展成为“辞让亡”“忠信亡”“礼义文理亡”的过程。可见，“顺是”是一个发生点，也是一个转折点，这也表明荀子所说的人之性恶并非简单而绝对的性恶论者，而实际上可以被视作一种“人性恶端说”。由此，形成了化性而起伪的逻辑路线图：

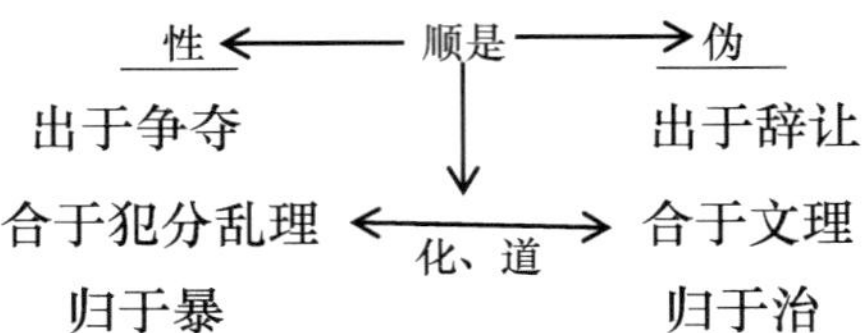

从外在行为过程来看，师法之化与礼义之道是实现化性起伪（变化本性而兴起矫伪）的关键。行为的发起者为师，师依法而实现化，变化本性；兴起矫伪的凭借是礼义，圣人所生之礼义是导引恶向善转化的根本保障。同样，从内在发生变化来看，化性起伪的过程就是个体由“积习”向“起伪”转变的“成”的过程，是从性情到心、由虑而能的过程。即：

> 生之所以然者谓之性。性之和所生，精合感应，不事而自然谓之性。性之好、恶、喜、怒、哀、乐谓之情。情然而心为之择谓之虑。心虑而能为之动谓之伪。虑积焉、能习焉而后成谓之伪。所以知之在人者谓之知。知有所合谓之智。智所以能之在人者谓之能。能有所合谓之能。（《荀子·正名》）

情虽无极，心择可否而行，谓之虑也。心有选择，能动而行之，则为矫拂其本性也。心虽能动，亦在积久习学，然后能矫其本性也。知之在人者，谓在人之心有所知者。知有所合，谓所知能合于物也。智有所

① 杨国荣：《善的历程——儒家价值体系的历史衍化及其现代转换》，上海人民出版社1994年版，第117页。

能，在人之心者，谓之能。能有所合，堪任其事为之能。荀子阐述心之先天能知义的本能，在于说明“伪”是一种以思虑抉择为主要特征的能力。由此，化性起伪所隐含的内在逻辑结构为：

性情——→心[①] {虑（积）/ 能（习）} 伪

由此，“伪”就具有双重含义，一是后天积习义，二是先天能知义。

通过对孔子、孟子、荀子三位先秦儒家代表人物人性论思想的阐述，我们不难发现，从“性相近也，习相远也”的儒家人性论思想源头，派生而来的“性善论”（“性相近也”）和“性恶论”（“习相远也”），进一步补充和完善了先秦儒家人性论思想，并从整体上建构起了先秦儒家人性论思想的理论大厦。以《大学》《中庸》《学记》《乐记》等为代表的儒家教育名篇，正是在吸收和借鉴思孟学派和荀况学派思想的基础之上，对包括人性论思想在内的先秦儒家教育经验进行理论总结的教育理论著作。“这些论著几乎论述了中国古代教育的所有基本问题，对此后中国封建教育的发展影响深远。这些教育论著理论价值甚高，实际上形成了中国古代教育理论发展的一个高峰”[②]。其中《大学》和《中庸》[③]（尤其是《中庸》）对于性与习关系的论述最为经典，从某种程度上可以看作中国古代社会对于性与习关系论述的最高理论形态。

《大学》开篇即言：“大学之道，在明明德，在亲民，在止于至善。”“明明德”“亲民”“止于至善”被称作“三纲领”，并成为儒家对为学和做人目标的纲领性表达。作为“三纲领”首要环节的“明明

① 荀子认为心是人生主要的机能，为一切活动的主宰。即：“心者，形之君也，而神明之主也，出令而无所受令。自禁也，自使也，自夺也，自取也，自行也，自止也。”（《荀子·解蔽》）

② 孙培青、杜成宪：《中国教育史》（第三版），华东师范大学出版社2009年版，第90页。

③ 《大学》一篇，朱熹认为是孔子弟子曾参所作；《中庸》的作者，相传是战国时期孔子的孙子子思所作（孔颖达在《礼记正义序》中就曾指出《中庸》是子思伋所作）。

德”，关乎儒家由己及人（“亲民”“止于至善”）目标的最终能否得以落实和实现。在“明明德”中，第一个“明”字为动词，明之也，有弘扬彰明及明白通晓之义；第二个“明”字为形容词，明德者，人之所得乎天，而虚灵不昧，以具众理而应万事者也。依据朱熹的理解，“明”“明德”的原因就在于：“明德”易“为气禀所拘，人欲所蔽，则有时而昏；然其本体之明，则未有尝息者。故学者当因其所发而遂明之，以复其初也”，“明明德”就是恢复被“气禀”“人欲”所蒙蔽的人性之初——人天生的善性。至于“明明德”“亲民”“止于至善”三者之间的逻辑关系，按照朱熹的理解：

> 新者，革其旧之谓也，言既自明其明德，又当推己及人，使之亦有以去其旧染之污也。止者，必至于是而不迁之意。至善，则事理当然之极也。言明明德、新民，皆当至于至善之地而不迁。盖必其有以尽夫天理之极，而无一毫人欲之私也。(《大学章句集注》)

自明其德与推己及人，对于每个个体来说正是成己与成物之间的关系。止于至善则是自明其德、推己及人各自所应当达到的境界——尽善尽美。《大学》在“大学”的范围之内，来讨论自明其德、推己及人以及尽善尽美之间的逻辑关系，首次将孔子、孟子、荀子等先秦儒家关于人性修养的理论，通过论述“大学之道”的方式嵌入学校教育范畴之内，并成为大学乃至中国古代学校教育的纲领——“学者必由是而学焉”。

正如与《大学》相互印证的《学记》所言：

> 古之教者，家有塾，党有庠，术有序，国有学。比年入学，中年考校：一年视离经辨志，三年视敬业乐群，五年视博习亲师，七年视论学取友，谓之小成。九年知类通达，强立而不反，谓之大成。夫然后足以化民易俗，近者说服而远者怀之。此大学之道也。《记》曰：“蛾子时术之”，其此之谓乎！

小成与大成可称得上是自明其德，化民易俗可视作推己及人，大学之道就体现在“小成大成”与“化民易俗”之中。同样，与《大学》互为阐发的《中庸》，则是从性与诚的范畴来论述性与习范畴之间的相互关系。

> 诚者，天之道也。诚之者，人之道也。诚者，不勉而中，不思而得，从容中道，圣人也。诚之者，择善而固执之者也。
>
> 自诚明，谓之性。自明诚，谓之教。诚则明矣，明则诚矣。
>
> 唯天下至诚为能尽其性。能尽其性则能尽人之性。能尽人之性则能尽物之性。能尽物之性则可以赞天地之化育。可以赞天地之化育则可以与天地参矣。
>
> 诚者非自成己而已也，所以成物也。成己，仁也；成物，知也。性之德也，合内外之道也，故时措之宜也。

“诚”是真实无妄之谓，出于天性之所当然，故曰：“诚者，天之道也”。但欲求其真实无妄，则必须尽人事之所当为，故曰：“诚之者，人之道也”。“由‘诚’而‘诚之’，这不仅表现为由天道到人道的推绎，就其深层次的含义而言，它同时意味着外在本体的内化”①。“诚”是至诚，“明”是明德，“自诚明”就是从至诚而后有明德，是出于天然的本性（性）；“自明诚”就是从明德达到至诚，是出于人为的教学（教）。依据理学家的诠释：

> 自诚明者，先尽性以至于穷理也，谓先自其性理会来，以至穷理；自明诚者，先穷理以至于尽性也，谓先从学问理会以推达于天性也。（《张载集·张子语录下》）
>
> 自，由也。德无不实而明无不照者，圣人之德。所性而有者也，天道也。先明乎善，而后能实其善者，贤人之学。由教而入者也，人道也。（朱熹：《中庸章句集注》）

---

① 杨国荣：《善的历程——儒家价值体系的历史衍化及其现代转换》，上海人民出版社1994年版，第138页。

《中庸》中同“诚明”与“明诚”相对应的范畴为“尊德性”与“道问学”，“尊德性”即存心而极乎道体之大也，“道问学”即致知而尽乎道体之细也。同样，“诚明”与“明诚”与《大学》中的“自修”与“道学”相互印证。“自修”即省察克治之功，向内省察以有助于求知来完善自身；“道学”即言讲习讨论之事，向外求知以完其本性。可见，“《中庸》的基本精神与《大学》是一致的，即要求从人的天赋善性出发，借助学习与修养，充分发挥这种本性，又进而由己及人，推行于天下”[①]。正如朱熹所言：

> 诚虽所以成己，然既有以自成，则自然及物，而道亦行于彼矣。仁者体之存，知者用之发，是皆吾性之固有，而无内外之殊。既得于己，则见于事者，以时措之，而皆得其宜也。（《中庸章句集注》）

“诚本质上是一种善的品格，明则是理智的属性，诚明统一，无疑体现了先秦儒家仁智统一的人格取向”[②]。由此，《大学》和《中庸》之中关系性与习范畴的逻辑关系，就可表述为：

性（善性）——{自诚明与自明诚 / 尊德性与道问学 / 自修与道学}——成（成己与成物/明明德与亲民）——止于至善（尽善尽美）

正如《诗·卫风·淇澳》所言：“有斐君子，如切如磋，如琢如磨”，“如切如磋者，道学也；如琢如磨者，自修也”，切磋与琢磨正是完善人性的两条重要途径，善端为始至善为终。

我们通过对先秦儒家代表人物——孔子、孟子、荀子及代表著作——《大学》《中庸》关于性与习范畴经典论述的文本分析，不难发现，儒家有关性与习的教育命题基本上代表了先秦诸子关于性与习范畴

① 孙培青、杜成宪：《中国教育史》（第三版），华东师范大学出版社 2009 年版，第 95 页。

② 杨国荣：《善的历程——儒家价值体系的历史衍化及其现代转换》，上海人民出版社 1994 年版，第 290 页。

认识的最高水平，并成为古代学者进一步论述性与习范畴的思想源头。同样，儒家之所以能形成如此系统的关于性与习范畴的教育命题，归功于同墨家、道家、法家之间的相互论争、吸收和借鉴。换句话说，先秦诸子百家学术话语形成于相同的话语语境，他们从对方身上都能寻觅到自己的身影。正是基于上述认识，我们试对墨家、道家、法家关于性与习范畴的教育命题进行简要分析，以此来丰富和拓展对于先秦儒家关于性与习范畴的认识和理解。

墨家和儒家被韩非称为“显学”，“世之显学，儒墨也”（《韩非子・显学》）。墨子提出人性如“素丝”（“素丝说”），以素丝和染丝为喻来说明性与习之间的关系。

子墨子言见染丝者而叹曰：“染于苍则苍，染于黄则黄，所入者变，其色亦变。五入必而已则为五色矣。故染不可不慎也。非独染丝然也，国亦有染。……非独国有染也，士亦有染。其友皆好仁义，淳谨畏令，则家日益，身日安，名日荣，处官得其理矣。……其友皆好矜奋，创作比周，则家日损，身日危，名日辱，处官失其理矣。……”（《墨子・所染》）

素丝在入染之前为纯白色，既入染之后，素丝则各视其所染之色而变。通过素丝染色之例，来阐明人性因受周围环境的影响而发生变化，所以得出“染不可不慎”的结论。由此推导而来，“士亦有染”，会因“友”或“好仁义”或“好矜奋”而发生变化。以人性为本体，以素丝为喻体，借用染色之例，来说明先天的人性如待染的素丝，染缸的颜色决定着素丝的颜色，也即有什么样的环境与教育就造就什么样的人。墨子倡导人性如“素丝”而注重后天环境和教育在人性中的作用，故而反对“教人学而执有命”的观点。

公孟子曰：“贫富寿夭，齰然在天，不可损益。”又曰：“君子必学。”子墨子曰：“教人学而执有命，是犹命人葆而去其冠也。”（《墨子・公孟》）

在墨子看来既提倡天命之贫富寿夭，又倡导君子需要努力学习的儒者公孟子是自相矛盾的，就像“葆而去其冠”一样荒唐可笑，故而旗帜鲜明地反对儒家“死生有命，富贵在天”的说法，强调主观努力在人性改变中的重要作用。

“杨朱墨翟之言盈天下。天下之言不归杨，则归墨”（《孟子·滕文公下》），杨朱为道家先驱，可见在孟子生活的时代，道、墨、儒三家俨然形成天下三分的局面。老子提倡人性“素朴说”，庄周“其学无所不窥，然其要本归于老子之言”（《史记·老子韩非列传》），故其同样倡导人性“素朴说”。

> 绝圣弃智，民利百倍；绝仁弃义，民复孝慈；绝巧弃利，盗贼无有。此三者以为文不足，故令有所属；见素抱朴，少私寡欲；绝学无忧。（《老子》第十九章）
>
> 吾意善治天下者不然。彼民有常性，织而衣，耕而食，是谓同德。一而不党，命曰天放。故至德之世，其行填填，其视颠颠。当是时也，山无蹊隧，泽无舟梁；万物群生，连属其乡；禽兽成群，草木遂长。是故禽兽可系羁而游，乌鹊之巢可攀援而窥。夫至德之世，同与禽兽居，族与万物并，恶乎知君子小人哉！同乎无知，其德不离；同乎无欲，是谓素朴。素朴而民性得矣。及至圣人，蹩躠为仁，踶跂为义，而天下始疑矣。澶漫为乐，摘僻为礼，而天下始分矣。故纯朴不残，孰为牺尊！白玉不毁，孰为珪璋！道德不废，安取仁义！性情不离，安用礼乐！五色不乱，孰为文采！五声不乱，孰应六律！夫残朴以为器，工匠之罪也；毁道德以为仁义，圣人之过也。（《庄子·马蹄》）

在老子看来，圣智（才之善也）、仁义（行之善也）、巧利（用之善也）三者是文而非质，应绝而弃之。反面为文，正面为质。质就是“见素抱朴，少私寡欲”，素是未染色的丝，朴为未雕刻的木，都是用来比喻本真。要恢复本真，就需要减损私心欲望，减损至无可再减，本真就会呈现。同样，庄子在《马蹄》篇中通过对“至德之世”（原始社会）先民素朴自然本性的描述，揭示了“毁道德以为仁义”的圣人提倡仁义而残害素朴自然本性的行为，进一步论证和重申了人性“素朴说”的教育命题。因此，在老子和庄子看来使人“复归于朴”就是教育的本真所在。

“喜刑名法术之学，而其归本于黄老”的韩非，深受老子及荀子思想的影响，在人性论上将荀子的性恶论推向极端，提出“人性利己说”（绝对的“性恶论”）。

> 古者仓颉之作书也，自环者谓之私，背私谓之公，公私之相背也，乃仓颉固以知之矣。今以为同利者，不察之患也。然则为匹夫计者，莫如修行义而习文学。行义修则见信，见信则受事；文学习则为明师，为明师则显荣。此匹夫之美也。然则无功而受事，无爵而显荣，为有政如此，则国必乱，主必危矣。故不相容之事不两立也：斩敌者受赏，而高慈惠之行；拔城者受爵禄，而信廉爱之说；坚甲厉兵以备难，而美荐绅之饰；富国以农，距敌恃卒，而贵文学之士；废敬上畏法之民，而养游侠私剑之属。举行如此，治强不可得也。国平养儒侠，难至用介士，所利非所用，所用非所利。是故服事者简其业，而游学者日众，是世之所以乱也。（《韩非子·五蠹》）

在韩非看来，从古者仓颉作书之时，就有公和私相悖的道理，人自私的本性是由来已久的，是根植于人的天性的，“人无羽毛，不衣则不犯寒。上不属天，而下不着地，以肠胃为根本，不食则不能活。是以不免于欲利之心，欲利之心不除，其身之忧也”（《韩非子·解老》）。由于人人都有“欲利之心”，韩非由此得出人人都是为利而生的论断。

> 故舆人成舆，则欲人之富贵；匠人成棺，则欲人之夭死也。非舆人仁而匠人贼也，人不贵则舆不售，人不死则棺不买，情非憎人也，利在人之死也。故后妃、夫人、太子之党成而欲君之死也，君不死则势不重，情非憎君也，利在君之死也。故人主不可以不加心于利己死者。（《韩非子·备内》）

既然人人都是为利而生，那么只有严刑峻法才能使恶人就范：

> 今修文学，习言谈，则无耕之劳而有富之实，无战之危而有贵之尊，则人孰不为也！是以百人事智而一人用力。事智者众则法

败，用力者寡则国贫，此世之所以乱也。故明主之国，无书简之文，以法为教；无先王之语，以吏为师；无私剑之捍，以斩首为勇。是境内之民，其言谈者必轨于法，动作者归之于功，为勇者尽之于军。是故无事则国富，有事则兵强，此之谓“王资”。（《韩非子·五蠹》）

“以法为师”“以吏为教”就成为法家根治人性利己的教育手段。

墨家的“人性素丝说”、道家的“人性素朴说”、法家的“人性利己说”，从不同层面对性与习范畴进行了论述，虽然从中国古代教育整体发展历程来看，它们的人性学说及其教育思想并没有成为古代教育的主体内容，但是儒家教育学说正是在同墨家、道家、法家的论争之中不断得以发展和完善，并最终发展成为中国古代教育的主体和主流。

二　汉唐经学：划分善恶之性与习

从汉代开始，中国古代学术正式步入经学时代。“汉武帝‘罢黜百家’，立‘五经博士’，置‘博士弟子员’等措施的施行，一方面标志着‘经学’的正式确立，同时也标志着中国历史上持续长达二千年之久的‘经学时代’的开始。这是中国历史上的一件大事，有着重大且深远的意义。经学的确立，标志着中国古代官方统治学说的正式形成，而中国古代的教育制度也因之而展开，并旁及中国古代的文官制度”①。从汉至唐的经学时代，以董仲舒、韩愈为代表的儒家学者阐述了关于性与习范畴教育命题的思想，而以李翱、王充为代表乃至魏晋玄学时期的非主流的思想家们，与主流思想家共同构建了汉唐经学时代性与习范畴的话语体系。

董仲舒关于性及性与教关系的论述，以“性待教而为善”教育命题的提出最有代表性，其思想主要体现在《春秋繁露》之《深察名号第三十五》和《实性第三十六》中：

① 复旦大学哲学系中国哲学教研室编著：《中国古代哲学史》，上海古籍出版社 2011 年版，第 146 页。

今世暗于性，言之者不同，胡不试反性之名？性之名，非生与？如其生之自然之资谓之性。性者，质也。诘性之质於善之名，能中之与？既不能中矣，而尚谓之质善，何哉？性之名不得离质。离质如毛，则非性已，不可不察也。(《春秋繁露·深察名号第三十五》)

故性比於禾，善比於米。米出禾中，而禾未可全为米也。善出性中，而性未可全为善也。善与米，人之所继天而成于外，非在天所为之内也。(《春秋繁露·深察名号第三十五》)

今万民之性，有其质而未能觉，譬如瞑者待觉，教之然后善。当其未觉，可谓有善质，而不可谓善，与目之瞑而觉，一概之比也。静心徐察之，其言可见矣。性而瞑之未觉，天所为也。效天所为，为之起号，故谓之民。民之为言，固犹瞑也，随其名号以入其理，则得之矣。是正名号者於天地，天地之所生，谓之性情。性情相与为一瞑。情亦性也，谓性已善，奈其情何？故圣人莫谓性善，累其名也。身之有性情也，若天之有阴阳也。言人之质而无其情，犹言天之阳而无其阴也，穷论者无时受也。名性，不以上，不以下，以其中名之。性如茧、如卵。卵待覆而成雏，茧待缫而为丝，性待教而为善。此之谓真天。天生民性有善质而未能善，於是为之立王以善之，此天意也。民受未能善之性於天，而退受成性之教於王，王承天意以成民之性为任者也。今案其真质，而谓民性已善者，是失天意而去王任也。万民之性苟已善，则王者受命尚何任也？其设名不正，故弃重任而违大命，非法言也。《春秋》之辞，内事之待外者，从外言之。今万民之性，待外教然后能善，善当与教，不当与性。与性，则多累而不精，自成功而无贤圣，此世长者之所误出也，非《春秋》为辞之术也。不法之言，无验之说，君子之所外，何以为哉！或曰：性有善端，心有善质，尚安非善？应之曰：非也。茧有丝而茧非丝也，卵有雏而卵非雏也。比类率然，有何疑焉？天生民有六经，言性者不当异。然其或曰性也善，或曰性未善，则所谓善者，各异意也。性有善端，动之爱父母，善於禽兽，则谓之善。此孟子之善。循三纲五纪，通八端之理，忠信而博爱，敦厚而好礼，乃可谓善。此圣人之善也。是故孔子曰："善人，吾不得而见之，得见有常者斯可矣。”由是观之，圣人之所谓善，未易当也，非善于禽兽则谓之善也。使动其端善于禽兽则可谓之善，善奚为弗见也？夫善於禽兽之未得为善也，犹知於草木而不得名知，万民之性善於禽兽而不得名善。知之名乃取之圣。圣人之所命，天下以为正。正朝夕者视北辰，正嫌疑者视圣人，圣人以为无王之世、不教之民莫能当善。善之难当如此，而谓万民之性皆能当之，过矣。质於禽兽之性，则万民之性善矣；质於人道之善，则民性弗及也。万民之性善於禽兽者许之，圣人之所谓善者弗许。吾质之命性者异孟子。孟子下质於禽兽之所为，故曰性已善；吾上质於圣人之所为，故谓性未善。善过性，圣人过善。《春秋》大元，故谨於正名。名非所始，如之何谓未善已善也。（《春秋繁露·深察名号第三十五》）

孔子曰：“名不正，则言不顺。”今谓性已善，不几于无教而如其自然，又不顺于为政之道矣；且名者性之实，实者性之质。质无教之时，何遽能善？善如米，性如禾。禾虽出米，而禾未可谓米也；性虽出善，而性未可谓善也。米与善，人之继天而成于外也，非在天所为之内也。天所为，有所至而止，止之内谓之天，止之外谓之王教。王教在性外，而性不得不遂。故曰：性有善质，而未能为善也。岂敢美辞，其实然也。天之所为，止于茧、麻与禾。以麻为布，以茧为丝，以米为饭，以性为善，此皆圣人所继天而进也，非情性质朴之能至也，故不可谓性。正朝夕者视北辰，正嫌疑者视圣人。圣人之所名，天下以为正。今按圣人言中，本无性善名，而有“善人吾不得见之矣”。使万民之性皆已能善，善人者何为不见也？观孔子言此之意，以为善甚难当；而孟子以为万民性皆能当之，过矣。圣人之性，不可以名性，斗筲之性，又不可以名性，名性者，中民之性。中民之性，如茧如卵，卵待覆二十日，而后能为雏；茧待缫以涫汤，而后能为丝；性待渐于教训，而后能为善；善，教训之所然也，非质朴之所能至也，故不谓性。性者宜知名矣，无所待而起生，而所自有也；善所自有，则教训已非性也。是以米出于粟，而粟不可谓米；玉出于璞，而璞不可谓玉；善出于性，而性不可谓善。其比多在物者为然，在性者以为不然，何不通于类也？卵之性未能作雏也，茧之性未能作丝也，麻之性未能为缕也，粟之性未能为米也。《春秋》别物之理，以正其名，名物必各因其真。真其义也，真其情也，乃以为名。名霣石则后其五，退飞则先其六，此皆其真也。圣人于言，无所苟而已矣。性者，天质之朴也；善者，王教之化也。无其质，则王教不能化；无其王教，则质朴不能善。质而不以善性，其名不正，故不受也。（《春秋繁露·实性第三十六》）

董仲舒关于性与教关系的认识，是从对性情、善恶的诠释中展开的，并从中得出“性待教而为善”的教育命题，形成了既不同于孟子又不同于荀子的思想观点。

其一，以阴阳释性情。董仲舒是中国古代首位以阴阳释性情的思想家，“以阴阳言性，始于董子”。依据董仲舒的理解，“身之有性情也，若天之有阴阳也。言人之质而无其情，犹言天之阳而无其阴也”，天之性在阴阳，人与天一样，不但有性也有情。如果仅仅强调人之性而忽略人之情，就等于只看到天的阳的一面而无视天的阴的一面。天由贵阳贱阴而表现出“好仁而近”“恶戾而远”的性情品格。

阳，天之德；阴，天之刑也。阳气暖而阴气寒，阳气予而阴气夺，阳气仁而阴气戾，阳气宽而阴气急，阳气爱而阴气恶，阳气生而阴气杀。是故阳常居实位而行于盛，阴常居空位而行于末。天之好仁而近，恶戾之变而远，大德而小刑之意也。先经而后权，贵阳而贱阴也。（《春秋繁露·阳尊阴卑第四十三》）

在董仲舒看来，自然界之“贵阳而贱阴”体现在社会之中就是“好仁”而“恶戾”。同样，正如天有阴阳一样，性与情也是构成人性的两个不可或缺的方面。“天地之所生，谓之性情。性情相与为一瞑。情亦性也。谓性已善，奈其情何？故圣人莫谓性善，累其名也。身之有性情也，若天之有阴阳也。言人之质而无其情，犹言天之阳而无其阴也。”可见，在本体论意义上，性与情都为天地之所生，性就是情，情就是性，“相与为一瞑”。

其二，性情与善恶。董仲舒在性情与善恶的关系上提出“性禾善米说”的教育命题。在《深察名号》《实性》等相关篇章之中，性和善的喻体分别为：

性：禾（粟）、布、卵、茧、璞、瞑

善：米、麻、雏、丝、玉、觉

其中最为经典的论述就是“性禾善米说”：

> 故性比於禾，善比於米。米出禾中，而禾未可全为米也。善出性中，而性未可全为善也。善与米，人之所继天而成于外，非在天所为之内也。
>
> 善如米，性如禾，禾虽出米，而禾未可谓米也；性虽出善，而性未可谓善也。米与善，人之继天而成于外也，非在天所为之内也；天所为，有所至而止，止之内谓之天，止之外谓之王教，王教在性外，而性不得不遂，故曰：性有善质，而未能为善也，岂敢美辞，其实然也。

米出于禾，但禾当然不可能直接是米；善出于性，而性也不可能全部为善。善是人先天禀赋性情同后天王教共同作用的结果。先天禀赋涉及人身之内在而被称为“天”或“性”，后天因素涉及人身之外而被称为“人事”或“王教”。性虽然具有善的潜质或潜能，虽然也可以生出善来，但性自身未必就一定能够实现善、成就善。因此说“性有善端，心有善质”，但性非善。由此看来，董仲舒关于性情与善恶的认识，既不同于孟子的“性善论”也区别于荀子的“性恶论”，性虽有善质但必须通过人为的教育才能使它进而为善。那么，何谓“善”呢?

> 循三纲五纪，通八端之理，忠信而博爱，敦厚而好礼，乃可谓善。此圣人之善也。

由此，“三纲”与“五常”相结合的纲常体系成为中国古代道德教育的中心内容。

其三，“三品”之性。董仲舒在倡导“性禾善米说”的基础之上，对人性又进一步作出了划分：斗筲之性、中民之性、圣人之性。

> 今按圣人言中本无性善名，而有善人吾不得见之矣，使万民之性皆已能善，善人者何为不见也，观孔子言此之意，以为善甚难当；而孟子以为万民性皆能当之，过矣。圣人之性，不可以名性，斗筲之性，又不可以名性，名性者，中民之性。

在董仲舒看来，由于圣人之性和斗筲之性只是很小的部分，故不可以“名性”；“中民之性”就是代表大多数的“万民之性”，方可以“名性”，但是需要教化才可以为善。“民受未能善之性于天，而退受成性之教于王，王承天意以成民之性为任者也”，此“民”正是具有“中民之性”的人。

韩愈继承了董仲舒以来的“性三品说”，着重论述了性与情的关系，完善了性三品说。韩愈关于性与习关系的论述主要体现在《原性》中：

> 性也者，与生俱生也；情也者，接于物而生也。性之品有三，而其所以为性者五；情之品有三，而其所以为情者七。曰：何也？曰：性之品有上、中、下三。上焉者，善焉而已矣；中焉者，可导而上下也；下焉者，恶焉而已矣。其所以为性者五：曰仁、曰礼、曰信、曰义、曰智。上焉者之于五也，主于一而行于四；中焉者之于五也，一不少有焉，则少反焉，其于四也混；下焉者之于五也，反于一而悖于四。性之于情视其品。情之品有上、中、下三，其所以为情者七：曰喜、曰怒、曰哀、曰惧、曰爱、曰恶、曰欲。上焉者之于七也，动而处其中；中焉者之于七也，有所甚，有所亡，然而求合其中者也；下焉者之于七也，亡与甚直情而行者也。情之于性视其品。
>
> 孟子之言性曰：人之性善。荀子之言性曰：人之性恶。扬子之言性曰：人之性善恶混。夫始善而进恶，与始恶而进善，与始也混而今也善恶，皆举其中而遗其上下者也，得其一而失其二者也。叔鱼之生也，其母视之，知其必以贿死。杨食我之生也，叔向之母闻

其号也，知必灭其宗。越椒之生也，子文以为大戚，知若敖氏之鬼不食也。人之性果善乎？后稷之生也，其母无灾，其始匍匐也，则岐岐然、嶷嶷然。文王之在母也，母不忧；既生也，傅不勤；既学也，师不烦。人之性果恶乎？尧之朱，舜之均，文王之管、蔡，习非不善也，而卒为奸。瞽瞍之舜，鲧之禹，习非不恶也，而卒为圣。人之性善恶果混乎？故曰：三子之言性也，举其中而遗其上下者也，得其一而失其二者也。

曰：然则性之上下者，其终不可移乎？曰：上之性，就学而愈明；下之性，畏威而寡罪。是故上者可教，而下者可制也。其品则孔子谓不移也。

在韩愈看来，性与情并不是如同董仲舒所言的："相与为一瞑"，性与情是相区分的——性是先天的，人生而有性；情是后天的，是与物接触之后感应而产生的。性与情的品级都有上、中、下三等，其中上等的性是善的，下等的性是恶的，只有中等的性是可以改变的，既可以向上也可以向下。同样，无论是何种等级的性和情，都具有性者五和情者七，只是在不同等级的性和情中呈现方式不同。因此，依据韩愈的理解，教育就只能在已定的人性品位内发生作用，并且只有中品以上者才能接受教育，"上之性，就学而愈明；下之性，畏威而寡罪。是故上者可教，而下者可制也。其品则孔子谓不移也"。韩愈在论证性三品的过程中，对唐代以前的人性论进行了总结和批判，"孟子之言性曰：人之性善。荀子之言性曰：人之性恶。扬子之言性曰：人之性善恶混。夫始善而进恶，与始恶而进善，与始也混而今也善恶，皆举其中而遗其上下者也，得其一而失其二者也"。"得其一而失其二者"，正是唐代以前人性论存在的弊端。

韩愈弟子李翱在对性与情关系的认识上则更进一步，提出了以性善情恶的"复性说"为命题的人性理论。李翱在《复性书》中论述了人性问题并提出"复性说"，《复性书》共分为上、中、下三篇，其中：上篇总论"性情"及圣人之关系，中篇言如何修养成圣的方法路径，下篇勉励人们进行修养的努力。《复性书》关于性与情关系的论述，主要体现在《复性书上》之中：

人之所以为圣人者性也，人之所以惑其性者情也。喜怒哀惧爱恶欲，七者皆情之所为也。情既昏，性斯匿矣。非性之过也，七者循环而交来，故性不能充也。水之浑也，其流不清，火之烟也，其光不明，非水火清明之过，沙不浑，流斯清矣，烟不郁，光斯明矣。情不作，性斯充矣，性与情不相无也。

虽然，无性则情无所生矣。是情由性而生，情不自情，因性而情，性不自性，由情以明。性者天之命也，圣人得之而不惑者也；情者性之动也，百姓溺之而不能知其本者也。圣人者岂其无情耶？圣人者，寂然不动，不往而到，不言而神，不耀而光，制作参乎天地，变化合乎阴阳，虽有情也，未尝有情也。然则百姓者，岂其无性耶？百姓之性与圣人之性弗差也，虽然，情之所昏，交相攻伐，未始有穷，故虽终身而不自睹其性焉。火之潜於山石林木之中，非不火也；江河淮济之未流而潜於山，非不泉也。石不敲，木不磨，则不能烧其山林而燥万物；泉之源弗疏，则不能为江为河，为淮为济，东汇大壑，浩浩荡荡，为弗测之深。情之动静弗息，则不能复其性而烛天地，为不极之明。

故圣人者，人之先觉者也。觉则明，否则惑，惑则昏，明与昏谓之不同。明与昏性本无有，则同与不同二皆离矣。夫明者所以对昏，昏既灭，则明亦不立矣。是故诚者，圣人性之也，寂然不动，广大清明，照乎天地，感而遂通天下之故，行止语默，无不处於极也。复其性者贤人，循之而不已者也，不已则能归其源矣。《易》曰："夫圣人者，与天地合其德，日月合其明，四时合其序，鬼神合其吉凶，先天而天不违，后天而奉天时。天且勿违，而况於人乎？况於鬼神乎？"此非自外得者也，能尽其性而已矣。子思曰："惟天下至诚为能尽其性。能尽其性，则能尽人之性。能尽人之性，则能尽物之性。能尽物之性，则可以赞天地之化育。可以赞天地之化育，则可以与天地参矣。其次致曲，曲能有诚，诚则形，形则著，著则明，明则动，动则变，变则化，唯天下至诚为能化。"圣人知人之性皆善，可以循之不息而至於圣也，故制礼以节之，作乐以和之。安於和乐，乐之本也；动而中礼，礼之本也。故在车则闻鸾和之声，行步则闻佩玉之音，无故不废琴瑟，视听言行，循礼法而动，所以教人忘嗜欲而归性命之道也。道者至诚而不息者也，至诚而不息则虚，虚而不息则明，明而不息则照天地而无遗，非他也，此尽性命之道也。哀哉！人皆可以及乎此，莫之止而不为也，不亦惑耶？

昔者圣人以之传於颜子，颜子得之，拳拳不失，不远而复其心，三月不违仁。子曰："回也其庶乎屡空。"其所以未到於圣人者一息耳，非力不能也，短命而死故也。其馀升堂者，盖皆传也，一气之所养，一雨之所膏，而得之者各有浅深，不必均也。子路之死也，石乞孟以戈击之，断缨，子路曰："君子死，冠不免。"结缨而死。由非好勇而无惧也，其心寂然不动故也。曾子之死也，曰："吾何求焉，吾得正而毙焉，斯已矣。"此正性命之言也。子思仲尼之孙，得其祖之道，述《中庸》四十七篇，以传於孟轲。轲曰"我四十不动心"，轲之门人达者公孙丑、万章之徒，盖传之矣。遭秦灭书，《中庸》之不焚者，一篇存焉。於是此道废缺，其教授者，惟节文、章句、威仪、击剑之术相师焉，性命之源，则吾弗能知其所传矣。

李翱在《复性书》中关于性与情关系的讨论，以《中庸》《易》为理论的根据，并吸收和借鉴佛学的性善情恶、佛性平等、见性成佛等观点而构成。《复性书》的行文之中体现了以儒融佛，并以此来充实儒家心性理论的思想趋势，其中主要思想观点为：

其一，性善。李翱继承《中庸》"天命之谓性"的观点，提出"性者，天之命也"。而"人之所以为圣人者性也"，"人之性皆善"，人性皆善，同于孟子的性善论。

其二，去情复性归之于善。首先，情由性生，性由情明。其次，情分为喜怒哀惧爱恶欲七种。再次，"情既昏，性斯匿矣。非性之过也，七者循环而交来，故性不能充也"，性被情所遮蔽，因七情为恶，所以性之善不能得以彰显。最后，只有去除昏，才能使情不掩性，从而复归原本之善。通过去情来复性归之于善，是一个循序渐进的过程，《复性书》中就如何复性给出了解答：

问曰："凡人之性，犹圣人之性欤？"

曰："桀纣之性，犹尧舜之性也。其所以不睹其性者，嗜欲好恶之所昏也，非性之罪也。"

曰："为不善者非性耶？"

曰："非也，乃情所为也。情有善有不善，而性无不善焉。孟子曰：'人无有不善，水无有不下。夫水，搏而跃之，可使过颡，激而行之，可使在山。是岂水之性哉，其所以导引之者然也。人之性皆善，其不善亦犹是也。'"

问曰："尧舜岂不有情耶？"

曰："圣人至诚而已矣。尧舜之举十六相，非喜也。流共工，放欢兜，殛鲧，窜三苗，非怒也。中於节而已矣。其所以皆中节者，设教於天下故也。《易》曰：'知变化之道者，其知神之所为乎？'《中庸》曰：'喜怒哀乐之未发谓之中，发而皆中节谓之和。中也者，天下之大本也。和也者，天下之达道也。致中和，天地位焉，万物育焉。'《易》曰：'唯深也，故能通天下之志；唯几也，故能成天下之务；唯神也，故不疾而速，不行而至。'圣人之谓也。"

问曰："人之性犹圣人之性，嗜欲爱憎之心，何因而生也？"

曰："情者妄也，邪也。邪与妄则无所因矣。妄情灭息，本性清明，周流六虚，所以谓之能复其性也。《易》曰：'乾道变化，各正性命。'《论语》曰：'朝闻道，夕死可矣。'能正性命故也。"

问曰："情之所昏，性即灭矣，何以谓之犹圣人之性也？"

曰："水之性情澈，其浑之者沙泥也。方其浑也，性岂遂无有耶？久而不动，沙泥自沈。清明之性，鉴於天地，非自外来也。故其浑也，性本勿失，及其复也，性亦不生。人之性，亦犹水之性也。"

问曰："人之性本皆善，而邪情昏焉，敢问圣人之性，将复为嗜欲所浑乎？"

曰："不复浑矣。情本邪也，妄也，邪妄无因，人不能复。圣人既复其性矣，知情之为邪，邪既为明所觉矣，觉则无邪，邪何由生也？伊尹曰：'天之道，以先知觉后知，先觉觉后觉者也。予天民之先觉者也，予将以此道觉此民也，非予觉之而谁也？’如将复为嗜欲所浑，是尚不自觉者也，而况能觉后人乎？”

李翱提出“复性说”的理论贡献在于：“一是宋代理学家沿着李翱提出的去情复性理论的思路，发展为‘存天理去人欲’的口号。二是从韩愈、李翱推崇《孟子》《大学》《中庸》等受到启发，将《论语》《孟子》《大学》《中庸》合编为‘四书’，使‘四书’与‘五经’并列为儒家的经典著作”①。

汉唐经学时代，除董仲舒、韩愈、李翱等儒家代表人物之外，关于性与习关系也存在其他形式的阐述，进而补充和丰富了性与习关系的教育命题。

王充在提倡人性三品说的基础上，为汉代人性论思想注入了“另类”文化元素。王充在《论衡》之《率性》《本性》及《命义》等篇中，在对汉代以来的人性命题进行梳理和总结的基础之上，认为只有世硕、公孙尼子以人性为有善有恶的说法最为正确。王充正是在继承了世硕等人性有善有恶说的基础上，提出了自己的人性观：

论人之性，定有善有恶。其善者，固自善矣；其恶者，故可教告率勉，使之为善。凡人君父审观臣子之性，善则养育劝率，无令近恶；近恶则辅保禁防，令渐於善。善渐於恶，恶化於善，成为性行。(《论衡·率性篇》)

《传》言：譬犹练丝，染之蓝则青，染之丹则赤。十五之子其犹丝也，其有所渐化为善恶，犹蓝丹之染练丝，使之为青赤也。青赤一成，真色无异。是故扬子哭岐道，墨子哭练丝也。盖伤离本，不可复变也。人之性，善可变为恶，恶可变为善，犹此类也。逢生麻间，不扶自直；白纱入缁，不练自黑。彼蓬之性不直，纱之质不黑，麻扶缁染，使之直黑。夫人之性，犹蓬纱也，在所渐染而善恶变矣。(《论衡·率性篇》)

---

① 孙培青、李国钧：《中国教育史》（第一卷），华东师范大学出版社 1997 年版，第 550 页。

今夫性恶之人，使与性善者同类乎？可率勉之令其为善；使之异类乎，亦可令与道人之所铸玉、随侯之所作珠、人之所摩刀剑月焉，教导以学，渐渍以德，亦将日有仁义之操。（《论衡·率性篇》）

夫性恶者，心比木石。木石犹为人用，况非木石！在君子之迹，庶几可见。（《论衡·率性篇》）

凡含血气者，教之所以异化也。三苗之民，或贤或不肖，尧、舜齐之，恩教加也。楚、越之人，处庄、岳之间，经历岁月，变为舒缓，风俗移也。故曰："齐舒缓，秦慢易，楚促急，燕戆投"。以庄、岳言之，四国之民，更相出入，久居单处，性必变易。（《论衡·率性篇》）

实者，人性有善有恶，犹人才有高有下也。高不可下，下不可高。谓性无善恶，是谓人才无高下也。禀性受命，同一实也。命有贵贱，性有善恶。谓性无善恶，是谓人命无贵贱也。九州田土之性，善恶不均。故有黄赤黑之别，上中下之差；水潦不同，故有清浊之流，东西南北之趋。人禀天地之性，怀五常之气，或仁或义，性术乖也；动作趋翔，或重或轻，性识诡也。面色或白或黑，身形或长或短，至老极死不可变易，天性然也。余固以孟轲言人性善者，中人以上者也；孙卿言人性恶者，中人以下者也；扬雄言人性善恶混者，中人也。若反经合道，则可以为教；尽性之理，则未也。（《论衡·本性篇》）

《传》曰："说命有三，一曰正命，二曰随命，三曰遭命。"正命，谓本禀之自得吉也。性然骨善，故不假操行以求福而吉自至，故曰正命。随命者，戳力操行而吉福至，纵情施欲而凶祸到，故曰随命。遭命者，行善得恶，非所冀望，逢遭於外而得凶祸，故曰遭命。凡人受命，在父母施气之时，已得吉凶矣。夫性与命异，或性善而命凶，或性恶而命吉。操行善恶者，性也；祸福吉凶者，命也。或行善而得祸，是性善而命凶；或行恶而得福，是性恶而命吉也。性自有善恶，命自有吉凶。使命吉之人，虽不行善，未必无福；凶命之人，虽勉操行，未必无祸。（《论衡·命义篇》）

亦有三性：有正，有随，有遭。正者，禀五常之性也；随者，

随父母之性；遭者，遭得恶物象之故也。(《论衡·命义篇》)

王充关于人性的认识和看法都集中体现在上述语段之中：

其一，禀气成性。王充认为，人性禀气而成，性的善恶由人生时所禀的气所决定。“禀气有厚泊，故性有善恶也”。“人之善恶，共一元气。气有多少，故性有贤愚”(《论衡·率性篇》)，一个人所禀得的原气厚与多，则其人性就善、贤；反之，则就恶、愚。“这种人性气禀论可以说是王充人性理论中最大的特色所在，在中国哲学史上产生了深远的影响，后来宋儒‘气质之性’的提出，在王充这里可以找到其直接的思想渊源”①。

其二，中人的人性有善有恶。“孟轲言人性善者，中人以上者也；孙卿言人性恶者，中人以下者也；扬雄言人性善恶混者，中人也”(《论衡·本性篇》)。上等的人生来性善，正如孟子所言性善者；下等的人生来性恶，正如荀子所言性恶者；唯中等的人性是有善有恶的，正如扬雄所言人性善恶混者。故王充所提出的人性有善有恶主要是针对中人而言，“夫中人之性，在所习焉。习善而为善，习恶而为恶也”。

其三，命与性相依。王充认为命可分为正命、随命和遭命三种，并且人的命在出生之时就已经注定。同样，性也可分为正性、随性和遭性三种。性自有善恶，而命自有吉凶。性善之人也可能命凶，性恶之人也可能命吉；命吉之人虽不行善，可能也未必无福；命凶之人虽努力操行，可能也未必无祸，所谓“形不可变化，命不可减加”(《论衡·无形篇》)。

其四，善与恶相转化。王充认为善与恶是可以相互转化的，“凡人君父审观臣子之性，善则养育劝率，无令近恶；近恶则辅保禁防，令渐於善。善渐於恶，恶化於善，成为性行”(《论衡·率性篇》)。善与恶间之所以出现相互之间的转换，就在于“养育劝率”和“辅保禁防”的作用。同样，中人的人性有善有恶，善与恶是可以相互转换的，因此中人就可以通过教育转恶为善。此外，人性为“遭性”之人（即性恶

① 复旦大学哲学系中国哲学教研室编著：《中国古代哲学史》，上海古籍出版社 2011 年版，第 214 页。

之人），如果“教导以学，渐渍以德”，则“亦将日有仁义之操”。这样就为至恶之性开出一条可能为善之路，从而突破了传统“上智下愚不移”的理论局限。

其五，渐染而性变。“十五之子其犹丝也，其有所渐化为善恶，犹蓝丹之染练丝，使之为青赤也。青赤一成，真色无异。是故扬子哭岐道，墨子哭练丝也。盖伤离本，不可复变也。人之性，善可变为恶，恶可变为善，犹此类也”（《论衡·率性篇》）。人性可随环境变化而变化，犹丝遇不同色之改变。同样，“楚、越之人，处庄、岳之间，经历岁月，变为舒缓，风俗移也”（《论衡·率性篇》），足见环境风俗习惯对于人性的习染作用，楚越之人处于庄岳之间，自身风俗也可发生改变。

魏晋南北朝时代在学术传承上是一个“继汉开唐”的时代，玄学、佛学、道学、儒学相互交织在一起，形成了一个学术思想相互吸收、相互借鉴的大变革、大转轨时期。处于这个时期的思想家们在性与习关系方面提出了不同于汉代以来的教育命题，这些教育命题既代表了魏晋南北朝时期对于性与习关系认识的整体水平，又为韩愈等思想家在唐代乃至宋代提出新的教育命题提供了思想资源。

玄学思想家关于人性论的认识以顺应自然发展为宗旨而提倡自然本位人性论。何晏认为，人的自然本性就是人的自然属性，“性者，人之所受以生者也”（《论语集解·公冶长注》），并无善恶的道德成分，“人之所受生者也”中的“所受”就是指所受于“道”。王弼认为万物以自然为性，人也以自然为性，无善无恶，是本体“无”在人性上的体现；在对“性相近”命题解释过程中更加体现了自然为性的人性观，人性“若全同也，相近之辞不生；若全异也，相近之辞亦不得立。今云近者，有同有异，取其共是。无善无恶，则同也；有浓有薄，则异也。虽异而未远，故曰近也”（《论语释疑·阳货》）。嵇康认为人的天赋是由自然所决定的，“夫元气陶铄，众生禀焉。赋受有多少，故才性有昏明”（《明胆论》）。向秀、郭象则提出了人性“自生”的教育命题，“故人之所因者，天也；天之所生者，独化也”（《庄子·大宗师》注），“自然生我，我自然生。故自然者，即我之自然，岂远之哉！”（《庄子·齐物论》注）。总之，玄学家们对自然本性持肯定态度，但是在对人性的社会性方面的认识上，也存在同自然本性的人性论相冲突的一面。如：

向秀、郭象提倡人性“自生”的同时，也认为“物各有性，性各有极”，这就承认人性之间是有差异的，由此而推导出“特禀自然之妙气”的“神人”的存在，而所谓“神人即圣人也，圣言其外，神言其内”。由此，“神人”就不是一般意义上的禀受自然之气的普通人。玄学家们从自然人性论出发而倡导依据人自然本性的教育，“夫物有自然，理有至极，循而直往，则冥然自合，非所言也。故言之者孟浪，而闻之者听荧”（《庄子·齐物论》注）。既然“言之者孟浪，而闻之者听荧”，那么就应该行“不言之教”，依据万事万物“自合”之机理，而进行“任其自行”的自然教育。正如嵇康所言：“六经以抑引为主，人性以从容为欢。抑引则违其愿，纵欲则得自然。然则自然之得，不由抑引之六经；全性之本，不须犯情之礼律。故知仁义务于理伪，非养真之要术；廉让生于争夺，非自然之所出也”（《嵇康集注·难自然好学论》），“越名教而任自然”的教育宗旨跃然纸上。那么，在嵇康看来现实的教育是不理想的：

> 今若以明堂为丙舍，以讽诵为鬼语，以六经为芜秽，以仁义为臭腐，睹文籍则目瞧，修揖让则变伛，袭章服则转筋，谭礼典则齿龋。于是兼而弃之，与万物为更始，则吾子虽好学不倦，犹将阙焉；则向之不学，未必为长夜，六经未必为太阳也。（《嵇康集注·难自然好学论》）

那么，理想的教育又是什么样子的呢？

> 古之王者，承天理物，必崇简易之教，御无为之治。君静于上，臣顺于下，玄化潜通，天人交泰，枯槁之类，浸育灵液，六合之内，沐浴鸿流，荡涤尘垢，群生安逸，自求多福，默然从道，怀忠抱义，而不觉其所以然也。和心足于内，和气见于外，故歌以叙志，儛以宣情。然后文之以采章，照之以风雅，播之以八音，感之以太和，导其神气，养而就之。迎其情性，致而明之，使心与理相顺，气与声相应，合乎会通，以济其美。故凯乐之情，见于金石，含弘光大，显于音声也。若以往则万国同风，芳荣济茂，馥如秋

> 兰，不期而信，不谋而诚，穆然相爱，犹舒锦彩，而粲炳可观也。大道之隆，莫盛于兹，太平之业，莫显于此。（《嵇康集注·声无哀乐论》）

“必崇简易之教”正是嵇康心目当中理想的教育模式。

以葛洪为代表的道教和以慧远为代表的佛教同样阐述了关于人性的观点——清澄性理和得性以体极为宗。葛洪指出：“夫人在气中，气在人中，自天地至于万物，无不须气以生者也”（《抱朴子·至理》），气是客观存在的物质，由此，人包括人性也是客观存在的。既然性是客观存在的，那么习的过程就是：“夫学者，所以清澄性理，簸扬埃秽，雕锻矿璞，砻炼屯钝，启导聪明，饰染质素，察往知来，博涉劝戒”（《抱朴子·勖学》），澄清天性，去除不良，雕琢锻炼，开发才智。慧远则提出“至极以不变为性，得性以体极为宗”的人性命题，“至极”就是涅槃之意，它的体性就是不变。同样，由于人是有灵之物，所以就会受物形之累：

> 有灵则有情于化，无灵则无情于化。无情于化，化毕而生尽，生不由情故形朽而化灭。有情于化，感物而动，动必以情，故其生不绝。其生不绝，则其化弥广，而形弥积；情弥滞，而累弥深。其为患也，焉可胜言哉！是故经称：“泥洹不变，以化尽为宅。三界流动，以罪苦为场。”化尽则因缘永息，流动则受苦无穷。何以明其然？夫生以形为桎梏，而生由化有。化以情感，则神滞其本，而智昏其照，介然有封，则所存唯己，所涉唯动。于是灵辔失御，生涂日开，方随贪爱于长流，岂一受而已哉！是故反本求宗者，不以生累其神；超落尘封者，不以情累其生。不以情累其生，则生可灭；不以生累其神，则神可冥。冥神绝境，故谓之泥洹。（《沙门不敬王者论·求宗不顺化》）

“泥洹”就是涅槃，“反本求宗”之“宗”与“得性以体极为宗”之“宗”的意思相同，而“得性”便是得“至极不变”之性。由此可见，佛教之中习的过程就是排除世俗意识及超脱肉体情欲之桎梏，进而忘却有身形体、解脱自我实现“至极”之境。

以傅玄、刘昼、颜之推为代表的儒家学者，同样也提出了关于性与习关系的认识和看法。傅玄认为人性既有善的因素，“好善尚德之性”，也有恶的因素，“贪荣重利之性”，有善有恶就是人性的整体内涵。关于性与习的关系，傅玄认为“人之性如水焉，置之圆则圆，置之方则方，澄之则淳而清，动之则流而浊。先王知中流之易扰乱，故随而教之；谓其偏好者，故立一定之法”① （《傅子·阙题上》），人性虽然有善有恶，但是善与恶之间可以相互转化，教育就是扬善抑恶的日长日消的过程。“虎至猛也，可威而服；鹿至麤也，可教而使；本至劲也，可柔而屈；石至坚也，可消而用，况人含五常之性，有善可因，有恶可改者乎！人之所重，莫重乎身。贵教之道行，士有仗节而成义，死而不顾者矣。此先王因善教义，因义而立礼者也”（《傅子·贵教》），含五常之性的人，可通过“因善教义”来改恶迁善。刘昼则是从性、情、欲三个方面来认识人性问题，“人之禀气，必有性情。性之所感者，情也。情之所安者，欲也。情出于性而情违性；欲由于情而欲害情”（《刘子·防欲》）。人禀气而生，性与情因人禀气而先天存在，情出于性但会违背性，欲出于情而会危害情。因此，习的过程就是防止情欲危害而实现“全性之道”的过程：

> 将收情欲，先敛五关。五关者，情欲之路，嗜好之府也。目爱彩色，命曰伐性之斤；耳乐淫声，命曰攻心之鼓；口贪滋味，命曰腐肠之药；鼻悦芳馨，命曰熏喉之烟；身安舆驷，命曰召蹷之机。此五者，所以养生，亦以伤生。耳目之于声色，鼻口之于芳味，肌体之于安适，其情一也。然亦以之死，亦以之生，或之贤智，或为庸愚，由于处之异也。譬由愚者之养鱼鸟也，见天之寒，则内鱼于温汤之中，而栖鸟于火林之上。水木者，所以养鱼鸟也；养之失理，必至焦烂。声色芳味，所以悦人；悦之过理，还以害生。故明者刳情以遣累，约欲以守贞，食足以充虚接气，衣足以盖形御寒；

① “中流”就是才智及人品中等的普通人；“故立一定之法”就是指以教育为主导，以法度为调节。

> 靡丽之华，不以滑性；哀乐之感，不以乱神。处于止足之泉，立于无害之岸，此全性之道也。(《刘子·防欲》)

所谓“全性之道”就是防“五关”之欲望，实现“刳情以遣累，约欲以守贞，食足以充虚接气，衣足以盖形御寒；靡丽之华，不以滑性；哀乐之感，不以乱神”的过程。颜之推继承了人性三品的人性理论，“上智不教而成，下愚虽教无益，中庸之人，不教不知也”(《颜氏家训·教子》)，中庸之人就是教育的对象。

有唐一代，佛教和道教无论是外在的形式上还是内在的理论建构方面都取得了重要的进展，尤其是对于性与习关系的认识上更加系统化和理论化。唐代佛教主要包括：天台宗、唯识宗、华严宗、禅宗，它们各自都提出了关于性与习关系的观点。天台宗在人性方面认为性具善恶，唯识宗提出三性与二谛的人性论说，禅宗则倡导明心见性的人性说。虽然佛教各派在人性认识上存在分歧，但是都强调以“真心”“圆觉”为最高本体的佛教心学，向自己内心探求成佛之来路的宗教实践。道教则提出“道性论”，认为人禀受自然的“道”而具有“道性”，“明知道中有众生，众生中有道，所以众生非是道；能修而得道，所以道非是众生。能应众生修，是故道即是众生，即众生是道”(《玄珠录》)，既然众生都具有道性，那么修道而得道就成为人性修养的重要目标。道教上清派法师吴筠则在人性三类划分的基础上，为众生修道而得道寻找到了人性依据。吴筠认为人分为睿哲、顽凶、中人三类，中人就是众生，修道以众生为主。“教之所施，为中人尔。何者？睿哲不教而自知，顽凶虽教而不移，此皆受阴阳之纯气者也。亦犹火可灭，不能使之寒。冰可消，不能使之热。理固然矣。夫中人为善则和、气应，为不善则害气集。故积善有余庆，积恶有余殃，有庆有殃，教于是立”(《玄纲论·天禀章》)，教就在于让中人为善不为恶。

总而言之，从董仲舒到韩愈、李翱构建起了汉唐经学时代关于性与习关系的理论体系，尤其是“性三品说”成为汉唐时期人性理论的集中体现。同样，从以阴阳释性情到性情三品再到性善情恶的性情关系发展过程之中，性与情逐渐分离，情逐渐走到性的反面，并成为复性的关键所在。“性三品说”背后隐藏着一个价值判断：教育所面对的性是善的，而教育所要实现的人性目标也是善，善由圣人而来，学为圣人就成为向善的关键。

三　宋明理学：本体善恶之性与习

宋明理学是一个统称，实际上应当说是从宋代起跨越宋、元、明、清四代占有统治地位的哲学思想，由于宋、明两代最有代表性，其主要代表人物是程、朱、陆、王，都是宋明两代的人物，因而统称为宋明理学。程朱理学和陆王心学关于性与习关系的阐述，构成了宋明理学论性与习关系的主体思想。同样，在以理学为主体的性与习关系的论述中，形成了基于对理学反思和批判的，对于性与习关系展开重新阐释的新学派和新观点。这种新学派和新观点，既是中国古代教学哲学实现自我学术反思和批判的学术成果，又是中国古代学者面对新的教育教学问题所作出的学术应答，而这种学术成果和学术应答彰显了中国教学哲学自身的学术生命力。

“横渠之学，其源出于程氏，而关中诸生尊其书，欲自为一家”（《杨时集》卷二十六），杨时之语虽意在说明关派之思想来源，但是也表明了关派与洛派之间业已存在着的思想渊源，言程朱时必言张载，其理论意义就在于此。张载认为人性可分为天地之性和气质之性，天地之性即本然之性，气质之性则偏而不去，因此只有通过“变化气质”才能改变气质之偏，从而回复天地之性。

张载关于人性的论述主要体现在《正蒙·诚明篇》之中：

> 性者万物之一源，非有我之得私也。
>
> 形而后有气质之性，善反之则天地之性存焉。故气质之性，君子有弗性者焉。
>
> 天所性者通极于道，气之昏明不足以蔽之；天所命者通极于性，遇之吉凶不足以戕之；不免乎蔽之戕之者，未之学也。性通乎气之外，命行乎气之内，气无内外，假有形而言尔。故思知人不可不知天，尽其性然后能至于命。
>
> “自明诚”，由穷理而尽性也；“自诚明”，由尽性而穷理也。
>
> 性于人无不善，系其善反不善反而已，过天地之化，不善反者

也；命于人无不正，系其顺与不顺而已，行险以侥幸，不顺命者也。

以生为性，既不通昼夜之道，且人与物等，故告子之妄不可不诋。

人之刚柔、缓急、有才与不才，气之偏也。天本参和不偏。养其气，反之本而不偏，则尽性而天矣。

德不胜气，性命于气；德胜其气，性命于德。穷理尽性，则性天德，命天理。

上智下愚，习与性相远既甚而不可变者也。

张载在《诚明篇》中所论述的主要内容为：

其一，性分为天地之性和气质之性①。性由“虚”和“气”、“有无虚实”合而构成，“合虚与气，有性之名”（《正蒙·太和篇》）、“有无虚实通为一物者，性也”（《正蒙·乾称篇》）。性分为天地之性和气质之性。天地之性是万物所共有之性，“万物之一源”；“天所性者通极于道”，性即天道，天道至诚，故天地之性无不善。“形而后有气质之性”，人体形成之后就有气质之性；“人之刚柔、缓急、有才与不才，气之偏也”，气质之偏导致人性有刚柔、缓急、才与不才，因而也就有了善恶的可能性。

其二，德与气。人能“继善而得其性之所固有曰德”，气指气质之性的偏，德与气的关系表现为“德不胜气”和“德胜其气”，二者之间区别在于，德不胜气在人就表现为性所固有的德不能胜过气质的偏，则性就受命于气，那么人就为气质所偏；德胜其气就是性所固有的德胜过气质的偏，则性就能安于其德，那么人就能保持天地之性。

其三，善反。因为存在“德不胜气”之性受命于气，所以就需要除去气质之性的偏而回复天地之性——“善反”即反归于善，气质之性来自形体之后，善反就是要善于反省，去体认存在于自身的“天地之

① 张载提出的“天地之性”（后世亦称“天命之性”“义理之性”“本然之性”等）与“气质之性”（后世亦称“气禀之性”等）这对范畴，较好地处理了先秦以来关于人性善恶的难题，并为后来的道学家所普遍接受，成为道学心性理论中的重要范畴。（复旦大学哲学系中国哲学教研室编著：《中国古代哲学史》，上海古籍出版社2011年版，第503页。）

性”。

其四，变化气质。既然“气质之性”有“偏”，有“遮蔽”“天地之性”的一面，从而造成“德不胜气”的“性命于气”；那么就应该克服“气质之性”中恶的成分，做到“变化气质”：

> 为学大益，在自求变化气质，不尔皆为人之弊，卒无所发明，不得见圣人之奥。故学者先须变化气质，变化气质与虚心相表里。(《经学理窟·义理》)
>
> 变化气质。孟子曰：“居移气，养移体”，况居天下之大居者乎！居仁由义，自然心和而体正。更要约时，但拂去旧日所为，使动作皆中礼，则气质自然全好。(《经学理窟·气质》)

人只要经过后天的虚心学习和伦理道德的自我修养，就可以逐步消除“气质之性”的偏蔽，复归“天地之性”。

其五，赞同孟子性善论。告子“以生为性”存在两个方面的问题：“既不通昼夜之道，且人与物等”，首先是性受形体制约，如果形体不存在则性随形体而灭，不符合天道流行，昼夜不息的特征；其次是动物与人同性，则牛犬之性与人之性相等，可以无所不为。据此，告子的“以生为性”缺乏立论根据，是不可行的。

程颢、程颐兄弟是道学“北宋五子”中最后也是最重要的理学家，上承周（敦颐）、张（载），下启朱（熹）、陆（九渊），是宋代理学重要的奠基人。他们在人性问题的看法上是基本一致的。在张载关于人性论问题的基础上，二程提出了性即理、未有不善的观点。他们认为，对人性问题的认识需要结合性与气两个方面来展开：

> 论性不论气，不备；论气不论性，不明。(《河南程氏遗书》卷六)

“不备”就是不完整，而“不明”就是不清楚。基于此种认识，二程分别论述了对于人性的观点，并有“生之谓性”与“天命之谓性”之分。在程颢看来：

> “生之谓性”，性即气，气即性，生之谓也。人生气禀，理有善恶，然不是性中元有此两物相对而生也。有自幼而善，有自幼而恶，是气禀有然也。善固性也，然恶亦不可不谓之性也。盖“生之谓性”“人生而静”以上不容说，才说性时，便已不是性也。凡人说性，只是说“继之者善”也，孟子言人性善是也。（《河南程氏遗书》卷一）

孟子所言“人性善”中的“性”是本然之性，本然之性是善的；而“生之谓性”则是受“气禀”影响之性，即“气禀之性”，“气禀之性”中的“性”是有善有恶的。

程颐对于人性的看法又有所变化：

> 孟子言人性善是也。虽荀、杨亦不知性。孟子所以独出诸儒者，以能明性也。性无不善，而有不善者才也。性即是理，理则自尧、舜至于涂人，一也。才禀于气，气有清浊。禀其清者为贤，禀其浊者为愚。（《河南程氏遗书》卷十八）
>
> “生之谓性”与“天命之谓性”同乎？性字不可一概论。“生之谓性”，止训所禀受也。“天命之谓性”，此言性之理也。今人言天性柔缓，天性刚急，俗言天成，皆生来如此，此训所禀受也。若性之理也则无不善，曰天者，自然之理也。（《河南程氏遗书》卷二十四）
>
> 在天为命，在义为理，在人为性，主于身为心，其实一也。心本善，发于思虑，则有善有不善。若既发，则可谓之情，不可谓之心。（《河南程氏遗书》卷十八）

在程颐看来，性就是理，所以性就只有善没有不善。此“性”就是“天命之谓性”中的“性”，是指性之理。“才”因禀气之不同，因而有善恶之分。孟子“人性善”中的“性”正是“元本”的“性”，而包括孔子在内的其他儒者所言的“性”，那是“才”而不是“性”：

> “性相近也”，此言所禀之性，不是言性之本。孟子所言，便

正言性之本。(《河南程氏遗书》卷十九)

扬雄、韩愈说性，正说著才也。(《河南程氏遗书》卷十九)

事实上，程颐所谈论之“才”正是程颢所论之“气禀之性”，只是程颐为了强调性即理，而用“才”来替代“气禀之性”。

无论是程颢所言之“生之谓性”还是程颐所言之“才”中都存在善与恶，那么如何存善去恶呢?

胜其气，复其性。(《河南程氏遗书》卷十九)

学至气质变，方是有功。(《河南程氏遗书》卷十八)

“复性”以“变化气质”，相对张载所提出的“变化气质”来说则更加明确和深入。

朱熹是理学思想的集大成者，“道之正统待人而后传，自周以来，任传道之责者不过数人，而能使斯道章章较著者，一二人而止耳。由孔子而后，曾子、子思继其微，而孟子而始著。由孟子而后，周、程、张子继其绝，至熹而始著”(《宋史·列传》第一百八十八《道学三·朱熹》)，由孔孟而程朱，可见朱熹道统思想所承续的学术脉络。

朱熹在人性上主要继承和发展张载和二程把性区分为天命之性和气质之性，在此基础之上，从理与气两个层面来论述人性问题：

人之所以生，理与气合而已。天理固浩浩不穷，然非是气，则虽有是理而无所凑泊，故必二气交感，凝结生聚，然后是理有所附著。(《朱子语类》卷四)

论天地之性，则专指理言；论气质之性，则以理与气杂而言之。未有此气，已有此性。气有不存，而性却常在。虽其方在气中，然气自是气，性自是性，亦不相夹杂。至论其遍体于物，无处不在，则又不论气之精粗，莫不是有理。(《朱子语类》卷四)

性，即理也。在心唤作性，在事唤作理。(《朱子语类》卷五)

性即理也。当然之理，无有不善者。故孟子之言性，指性之本而言。然必有所依而立。故气质之禀，不能无深浅厚薄之别。孔子

曰“性相近也”，兼气质而言。(《朱子语类》卷四)

孟子未尝说气质之性。程子论性所以有功于名教者，以其发明气质之性也。以气质论，则凡言性不同者，皆冰释矣。退之言性亦好，亦不知气质之性耳。(《朱子语类》卷四)

问“气质之说，起于何人?”曰：“此起于张、程。某以为极有功于圣门，有补于后学，读之使人深有感于张、程，前此未曾有人说到如此。如韩退之《原性》中说三品，说得也是，但不曾分明说是气质之性耳。性那里有三品来！孟子说性善，但说得本原处，下面却不曾说得气质之性，所以亦费分疏。诸子说性恶与善恶混。使张、程之说早出，则这许多说话自不用纷争。故张、程之说立，则诸子之说泯矣。”(《朱子语类》卷四)

问气质有清浊不同？曰：“气禀之殊，其类不一，非但清浊二字而已。今人有聪明事事晓者，其气清矣，而所为未必皆中于理，则是其气不醇也。有谨厚忠信者，其气醇矣，而所知为必皆达于理，则是其气不清也。推此求之可见。”(《性理精义》)

问：“天与命，性与理，四者之别：天则就其自然者言之，命则就其流行而赋予物者言之，性则就其全体而万物所得以为生者言之，理则就其事事物物各有其则者言之。到得合而言之，则天即理也，命即性也，性即理也，是否如此?”曰：“然。”(《朱子语类》卷五)

性者万物之原，而气禀则有清浊，是以有圣愚之异。(《朱子语类》卷四)

性便是心之所有之理，心便是理之所会之地。(《朱子语类》卷五)

心，一也，方寸之间，人欲交杂，则谓之人心，纯然天理，则谓之道心。(《朱子语类》卷七十八)

只有这一个心，知觉从耳目之欲上去，便是人心；知觉从义理上去，便是道心。(《朱子语类》卷七十八)

问：“心是知觉，性是理，心与理，如何得贯通为一?”曰：“不须去著实通，本来贯通。”“如何本来贯通?”曰：“理无心，则无著处。”所觉者，心之理也；能觉者，气之灵也。(《朱子语类》

卷五）

性者，即天理也，万物禀而受之，无一理之不具。心者，一身之主宰；意者，心之所发；情者，心之所动；志者，心之所之，比于情、意尤重；气者，即吾之血气而充乎体者也，比于他，则有形器而较粗者也。（《朱子语类》卷五）

仁义礼智，性也；恻隐、羞恶、辞让、是非，情也。以仁爱、以义恶、以礼让、以智知者，心也。性者，心之理也；情者，性之动也；心者，性情之主也。（《性理精义》）

朱熹人性论思想所关涉的教育范畴或命题为：

其一，理与气。朱熹从理与气相结合而生人的思想出发，推导出人性之中也必包括理与气两种重要元素。人与物同出于一源，因禀受气不同而产生差异。同样，由于性即是理，性先于气而生，则理就先于气而生，“若在理上看，则虽未有物，而已有物之理，然亦但有其理而已，未尝实有是物也”（《朱熹集》卷四十六《答刘叔文》）；性在其中，则理也在气中，“理又非别为一物，即存乎是气之中；无是气，则是理亦无挂搭处”（《朱子语类》卷一）。

其二，天地之性和气质之性。朱熹把性分为二种，一是天地之性，一是气质之性。天地之性，专指理而言，所以是浑然至善的；气质之性，是理与气相杂而生之性，因气有清浊之分，所以气质之性有善有恶。

其三，气质之性。朱熹认为气质之性起源于张载和二程，其理论价值就在于：以气质论性，为性善与性恶之不同寻找到理论根据，“以气质论，则凡言性不同者，皆冰释矣”，而这正是包括孟子在内的儒家学者所未曾提及的范畴。人因禀气不同，故性有善恶之分，气质之性就是后天禀气而生之性。

其四，心。朱熹关于心的认识可分为三个方面：一是心为性情之主，“性者，心之理也；情者，性之动也”，心能“统摄性情”，“性其理，情其用，心者兼性情而言。兼性情而言者，包括乎性情也”（《朱子语类》卷二十）。二是心分为道心和人心，人心为“人欲交杂”，所以有善恶之分；道心为“纯然天理”，所以为至善之心。因此，以天理克服人欲的过程，就是道心主宰人心的过程。三是心与性、情、意、志之间的关系。心是知觉的总体，性为心之理，情、意、志为心之用，心统摄一切精神。

其五，天、命、性、理、心。“天即理也，命即性也，性即理也”，天、命、性、理是“实同而用异”。按照陈淳在《北溪字义·性》的解释为：

> 性即理也。何以不谓之理而谓之性？盖理是泛言天地间人物公共之理，性是在我之理。只这道理受于天而为我所有，故谓之性。性字从生从心，是人生来具有理于心，方名之曰性。其大目只是仁、义、礼、智四者而已……性与命本非二物，在天谓之命，在人谓之性，故程子曰：“天所付为命，人所受为性。”

可见，天、命、性、理、心最终归于人之一身，并最终受心之统摄。

其六，变化气质以复性。“人之为学，却是要变化气禀，然极难变化”（《朱子语类》卷四），这里面包含两个层面的意思：一是气禀需要变化，一是气禀极难变化。人因气质之性的存在而表现出善与恶交杂，人要实现其天地之性，就必须变化气质之性；正因为人的气禀极难改变，所以才需要教化与修养。

> 大学者，大人之学也。明，明之也。明德者，人之所得乎天，而虚灵不昧，以具众理而应万事也。但为气禀所拘，人欲所蔽，则有时而昏；然其本体之明，则有未尝息者。故学者当因其所发而遂明之，以复其初也。（《大学章句集注》）

“复其初”就是要复归“本体之明”，而要复归“本体之明”就必须去除“气禀所拘，人欲所蔽”，并以此来“变化气质”。同样，又因为心有知觉且“心统性情”，所以变化气质的过程也就是用道心节制人心而正其心的过程。

> 心之本体固无时不虚，然而人欲已私汩没久矣，安得一旦遽见此境界乎？故圣人必曰正其心，而正其心必先诚意，诚意必先致知，用力次第如此，然后可以得心正而复其本体之虚。（《朱子文集》卷三十《答张敬夫》）

致知、诚意、正心的过程，就是去其气质之偏、物欲之蔽的过程，就是复归其本性的过程。

朱熹以“性即理”为中心的人性理论，在为学方法上倡导“变化气质以复性”的成圣之道，同以陆九渊为代表的“心学”为学方法存在认识上的分歧，而这种分歧在鹅湖之会①上表现得尤为明显。

> 鹅湖之会，论及教人。元晦之意，欲令人泛观博览，而后归之约。二陆之意，欲先发明人之本心，而后使之博览。朱以陆之教人为太简，陆以朱之教人为支离，此颇不合。先生更欲与元晦辩，以为尧舜之前何书可读？复斋止之。（《陆九渊集》卷三十六《年谱》三十七岁条）

与会者朱亨道对于鹅湖之会上朱与陆争论之观点的阐述，实质上涉及在成圣过程中发明本心和读书穷理的关系问题。与此同时，陆氏兄弟对为学方法之发明本心都表达了自己的看法，陆九龄指出：

> 孩提知爱长知钦，古圣相传只此心。
> 大抵有基方筑室，未闻无址忽成岑。
> 留情传注翻蓁塞，著意精微转陆沉。
> 珍重朋友相切琢，须知至乐在于今。

陆九渊在此基础之上，进行了更为清晰的表达：

---

① 宋孝宗淳熙二年（公元1175年），应吕祖谦之邀，朱熹与陆九渊及其五兄陆九龄，相会于江西信江鹅湖寺，讨论他们在“为学之方”问题上的分歧，史称鹅湖之会。

墟墓兴哀宗庙钦，斯人千古不磨心。
涓流积至沧溟水，拳石崇成泰华岑。
易简工夫终久大，支离事业竟浮沉。
欲知自下登高处，真伪先须辨只今。

相比陆九龄来说，陆九渊的诗更加强调本心之当下呈现，即可涵盖万有，故谓“涓流”可至“沧溟”，“拳石”可成“泰华”，并将“易简工夫”与“支离事业”并举，更加突出发明本心之价值所在。朱熹在三年之后，和陆氏兄弟诗一首：

德义风流夙所钦，别离三载更关心。
偶扶藜杖出寒谷，又枉蓝舆度远岑。
旧学商量加邃密，新知培养转深沉。
只愁说到无言处，不信人间有古今。

朱熹借此道出对于两种为学方法的态度：“旧学”可以“商量”，“新知”则须“培养”，最后两句暗示陆氏之学将脱离学统而流为禅说。同样，在朱熹看来，为学方法之异实际上是对“尊德性”与“道问学”的理解不同，即存在二者究竟何者优先的问题：

大抵子思以来，教人之法，惟以尊德性、道问学两事为用力之要。今子静所说，专是尊德性事，而熹平日所论，却是道问学上多了。(《朱熹集》卷五十四《答项平父》)

但是，在陆九渊看来尊德性和道问学之间并不是何者优先的问题，而应当是以尊德性为本、以道问学为末，道问学必须服从尊德性的根本性问题：

朱元晦曾作书与学者云：“陆子静专以尊德性诲人，故游其门者多践履之士，然于道问学处欠了。某教人岂不是道问学处多了些子？故游某之门者践履多不及之。”观此，则是元晦欲去两短，合

两长。然吾以为不可，既不知尊德性，焉有所谓道问学？（《陆九渊集》卷三十四《语录上》）

事实上，朱陆之间关于尊德性和道问学的论证，究其背后的根本原因在于"性即理"和"心即理"之间的认识分歧。因为，在陆九渊看来本心就是具有普遍意义的理：

孟子曰："心之官则思，思则得之，不思则不得也。"又曰："存乎人者，岂无仁义之心哉?"又曰："至于心，独无所同然乎?"又曰："君子之所以异于人者，以其存心也。"又曰："非独贤者有是心也，人皆有之，贤者能勿丧耳。"又曰："人之所以异于禽兽者几希，庶民去之，君子存之。"去之者，去此心也，故曰："此之谓失其本心。"存之者，存此心也，故曰："大人者不失其赤子之心。"四端者，即此心也。天之所以与我者，即此心也。人皆有是心，心皆具是理，心即理也。（《陆九渊集》卷十一《与李宰·二》）

陆九渊通过对孟子关于心的观点的阐述，形成了其关于心的基本认识：即人同此心，心同此理。既然心、理一体，那么，人的一切行为都应该是善的。而对于现实生活中的人之所以表现出善恶之殊异，究其原因在于：

故仁义者，人之本心也。孟子曰："存乎人者，岂无仁义之心哉!"又曰："我固有之，非由外铄我也。"愚不屑者不及焉，则蔽于物欲而失其本心；贤者智者过之，则蔽于意见而失其本心。（《陆九渊集》卷一《答赵监》）

在陆九渊看来，人（愚不屑者或贤者智者）或"蔽于物欲"或"蔽于意见"而"失其本心"，由于"失其本心"是因为对本心的违反，所以通过存心、养心的反省内求的方式就可以发明本心，从而使心之理得以彰明。

> 义理之在人心，实天之所与，而不可泯灭焉者也。彼其受蒙蔽于物而至于悖理违义，盖亦弗思焉耳。诚能反而思之，则是非取舍盖有隐然而动，判然而明，决然而无疑者矣。（《陆九渊集》卷三十二《思而得之》）
>
> 人孰无心，道不外索，患在戕贼之耳，放失之耳。古人教人，不过存心、养心、求放心。此心之良，人所固有，人惟不知保养而反戕贼放失之耳。苟知其如此，而防闲其戕贼放失之端，日久保养灌溉，使之畅茂条达，如手足之捍头面，则岂有艰难支离之事？（《陆九渊集》卷五《与舒西美》）
>
> 先王之时，庠序之教，抑申斯义以致其知，使不失其本心而已。尧舜之道不过如此。（《陆九渊集》卷十九《贵溪重修县学记》）

陆九渊从“心即理”的认识论出发倡导通过存心、养心、求放心来发明本心的修养方式被王守仁所继承和发扬，从而形成了以“心即理”为共同理论基础的陆王心学。“心即理”是王守仁心学最基本的命题，与在此基础上所推衍而形成的“知行合一”“致良知”的基本命题，共同构成了王守仁心学理论的三大基本命题。

“心即理”是阳明心学思想的第一哲学命题和标志性命题，是王守仁在体悟朱熹“格物”说时，针对“性即理”将心与理分为二的思想弊端，在对“理”本体的看法上与陆九渊的“心即理”思想相契合而阐发的哲学命题。

> 析心与理而为二，而精一之学亡。世儒之支离，外索于刑名器数之末，以求明其所谓物理者，而不知吾心即物理，初无假于外也。佛、老之空虚，遗弃其人伦事物之常，以求明其所谓吾心者，而不知物理即吾心，不可得而遗也。（《王阳明全书》卷七《象山文集序》）

在王守仁看来，世儒（朱熹）“支离”与佛、老“空虚”的弊端，就在于将知与行、问学与修养相分离，从而导致“心”与“理”之间的分离，进而凭借或“外索于刑名器数之末”或“遗弃其人伦事物之常”以寻“理”而不得“理”的舍本求末，殊不知“吾心即物理”：

> 诸君要识得我立言宗旨。我如今说个心即理是如何，只为世人分心与理为二，便有许多病痛。如五伯攘夷狄，尊周室，都是一个私心，便不当理。人却说他做得当理，只心有未纯，往往悦慕其所为，要来外面做得好看，却与心全不相干。分心与理二，其流至于伯道之伪而不自知。故我说个心即理，要使知心理是一个，便来心上做工夫，不去袭义于外，便是王道之真。此我立言宗旨。（《王阳明全书》卷三《传习录下》）
>
> 心即理也。天下又有心外之事，心外之理乎？（《王阳明全书》卷一《传习录上》）
>
> 夫物理不外于吾心，外吾心而求物理，无物理矣。遗物理而求吾心，吾心又何物邪？（《王阳明全书》卷二《答顾东桥书》）
>
> 心即理也。此心无私欲之弊，即是天理，不须外面添一分。以此纯乎天理之心，发之事父便是孝，发之事君便是忠，发之交友治民便是信与仁。只在此心去人欲、存天理上用功便是。（《王阳明全书》卷一《传习录上》）

王守仁在“心即理”基本命题的基础之上，阐述了其对于人性问题的基本命题：

> 性一而已：自其形体也谓之天，主宰也谓之帝，流行也谓之命，赋于人也谓之性，主于身也谓之心。心之发也，遇父便谓之孝，遇君便谓之忠，自此以往，名至于无穷，只一性而已。（《王阳明全书》卷一《传习录上》）
>
> 经，常道也。其在于天谓之命，其赋于人谓之性，其主于身谓之心。心也，性也，命也，一也。（《王阳明全书》卷七《稽山书院尊经阁记》）
>
> 知是理之灵处。就其主宰处说，便谓之心；就其禀赋处说，便

谓之性。孩提之童，无不知爱其亲，无不知敬其兄，只是这个灵能不为私欲遮隔，充拓得尽，便完；完是他本体，便与天地合德。自圣人以下，不能无蔽，故须格物以致其知。（《王阳明全书》卷一《传习录上》）

性一而已，仁、义、礼、智，性之性也；聪、明、睿、知，性之质也；喜、怒、哀、乐，性之情也；私欲、客气，性之弊也。质有清浊，故情有过不及，而蔽有深浅也。私欲、客气，一病两痛，非二物也。（《王阳明全书》卷二《答陆原静书》）

夫子说“性相近”，即孟子说“性善”，不可专在气质上说。若说气质，如刚与柔对，如何相近得？惟性善则同耳。人生初时，善原是同的，但刚的习于善则为刚善，习于恶则为刚恶；柔的习于善则为柔善，习于恶则为柔恶，便日相远了。（《王阳明全书》卷三《传习录下》）

问：“古人论性，各有异同，何者乃为定论？”先生曰：“性无定体，论亦无定体，有自本体上说者，有自发用上说者，有自源头上说者，有自流弊处说者。总而言之，只是一个性，但所见有浅深耳。若执定一边，便不是了。性之本体原是无善无恶的，发用上也原是可以为善，可以为不善的，其流弊也原是一定善一定恶的。譬如眼，有喜时的眼，有怒时的眼，直视就是看的眼，微视就是觑的眼。总而言之，只是这个眼，若见怒时眼，就说未尝有喜的眼，见得看时的眼，就说未尝有觑的眼，皆是执定，就知是错。孟子说性，直从源头上说来，亦是说个大概如此。荀子性恶之说，是从流弊上说来，也未可尽说他不是，只是见得未精耳。”（《王阳明全书》卷三《传习录下》）

王守仁在人性问题上主张人性本善，宣扬尽心知性，穷理以尽性。所关涉的基本范畴和命题为：

其一，理、性、心、命一体。王守仁把天理、心、性、命连为一体，“在于天谓之命；在赋于人，谓之性；其主于身，谓之心；心也，性也，命也，一也”。

其二，性之性、质、情、蔽。性是集性、质、情和蔽为一体的，仁义礼智为性之本性，而性之质有清浊、情有过不及、蔽有深浅，就是说人的本心、意念发动之后就会产生不正、不善，出现被物欲所蔽的情况。同样，清与浊、过与不及、深与浅等性的不同方面的表现，究竟实质是一个事物的两个相对的方面，从其本质上可以归为一，即归为性。

其三，致良知[①]。何谓“良知”？在王守仁看来，“良知即天理”，“良知是心之本体”。从其具体内涵来看：“良知只是个是非之心”，“是非之心，不虑而知，不学而能，所谓良知也”。可见，良知具有知是非的道德知觉能力，表现为一种“自然会知”的能力。何谓“致良知”？致良知有两重含义，一是将良知推广至极，二是依良知而行。

> 尔那一点良知，是尔自家底准则。尔意念著处，他是便知是，非便知非，更瞒他一些不得。而只不要欺他，实实落落依着他做去。善便存，恶便去。（《王阳明全书》卷三《传习录下》）

其四，尽心知性。既然良知是心之本体，那么致良知的过程就是求得其心的过程，就是去人欲、去习染而存天理、灭人欲的过程。“君子之学以明其心。其心本无昧也，而欲为之蔽，习为之害。故去蔽与害而明复，匪自外得也”（《王阳明全书》卷七《别黄宗贤归天台序》）。

总而言之，程朱理学与陆王心学共同构成了宋明理学的理论大厦。从“性即理”到“心即理”，从人性之心、性二元到人性之心性一体，既是王守仁对朱熹思想的反思和批判，更是理学思想内部的自我升华和自我超越[②]，标志着理学思想本身的自我发展和自我完善。我们根据朱熹和王守仁关于人性问题的具体论述，可以推导出关于性与习关系的逻辑思维结构：

---

① “致良知”中的“致知”源于《大学》，《大学》中有“致知在格物”条；“良知”来源于孟子。王守仁用“良知”解释“致知”，提出了将“格物”的工夫归于心之本体的致良知学说。

② 无论是程朱还是陆王都是以理为人性，只不过一个将理看作心中之理，一个将理等同于心。究其实质，他们都是以理为中心来阐述关于人性的看法，并由此推导出具体探寻本性之善的方式和方法。

朱　熹：理（气）——性即理{天地之性 / 气质之性}变化气质以复性}理

王守仁：心即理——心性一体——致良知（尽心知性）

以朱熹、王守仁为代表的宋明理学思想家关于性与习关系的教育命题，成为宋明尤其是明清以来的思想家们反思理学学术传统及形成新的学术观点的思想前提。明清以来的思想家们正是在宋明理学的基础之上来重新思考性与习之间的关系问题，并形成了关于性与习关系的新的教育命题。其中：王夫之所提出"性日生日成"① 的教育命题最有代表性。

王夫之从"理依于气"的气一元论出发，提出了"理欲合性""性日生则日成""习性而性与成"的命题。王夫之在理气关系上继承了张载的气一元论思想，认为气是宇宙的唯一实体：

> 阴阳二气充满太虚，此外更无他物，亦无间隙，天之象，地之形，皆其所范围也。(《张子正蒙注·太和篇》)
>
> 散而归于太虚，复其絪缊之本体，非消灭也。聚而为庶物之生，自絪缊之常性，非幻成也。(《张子正蒙注·太和篇》)

天地万物都是由物质性的气所构成的，万物的变化都不过是气的聚散而已。从气一元论出发，王夫之对理与气之间的关系形成了新的教育命题——"理依于气"。

> 若其实，则理在气中，气无非理，气在空中，空无非气，通一而无二者也。其聚而出为人物则形，散而入于太虚则不形。(《张子正蒙注·太和篇》)
>
> 气者，理之依也。气盛则理达。天积其健盛之气，故秩叙条理，精密变化而日新。(《船山思问录·内篇》)

① 在中国哲学史上，自先秦诸子至宋明诸儒，都局限在性的善、恶方面，而王夫之却主张人性是后天学习而成的，是"日生则日成""继善成性"的。

气外更无虚托孤立之理也。(《读四书大全说》卷十)

理气相依，理在气中，气者理之依也，理者气之理也，理与气不可分离。既然理依于气，而气是随着人的后天经验活动发展变化的，由此人性就是由后天人的习而创造出来的。

盖性者，生之理也。均是人也，则此与生俱有之理，未尝或异；故仁义礼智之理，下愚所不能灭，而声色臭味之欲，上智所不能废，俱可谓之为性。(《张子正蒙注》)

礼虽纯为天理之节文，而必寓于人欲以见，虽居静而为感通之则，然因乎变合以章其用。唯然，故终不离人而别有天，终不离欲而别有理也。(《读四书大全说》卷八)

性者，生理也，日生则日成也。(《尚书引义》卷三)

天命之谓性，命日受则性日生矣。目日生视，耳日生听，心日生思。形受以为器，气受以为充，理受以为德。取之多，用之宏而壮；取之纯，用之粹而善；取之驳，用之杂而恶；不知其所自生而生。……有生以后，日生之性益善而无有恶焉。(《尚书引义》卷三)

继之则善矣，不继则不善矣。天无所不继，故善不穷；人有所不继，则恶兴焉。(《周易外传》卷五)

人之皆可以为善者，性也。其有必不可使之为善者，习也。习之于人大矣。耳限于所闻，则夺其天聪；目限于所见，故夺其天明。父兄薰之于能动能言之始，乡党姻亚导之于知好知恶之年，一移其耳目心思，而泰山不见，雷霆不闻。非不欲见闻也，投以所未见未闻，则惊为不可至，而忽为不足容心也。故曰："习与性成。"成性而严师益友不能勉劝，醲赏重罚不能匡正矣。(《读通鉴论》卷十)

王夫之从理与欲、性与成、性与习的关系出发，来阐述其对于性与习关系的看法。

其一，理与欲。王夫之指出理与欲都是人性，不能离人而别有天，离欲而别有理，天理即在人欲之中。同样，上智与下愚之人同样都有天理和人欲，并且天理只有通过人欲才能表现出来。

其二，性与成。王夫之认为性不是固定不变的概念，是随着人的生长而逐渐形成的。所谓“继之则善矣，不继则不善矣”，就是根据《易经·系辞传》上所说的“一阴一阳之谓道，继之者，善也；成之者，性也”发展而来的，强调人性是一个“日生则日成”的动态变化过程。而成正是性通过“继”而最终要达到的结果——善，“成，犹定也，谓一以性为体而达其用也，善端见而继之不息，则终始一于善而性定矣”（《周易外传》卷五）。

其三，性与习。王夫之认为习是日积月累而成的，所以积习成性。

> 孟子言性，孔子言习。性者天道，习者人道。《鲁论》二十篇皆言习，故曰：“性与天道不可得而闻也”，已失之习，而欲求之性，虽见性且不能救其习，况不能见乎！《易》言：“蒙以养正，圣功也”，养其圣于童蒙，则作圣之基立于此。人不幸而失教，陷于恶习，耳所闻者非人之言，目所见者非人之事，日渐月渍于里巷村落之中，而有志者欲挽回于成人之后，非洗髓伐毛，必不能胜。（《俟解》）

积习成性正是日生则日成的过程，假如人能日日继善，就可以成为善，反之则可成为恶。故曰：“习且与性成也”，“未成可成，已成可革。性也者，岂一受成侀，不受损益也哉？”（《尚书引义》卷三）。故此，人性是在“未成可成，已成可革”中发展的，人性绝不是不可变移的，故“屡移而异”，而“成性”就是在这样的过程中以至于善的。

［结语］

我们通过对孔子、孟子、荀子、董仲舒、韩愈、李翱、张载、二程、朱熹、陆九渊、王守仁、王夫之等儒家代表人物关于性与习关系的分析和论述，得出以下学术启示。

第一，人性论范畴。中国古代人性论中所包括的教育范畴为：性与情、理与气、理与欲、性与习等主要范畴，其着眼点在于试图说明人性的来源、本质和形成等问题，并进而论证或解决人的自然属性和人的社会属性之间的关系问题。性与习范畴是人性论范畴体系中的一个范畴，并与其他范畴共同构成了古代学者对于人性问题的理论体系。同样，古代学者对于性与情、理与气、理与欲范畴的认识，在决定人性认识基本走向的同时，也影响着他们考虑如何通过习来实现人性善的方式和方法。

第二，人性问题的基本趋向。古代学者对于人性问题的认识，大致经历了从先秦时期简单的天生善恶的观点，到两汉时期的划分善恶的观点，再到宋明时期综合儒释道，从本体论高度来认识人性善恶问题。古代学者对于人性问题认识的发展进程，如果说秦汉时期是正，魏晋隋唐时期是反，那么宋元明清时期就是合。在正、反、合的思维运作过程之中，古代学者对于人性问题的认识逐渐趋于成熟，并最终以宋明理学为代表形成了古代学者对于人性问题认识的最高水平。明末清初启蒙思想家以及近代社会以来的思想家对于人性问题的再论证，就是在以宋明理学为代表的人性理论的基础之上所展开的，并且从他们的思想观点中都能寻觅到古代学者论述人性问题的思想因子。

第三，人性问题的整体性。中国古代学者的整体思维特征，决定了对于人性问题认识的整体性。古代学者尤其是儒家学者是从天人关系的理论高度，来整体思考包括人性问题在内的所有学术问题，由此，人性论与本体论、认识论、社会政治理论紧密地结合在一起，进而形成了古代学者关于人性问题的综合性论述。这种关于人性问题的综合性论述，为我们从整体上理解和把握古代人性问题提供了思想基础，但是又由于人性认识是同其他学术问题的认识交织在一起的，所以并没有形成系统性的关于人性问题的独立思考，这就要求我们必须立足于中国传统教育文化的本身来认识和看待包括中国传统教育在内的人性问题。

第四，性与习范畴的中介性。中国古代学者对于性与习范畴的认识，上承天与人范畴、下接学与教范畴，是从对天人关系认识进入学与教关系认识的中介环节，“作为天人之学逻辑起点的前一个方面，包含着众多的问题，其与教育问题的交叉点在‘性’与‘习’的关系问题上。即探讨由本然的人到当然的人转变的可能性及其现实途径。因而，性、习关系问题可以作为中国传统教育哲学的逻辑起点”，“以性、习关系问题的探讨为基础，以理想人格的实现为目的。其最基本的问题是知、行关系问题。它主要是与理想人格的实现相关的认识和实践问题。从一般意义上讲，‘教’与‘学’都是教育思想的基本范畴。但中国传统教育哲学有一个特点，即学以论教，所谓‘学导式的教育’。而学其实是在知行的构架中得以理解和认识的。所以，与知、行范畴相比，教与学不能不被看作是在逻辑上低一个层次的范畴”①。由此可见，性与习范畴是中国传统教育哲学的逻辑起点，中国传统教育哲学范畴体系就是以性与习范畴为始基而形成的。中国古代教育的总体特征是“学导式的教育”，学与教范畴作为教育思想的基本范畴，虽然同知与行范畴相比是一个低层次的范畴，但是如果立足于中国传统教学哲学的思维立场，学与教范畴则是中国传统教学哲学范畴的始基，中国传统教学哲学范畴体系就是从论述学与教范畴开始的。由此可见，从性与习范畴到学与教范畴，正是从中国传统教育哲学进入中国传统教学哲学的必由之路。

第五，性与习范畴的本源性。中国古代学者从先秦诸子以来尽管对于“性”（人性）的理解存在争论，但是对于后天“习”的认识基本保持一致，并且非常重视后天的习对于追寻人性之善的重要作用。再加上中国古代教育是一种“学导式的教育”，所以中国古代学者在论述性与习范畴中的“习”时，更加突出“习”的自我能动性和主动性，更加强调学者通过自我努力达到“至善”境界的重要性。“中国传统教育思想可以说是一种注重个体自觉的思想。从孔子讨论学者是‘为己’还是‘为人’，到孟子阐述‘自求’，再到宋代理学家论辩‘为己之学’还是‘为人之学’，都体现了在教育中对个体自觉的注重”②。同样，我们必须注意的是：性与习范畴中的“习”是包含学、教范畴在内的一种基于知与行范畴基础上的习，是对人后天认识活动和实践活动的一种综合概括。正是因为有这种“习”存在的合法性前提，才使得学与教活动成为可能并且变得至关重要。因此，结合中国传统教育的特点并基于中国传统教学的立场，我们可以推导出中国古代教学哲学发生的基本

① 于述胜、于建福：《中国传统教育哲学》，江苏教育出版社1996年版，第33—34页。

② 杜成宪：《中华民族有哪些教育传统可以传承?》，《河北师范大学学报（教育科学版）》2017年第4期。

逻辑理路：

（教育）性与习──→习──→学/（教）──→学与教（教学）

学导式的教育

古代学者对于教学哲学问题的思考正是由此开始的。

第二节 学与教

中国传统教育是一种“学导式的教育”，“如果要说中国传统教育思想在阐述教育和教学问题方面有何特点，重学甚于重教甚至‘以学论教’，即借助学习概念，通过论述学习来论述教育、教学问题，恐怕可以算是一个。可以说，中国传统教育思想是一套有关‘学’的话语体系，中国传统教育是一种重学的实践体系”①。中国古代学者关于学与教范畴的论述，就是在以“学”为核心的教育话语体系中形成的。

一 学与教关系的溯源考证

正如杜成宪教授所言：“从字源上考察，汉字的教是由学发展而来的，中国人的教的概念是由学的概念发展而来的，使得一度教、学二字可以通用，但只是学字可以毫无障碍地通用为教。在相当长的历史时期，学字实际上主要承担了表达教的概念的功能，即‘以学论教’，也反映了中国传统教育思想的重要特点：重学甚于重教，甚至可以将传统教育思想看成是一种学习思想。这种以学为核心的教育话语体系直到近代西方教育思想和制度传入中国后才发生转变”②。我们从上述论述中可以得到的启示为：第一，中国传统教学哲学是在以“学”为核心的话语体系中形成的，近代从西方传入中国的教学哲学是在以“教”为中心的话语体系中形成的。中国传统教学哲学和近代教学哲学所面临的冲突，首先是因为话语体系的不同而造成的。因此，我们只有最大程度

① 杜成宪：《中华民族有哪些教育传统可以传承?》，《河北师范大学学报（教育科学版）》2017 年第 4 期。

② 杜成宪：《以“学”为核心的教育话语体系——从语言文字的视角谈中国传统教育思想的重“学”现象》，《华东师范大学学报（教育科学版）》2010 年第 3 期。

地理解和接纳以“学”为中心的话语体系，才能更好地去阐述和诠释中国传统教学哲学体系。第二，在以“学”为中心的话语体系之中，形成了“以学论教”的中国传统教育特质。从“以学论教”的立场出发，中国古代学者立足于“学”去理解“教”，去诠释学与教之间的关系，从而形成了一种不同于以“教”为中心的话语体系之中思考学与教范畴的思维方式。

我们对学与教关系的溯源考证，就是在以“学”为中心的话语体系中展开的。学与教关系的溯源考证主要从两个方面来进行：一是学、教字义的溯源考证，一是以孔子、孟子、荀子为代表的先秦诸子对于学与教关系的论述。东汉许慎所编的《说文解字》是进行学、教字义考证的重要依据，学、教在其中的字义解释如下：

> 教：上所施，下所效也。从攴、从孝，孝见子部。上施故从攵。下效故从孝。凡教之属皆从教。𢽈亦作教。(从攴从爻)
>
> 学：觉悟也。《学记》曰：“学然后知不足，知不足然后能自反也。”按知不足所谓觉悟也。《学记》又曰：“教然后知困，知困然后能自强也，故曰教学相长也。《兑命》曰：学学半，其此之谓乎？”按《兑命》上“学”字谓“敩”。言教人乃益己之学半。教人谓之学者，学所以自觉，下之效也；教人所以觉人，上之施也。故古统谓之学也。枚颐伪《尚书·说命》上字作敩、下字作学……详古之制字，作敩从教，主于觉人。秦以来去攵作学，主于自觉。《学记》之文，学教分列，已与《兑命》统名为学者殊矣。

从《说文解字》对教、学的字解来看：（1）按照段玉裁《说文解字注》：教、学二字本来并不作区分且都写作“敩”。在秦代之后，“敩”“去攵作学”，单独“学”字产生，并专门用来表示学习的意思。也就是说，从教和学共用一个字——敩，后来产生孳乳字——學，作为母字的“敩”专指教，“學”专指学。如果从敩——學/教的演变来看，教在学前，先有教后有学。（2）教字也可以写作“𢽈”，从攴从爻。“爻与占筮有关（一说与筹算有关）。这表明，最初的教学活动是与占筮知识的传授有关。这个字后来又不断加上了一些文字要素，如加上了表示学习者的‘子’，又加上了表示房屋（学习场所）的‘冂’。再往后，随着教的意识的愈益增强，又加上了表示教的因素的攵（即以手持棍）。这一文字变迁的过程，反映了人们对教育、教学活动日益复杂化的过程，和人们对教育、教学活动的认识的不断深入和复杂化的过程。根据文字发展的这一过程，可以说教、学同源，教源于学，是在学字之上加上了又一个部首（支）而产生的新字。这个新字的产生，表示教的概念的真正形成。也就是，当学习的活动逐渐发展得更为复杂，而逐渐演化出教的意识和活动时，需要有一个字表示这种意识和活动，于是产生了教，这个教字是从学字演变而来的"①。从（1）（2）的分析不难发现，既存在先教后学也存在先学后教的汉字演变情况，“汉语中的‘教’与‘学’两个字在起源上就存在难以分割的联系”②，这表明教和学的同源性，从某种程度上说明了教和学之间的互相依赖性。正如刘庆昌教授所言：“教学必是有教有学的，而且只能是有教的学”，“学习从无教到有教，是人类认识和实践的一个飞跃”③。因此，从教学哲学的层面来看，应该是先有无教的学，然后产生有教的学，即教学④。这样的认识，也符合（2）之中对“教字是从学字演变而来的”的学术判断。

从人类学习演变规律来看，经历了从无教的学到有教的学的发展历程；从以儒家思想为中心的先秦诸子学说来看，倡导“为己之学”的儒家学者们在对学与教关系的论述之中形成了“以学论教”的思维方式，从而在他们的著述之中形成了重学甚于重教的学术共识，进而使得

---

① 杜成宪：《以“学”为核心的教育话语体系——从语言文字的视角谈中国传统教育思想的重“学”现象》，《华东师范大学学报（教育科学版）》2010 年第 3 期。

② 丛立新：《教学概念的形成及意义》，《北京师范大学学报（社会科学版）》2007 年第 5 期。

③ 刘庆昌：《教育哲学新论》，科学出版社 2018 年版，第 57、58 页。

④ 正如康有为在《教学通议 · 原教》中所言：“教学不知所自始也”，“老者传之幼者，能者告其不能者，此教之始也。幼者学于长者，不能者学于能者，此学之始也”。（刘梦溪：《中国现代学术经典 · 康有为卷》，河北教育出版社 1996 年版，第 32、33 页。）

中国传统教育思想可被视作一种学习思想[1]。

我们试从孔子、孟子、荀子的言行之中，来分析从“无教的学”到“有教的学”乃至“以学论教”的学与教关系的演变历程。“我学不厌而教不倦”（《孟子·公孙丑》），此处的“我”正是孔子；“学而不厌，诲人不倦”（《论语·述而》），“诲”即“教”，此处为孔子的自谦之语。从孔子、孟子的言语之中可以看出，孔子已将“学”与“教”看作一对互相对峙、互相转化及互相促进的范畴；孟子直接用“教”而不是用“诲”来对应“学”，表明在孟子所处的时代对于“学”与“教”关系的认识更为深入[2]。孔子对于学与教关系的认识，主要记录在《论语》孔子与弟子问答之中。在《论语》中，“学”字共出现了64次，“教”字共7次；与“教”义相近的“传”为2次，“诲”为5次；与“学”义相近的“习”为3次，“问”为120次。如果仅从《论语》中“学”字出现的次数，来推断孔子对学与教关系的论述中，重“学”甚于重“教”略显单薄的话；那么结合《论语》的篇章结构及具体内容来展开阐释，就能进一步体悟孔子重学的思想特点。《论语》的篇章之中，以《学而》篇为首，以《尧曰》篇终结，足见对于“学为圣人”目标的追求。“《论语》是此书总名，《学而》为第一篇别目，中间讲说，多分为科段矣。侃（注：侃为梁·皇侃）昔受师业，自《学而》至《尧曰》凡二十篇，首末相次无别科重。而以《学而》最先者，言降圣以下皆须学成，故《学记》云：‘玉不琢不成器，人不学不知道。’是明人必须学乃成。”[3]《学而》作为首篇之意明矣。

子曰：“学而时习之，不亦说乎？有朋自远方来，不亦乐乎？

---

① 本观点受杜成宪教授博士论文《早期儒家学习范畴研究》（华东师范大学1988年）的启发。

② 正如《孟子·告子上》所言：“大匠诲人，必以规矩；学者亦必以规矩”，就是强调事必有法，然后可成，师舍是则无以教，弟子舍是则无以学；曲艺且然，况圣人之道乎？“规矩”就是法，就是师教和弟子学必须遵循的法。教与学既然有法，那么教与学范畴必然早已存在。

③ （梁）皇侃：《论语义疏》，高尚榘校点，中华书局2013年版，第1页。

人不知而不愠，不亦君子乎？”

皇侃对此章的整体理解为：

就此一章，分为三段。自此至“不亦说乎”为第一，明学者幼少之时也。学从幼起，故以幼为先。又从“有朋”至“不亦乐乎”为第二，明学业稍成，能招朋聚友之由也。既学已经时，故能招友为次也。故《学记》云“一年视离经辨志，三年视敬业乐群，五年视博习亲师，七年论学取友，谓之小成”是也。又从“人不知”讫“不亦君子乎”为第三，明学业已成，能为师为君之法也。先能招友，故后乃学成为师君也。故《学记》云：“九年知类通达，强立而不反，谓之大成”，又云“能博喻，然后能为师；能为师，然后能为长；能为长，然后能为君”是也。①

因此，按照皇侃的理解来看，“有朋自远方来，不亦乐乎？人不知而不愠，不亦君子乎？”就是《学记》中“比年入学，中年考校”之事，学中含教，以学论教之意明矣。

我们以程树德撰《论语集释》为范本，以历代学者对第一章各句的注释为对象，来进一步阐释《学而》之学。

第一段：“学而时习之，不亦说乎？”之古代学者注释：

［唐以前古注］凡学有三时：一是就人身中为时，二就年中为时，三就日中为时也。一就身中者，凡受学之道，则时为先；长则扞格，幼则迷昏。故《学记》云“发然后禁，则扞格而不胜。时过然后学，则勤苦而难成”是也。既必须时，故《内则》云：“六年教之数与方名，七年男女不同席，八年始教之让，九年教之数日，十年学书计，十三年学乐、诵《诗》、舞《勺》，十五年成童舞《象》。”并是就身中为时也。二就年中为时者，夫学随时气则受业易入。故《王制》云“春夏学《诗》《乐》，秋冬学《书》《礼》”是也。春夏是阳，阳体轻清；诗乐是声，声亦轻清；轻清时学轻清之业则为易入也。秋冬是阴，阴体重浊；礼书是事，事亦重浊；重浊时学重浊之业亦易入也。三就日中为时者，前身中、年中二时，而所学并日日修习不暂废也。故《学记》云

① （梁）皇侃：《论语义疏》，高尚榘校点，中华书局2013年版，第2页。

“藏焉，修焉，息焉，游焉”是也。今云“学而时习之者”，时是日中之时也。

［**集注**］学之为言，效也。人性皆善而觉有先后，后觉者必效先觉者之所为，乃可以明善而复其初也。习，鸟数飞也。学之不已，如鸟数飞也。说，喜意也。既学而又时时习之，则所学者熟而中心喜说，其进自不能已矣。

［**余论**］《朱子文集·答张敬夫》：学而，说此篇名也。取篇首两字为别，初无意义。但学之为义，则读此书者不可以不先讲也。夫学也者，以字义言之，则己之未知未能而效夫知之能之之谓也。以事理言之，则凡未至而求至者，皆谓之学。虽稼圃射御之微，亦曰学，配其事而名之也。而此独专之，则所谓学者，果何学也？盖始乎为士者，所以学而至乎圣人之事。伊川先生所谓“儒者之学”是也。盖伊川先生之言曰：“今之学者有三：辞章之学也，训诂之学也，儒者之学也。欲通道，则舍儒者之学不可。尹侍讲所谓‘学者，所以学为人’也。学而至于圣人，亦不过尽为人之道而已。”此皆切要之言也。夫子之所志，颜子之所学，子思、孟子之所传，皆是学也。其精纯尽在此书，而此篇所明又学之本，故学者不可以不尽心焉。

毛奇龄《四书改错》：学有虚字，有实字。如学《礼》、学《诗》、学射、御，此虚字也。若志于学、可与共学、念始终典于学，则实字矣。此开卷一学字，自实有所指而言。乃注作“效”字，则训实作虚，既失诂字之法，且效是何物，可以时习？又且从来字学并无此训，即有时通“效”作“傚”，亦是虚字。善可效，恶亦可效。《左传》“尤人而效之”，万一效人尤，而亦习之乎？错矣！学者，道术之总名。贾谊《新书》引逸《礼》云：“小学业小道，大学业大道。”以学道言，则大学之道，格致诚正修齐治平是也。以学术言，则学正崇四术，凡春秋《诗》《乐》，冬夏《礼》《书》皆是也。此则学也。

黄式三《论语后案》：学谓读书，王氏及程子说同。朱子注学效训者，统解学字于第一学字之中，如“孰为好学”“弟子不能学”“愿学”“学道”，必训为效而始通。其引程子说学为读书，时习为既读而时思绎，则此章之正解。黄直卿《语录》甚明。此篇“行有余力，则以学文”，“虽曰未学，必谓之学”，下篇学、思对言，学、问对言，好学、忠信对言，博学、约礼对言，文学、德行对言，学《易》，学《诗》，学《礼》，皆谓读书，而又斥“何必读书，然后为学”之佞。盖学者所以学圣人之道，而圣人往矣，道在方策也。

刘逢禄《论语述何》：学谓删定《六经》也。当春秋时，异端萌芽已见，夫子乃述尧舜三王之法，垂教万世。非是则子思子所谓“有弗学”也。

焦循《论语补疏》：当其可之谓时。说，解悦也。“不愤不启，不悱不发”，时也。“中人以上可以语上，中人以下不可以语上”，时也。“求也退，故进。由也兼人，故退”，时也。学者以时而说，此大学之教所以时也。

按：“学”字系名辞，《集注》解作动辞，毛氏讥之是也。唯其以后觉者必效先觉之所为为学，则精确不磨。今人以求知识为学，古人则以修身为学。观于哀公问弟子孰为好学，孔门身通六艺者七十二人，而孔子独称颜渊，且以不迁怒、不贰过为好学，其证一也。孔子又曰：“君子谋道不谋食。学也，禄在其中矣。”其答子张学干禄，则曰：“言寡尤，行寡悔，禄在其中矣。”是可知孔子以言行寡尤悔为学，其证二也。大学之道，“壹是皆以修身为本”，其证三也。

此段注解关键在于“学”字。从文献资料来看，“学”字既可以被训作名词也可以被训作动词。一是，“学”可被训为“读书”，黄式三《论语后案》就是把学训为读书，即“学者所以学圣人之道”之义；二是，“学”也可被训作“觉”或“效”，突出“人性皆善而觉有先后，后觉者必效先觉者之所为，乃可以明善而复其初也”之以尽其天性的功效。因此，“学”字之中既包含学习者自我主动之学，又包含效先觉者之学，而后一种学则暗含接受教的行为和成分，但是仍在学习者总体学习的大范围之内，故才会有以学统称之言语表述，以突出和强调学习者自我学习的主动行为和自觉精神。同样，按语之中表明先秦时期的学者更加注重自身的修养，以修身作为学习的根本要务。

第二段：“有朋自远方来，不亦乐乎?”之古代学者注释：

［**唐以前古注**］皇《疏》引江熙云：君子以朋友讲习，出其言善，

则千里之外应之。远人且至，况其近者乎？道同齐味，欢然适愿，所以乐也。

［**集注**］朋，同类也。自远方来，则近者可知。程子曰："以善及人而信从者众，故可乐。"又曰："说在心，乐主发散在外。"

［**余论**］《论语述何》：《易》曰："君子居其室，出其言善，则千里之外应之，况其迩者乎？"《记》曰："独学而无友，则孤陋而寡闻。友天下之善士，故乐。"

阮元《揅经室集》：此章乃孔子教人语，即生平学行始末也。故学必兼诵行，其义乃全。《注》以习为诵习，失之。朋自远来者，孔子道兼师儒。《周礼·司徒》师以德行教民，儒以六艺教民。各国学者皆来从学也。盖学而时习，未有不朋来。圣人之道不见用于世，所恃以传于天下后世者，朋也。

潘氏《集笺》：《史记·孔子世家》云："定公五年，鲁自大夫以下皆僭离于正道，故孔子不仕，退而修《诗》《书》《礼》《乐》。弟子弥众，至自远方，莫不受业焉。"即"有朋自远方来"也。

按：阮氏、潘氏以此章贴孔子自身说，虽系创论，但非别解，故入《余论》中。

此段注解关键在于"朋"字。从文献资料来看，"朋"字既可以被训作同类、朋友，又可以被训作弟子。其一，作为同类或朋友之朋，皇《疏》引江熙云之注解说明，与同道相与共学，近悦远来，乐而不已之义。其二，作为弟子之朋，就是君子成人之对象，潘氏《集笺》之注解就表明，孔门"弟子弥众，至自远方，莫不受业"的教育景象。正如刘宝楠在《论语正义》之中所云，"'时习'是成己，'朋来'是成物。但成物亦由成己，既以验己之功修，又以得教学相长之益，人才造就之多，所以乐也。孟子以'得天下英才而教育之'为乐，亦此意"，成己成物方是合内外之道，即君子之道。阮元《揅经室集》之中所指"此章乃孔子教人语，即生平学行始末也"，就是最佳明证。教学相长之益，就在于能"验己之功修"，在成己的基础之上成人，又通过成人来成己，正是儒者的"成己—成人"之学。孔子"生平学行始末"，就是在践行儒者的"成己—成人"之学。

第三段："人不知而不愠，不亦君子乎？"之古代学者注释：

［唐以前古注］ 皇《疏》此有二释：一云："古之学者为己。已得先王之道，含章内映，他人不见知而我不怒也。"一云："君子易事，不求备于一人。故为教诲之道，若人有钝根不能知解者，君子恕之而不愠怒也。"又引李充云："愠，怒也。君子忠恕，诲人不倦，何怒之有乎？明夫学者，始于时习，中于讲肄，终于教授者也。"

［集注］ 愠，含怒意。君子，成德之名。尹氏曰："学在己知，不知在人，何愠之有？"

［别解］ 王衡《论语驳异》：罗近溪谓"愈学而愈悦，如何有厌；愈教而愈乐，如何有倦；故不愠人之不己知者，正以其不厌不倦处"。此却说得好。

《论语补疏》：《注》言"人有所不知"，则是人自不知，非不知己也。有所不知，则亦有所知。我所知而人不知，因而愠之，矜也。人所知而我不知，又因而愠之，忌也。君子不矜则不忌，可知其心休休，所以为君子也。《后汉·儒林传》注引《魏略》云："乐详字文载。黄初中，征拜博士十余人，学多褊，又不熟悉，惟详五业并授。其或难质不解，详无愠色，以杖画地，牵譬引类，至忘寝食。"

毛奇龄《四书賸言》：《论语》"人不知而不愠"，《孔疏》原有二义：一是不知学，一是不知我。今人但知后说，似于本章言学之意反未亲切。何平叔云："凡人有所不知，君子不怒。"其云"有所不知"者，言学有所不解也。"君子不怒"者，犹言"君子易事不求备"也。盖独学共学，教人以学，皆学中事。夫子一生只学不厌，教不倦，自言如此（见《默识》节），门弟子言如此（见《公西华》节），后人言如此（见《孟子》），故首章即以此发明之。

按：此本李充之说，皇《疏》取之，然实不如朱《注》之长。刘宝楠云："教学之法，语之而不知，虽舍之亦可，无容以不愠即称君子。此注所云不与经旨应也。"

［余论］ 《朱子语类》：人不知而不愠，自是不相干涉。已为学之初，便是不要人知，至此而后真能不要人知尔。若锻炼未能得十分成熟，心固有时被其所动，及到此方真能人不我知而不愠也。又曰：不愠不是大怒，心中略有不平之意便是愠。此非得之深、养之厚者不能如此。

鹿善继《四书说约》：说乐不愠，向非于人所不见之地有内省不疚之功，何以如此真切，如此超脱？此章是孔子自写生面，全重时习。盖本心难昧，未尝不知修持，只转念易乖，学而易厌。时习则功夫无间，本体流行，深造自得，欲罢不能，说可知矣。

张履祥《备忘录》：朱子谓“不知而不愠者逆而难”，不知岂特为人忽易而已，甚者贱辱之，咎责之，怨恶之，无所不至。舜之于家，文王于朝，孔孟春秋战国之世，一时父子兄弟君臣朋友其孰能知之？当时而能不愠，岂非甚难？非甚盛德，何以履之而泰然乎？

何义门《读书记》：此与《中庸》“遁世不见知而不悔”同意，非谓世无见用者也。此对上说、乐二字，故云不愠。《中庸》对上“半涂而废”，故云不悔。

《揅经室集》：“人不知”者，世之天子诸侯皆不知孔子，而道不行也。“不愠”者，不患无位也。学在孔子，位在天命。天命既无位，则世人必不知矣，此何愠之有乎？孔子曰“五十而知天命”者，此也。此章三节皆孔子一生事实，故弟子论撰之时，以此冠二十篇之首也。二十篇之终曰“不知命，无以为君子”，与此始终相应也。

［**发明**］梁清远《采荣录》：《论语》一书，首言为学，即曰悦，曰乐，曰君子。此圣人最善诱人处，盖知人皆惮于学而畏其苦也。是以鼓之以心意之畅适，动之以至美之嘉名，令人有欣羡之意，而不得不勉力于此也。此圣人所以为万世师。

此段注解在于说明君子“为己之学”而达到“不知不愠”的为学境界。孔子一生为学“学不厌，教不倦”，行道“不患无位”而“不怨天，不尤人，下学而上达”以知天命，故能成为“万世师”。“为己之学”对“学”之理解，认为“独学共学，教人以学，皆学中事”，教人之学是自我学习的重要组成部分，“独学”之自我学习和“共学”之教人以学，都是学习者的“学中事”。《论语》以《学而》开篇，以《尧曰》终篇，就是学者本善学之旨、成圣人之道的立学之旨所在。即：“不知名，无以为君子”。

我们通过对《学而》篇第一章的三段内容分析，可以将其简要归纳如下：

学而时习之，不亦说乎？	有朋自远方来，不亦乐乎？	人不知而不愠，不亦君子乎？
成己	成人	君子：为己之学

为己之学，既是孔子一生的学术追求，也是中国传统学术的精华所在。成己成人，在成己的基础之上成人，又通过成人来成己，正是儒家“成己—成人”之学。学是儒者一生的追求，教是学应有之意，是另一种形式的学，儒者人生就是学习的人生，就是实现“成己—成人”的人生。正如钱穆在《论语新解》中所言：“本章乃叙述一理想学者之毕生经历，实亦孔子毕生为学之自述。学而时习，乃初学事，孔子十五志学以后当之。有朋远方来，则中年成学后事，孔子三十而立后当之。苟非学邃行尊，达于最高境界，不宜轻言人不我知，孔子五十知命后当之。学者惟当牢守学而时习之一境，斯可有远方朋来之乐。最后一境，本非学者所望。学求深造日进，至于人不能知，乃属无可奈何。圣人深造之已极，自知弥深，自信弥笃，乃曰：‘知我者其天乎’，然非浅学所当骤企也。孔子一生重在教，孔子之教重在学。孔子之教人以学，重在学为人之道。本篇各章，多务本之义，乃学者之先务，故《论语》编者列之全书之首。又以本章列本篇之首，实有深义。学者循此为学，时时反验于己心，可以自考其学之虚实浅深，而其进不能自已矣”①。

孟子在继承孔子为学思想的基础之上，更加注重从对人之本性的论证分析方面，强调学者追求自得之学的为学路径。即：性善—深造自得。“道性善，言必称尧舜”，是对孟子及其学说的高度概括，“孟子学孔子之学，惟辞‘道性善’‘称尧舜’两言尽之”②。即以人性之善为本，以实现尧舜之道为宗旨。

《孟子》中论学—教的关键语段如表 2－1 所示。

表 2－1　**《孟子》中论学—教的关键语段**

章节名称	关键语段
梁惠王上	谨庠序之教，申之以孝悌之义，颁白者不负戴于道路矣。

① 钱穆：《论语新解》，生活·读书·新知三联书店 2012 年版，第 4 页。
② （清）焦循：《孟子正义》，中华书局 1987 年版，第 343 页。

续表

章节名称	关键语段
公孙丑上	曰："恶，是何言也！昔者子贡问于孔子曰：'夫子圣矣乎?'孔子曰：'圣则吾不能，我学不厌而教不倦也。'子贡曰：'学不厌，智也；教不倦，仁也。仁且智，夫子既圣矣。'夫圣，孔子不居，是何言也?"
	孟子曰："人皆有不忍人之心。先王有不忍人之心，斯有不忍人之政矣；以不忍人之心，行不忍人之政，治天下可运之掌上。所以谓人皆有不忍人之心者，今人乍见孺子将入于井，皆有怵惕恻隐之心，非所以内交于孺子之父母也，非所以要誉于乡党朋友也，非恶其声而然也。由是观之：无恻隐之心，非人也；无羞恶之心，非人也；无辞让之心，非人也；无是非之心，非人也。恻隐之心，仁之端也。羞恶之心，义之端也。辞让之心，礼之端也。是非之心，智之端也。人之有是四端也，犹其有四体也；有是四端而自谓不能者，自贼者也。谓其君不能者，贼其君者也。凡有四端于我者，知皆扩而充之矣，若火之始然，采之始达。苟能充之，足以保四海；苟不充之，不足以事父母。"
滕文公上	孟子道性善，言必称尧舜。
	设为庠序学校以教之。庠者，养也。校者，教也。序者，射也。夏曰校，殷曰序，周曰庠，学则三代共之，皆所以明人伦也。
	人之有道也，饱食暖衣，逸居而无教，则近于禽兽。圣人有忧之，使契为司徒，教以人伦：父子有亲，君臣有义，夫妇有别，长幼有叙，朋友有信。
离娄下	孟子曰："君子深造之以道，欲其自得之也。自得之则居之安，居之安则资之深，资之深则取之左右逢其原，故君子欲其自得之也。"
万章上	天之生此民也，使先知觉后知，使先觉觉后觉也。予，天民之先觉者也。予将以斯道觉斯民也。非予觉之而谁也?
告子上	恻隐之心，人皆有之。羞恶之心，人皆有之。恭敬之心，人皆有之。是非之心，人皆有之。恻隐之心，仁也。羞恶之心，义也。恭敬之心，礼也。是非之心，智也。仁义礼智，非由外铄我也，我固有之也，弗思耳矣。故曰求则得之，舍则失之，或相倍蓰而无算者，不能尽其才者也。
	孟子曰："仁，人心也。义，人路也。舍其路而弗由，放其心而不知求，哀哉！人有鸡犬放，则知求之；有放心而不知求，学问之道无他，求其放心而已矣。"
告子下	孟子曰："教亦多术矣。予不屑之教诲也者，是亦教诲之而已矣！"

续表

章节名称	关键语段
尽心上	孟子曰："君子有三乐，而王天下不与存焉。父母俱存，兄弟无故，一乐也。仰不愧于天，俯不怍于人，二乐也。得天下英才而教育之，三乐也。"
	孟子曰："君子之所以教者五，有如时雨化之者，有成德者，有达财者，有答问者，有私淑艾者。"
尽心下	夫予之设科也，往者不追，来者不拒，苟以是心至，斯受之而已矣。

孟子对于人性的论述首先出现在《公孙丑上》之中，并在《告子上》之中通过与告子之间的论争，进一步明确提出和阐述了"性善论"的人性论观点。孟子从"人皆有不忍人之心"的推论出发，得出人有恻隐、羞恶、辞让、是非"四端"之先天性，扩充先天之"四端"就成为人之所以为人的根本所在，"苟能充之，足以保四海；苟不充之，不足以事父母"。既然每个人都有仁义礼智之先天本性，那么每个学习者的学习过程就是向内的自我求索过程，就是更加注重学习者个体的自我努力和自主性的积极发挥过程。即倡导"自得之学"。孟子认为：

> 君子深造之以道，欲其自得之也。自得之，则居之安；居之安，则资之深；资之深，则取之左右逢其原，故君子欲其自得之也。

［**注**］居之安，若己所自有也。资，取也。取之深，则得其根也。左右取之在所逢遇，皆知其原本也。故使君子欲其自得之也。

［**疏**］"孟子"至"得之也"。正义曰：此章指言学必根源，如性自得，物来能名，事来不惑，君子好之，朝益暮习，道所以臻也。"孟子曰：君子深造之以道"至"君子欲其自得之也"者，此孟子教人学道之法也，言君子所以深造至其道奥之妙者，是欲其如己之所自有之也。己之所自有，则居之安。居之安者，是使权利不能移，群众不能倾，天下不能荡是也。居之安则资质以深，则自本自根，取之不殚，酌之不竭

是也。资之既深，则取之左右逢其原。左右逢其原者，则理与万物得，性与万物明，取之左则左，取之右则右，无非自本自根也，故云取之左右逢其原。如此，故君子所以学道，欲其自得之也。

学习贵在自得，既是学习者实现左右逢源并通晓知识原本的根本途径，更是孟子教人学道之方的关键所在。“居之安”与“资之深”是学习者自我的学习状态和心理感受，而要实现学习者的“居之安”与“资之深”，就需要教者在了解学习者的学习状态前提下，根据不同学习者的具体情况采用不同的方法，即“教亦多术”。孟子曰：

> 君子之所以教者五，有如时雨化之者，有成德者，有达财者，有答问者，有私淑艾者。

无论是及时点化、成就其德行、发展其才能、答其所问，还是不能及门而间接受教，甚至“予不屑之教诲也者，是亦教诲之而已矣”，都是一切因人而异，因时而不同。教因学而变，因人而异，教术亦因学而多样，“此五者，君子之所以教也”。故《章指》言：“教人之术，莫善五者。养育英才，君子所珍，圣所不倦，其惟诲人乎！”君子学不厌诲不倦，教人以学，成物成己。

《荀子》的编纂结构与《论语》的编纂结构颇为类似，《论语》始于《学而》终于《尧曰》，《荀子》始于《劝学》终于《尧问》。《荀子》的编纂结构始自刘向，历代治《荀子》诸家都沿袭此传统，此种学术用意值得深思。《学而》在《论语》之中具有总括性的思想地位，体现了儒家“为己之学”的为学传统，表达了“由学以致圣”的为学路径。由此可知，《劝学》在《荀子》中的学术地位也具有此种意味①。我们试通过对《劝学》的文本解读，来深入剖析荀子所倡导“由学以致圣”的积伪之学。

《劝学》论述“积伪之学”的关键性语段为：

---

① 如果相信《论语》的编定是在《荀子》之前的话，那就该是《荀子》编纂者在形式上刻意地模仿前者。二者共同形式背后体现的则是类似的义理结构，即“由学以致圣”的思想路径。此路径在《论语》中已见端倪，到了荀子，表达得更加显豁。［汤一介、李中华：《中国儒学史》（先秦卷），北京大学出版社2011年版，第523页。］

君子曰：学不可以已。

君子博学而日参省乎己，则知明而行无过矣。

不闻先王之遗言，不知学问之大也。

干、越、夷、貉之子，生而同声，长而异俗，教使之然也。

君子生非异也，善假于物也。

故君子居必择乡，游必就士，所以防邪辟而近中正也。

积土成山，风雨兴焉；积水成渊，蛟龙生焉；积善成德，而神明自得，圣心备焉。

学恶乎始？恶乎终？曰：其数则始乎诵经，终乎读礼；其义则始乎为士，终乎为圣人。真积力久则入，学至乎没而后止也。故学数有终，若其义则不可须臾舍也。为之，人也；舍之，禽兽也。故《书》者，政事之纪也；《诗》者，中声之所止也；《礼》者，法之大分，类之纲纪也，故学至乎《礼》而止矣。夫是之谓道德之极。《礼》之敬文也，《乐》之中和也，《诗》《书》之博也，《春秋》之微也，在天地之间者毕矣。

君子之学也，入乎耳，着乎心，布乎四体，形乎动静，端而言，蝡而动，一可以为法则。小人之学也，入乎耳，出乎口。口耳之间，则四寸耳，曷足以美七尺之躯哉！古之学者为己，今之学者为人。君子之学也，以美其身；小人之学也，以为禽犊。

学莫便乎近其人。《礼》《乐》法而不说，《诗》《书》故而不切，《春秋》约而不速。方其人之习君子之说，则尊以遍矣，周于世矣。故曰：学莫便乎近其人。学之经莫速乎好其人，隆礼次之。上不能好其人，下不能隆礼，安特将学杂识志，顺《诗》《书》而已耳。则末世穷年，不免为陋儒而已。

学也者，固学一之也。一出焉，一入焉，涂巷之人也。其善者少，不善者多，桀纣盗跖也；全之尽之，然后学者也。

君子知夫不全不粹之不足以为美也，故诵数以贯之，思索以通之，为其人以处之，除其害者以持养之，使目非是无欲见也，使耳非是无欲闻也，使口非是无欲言也，使心非是无欲虑也。及至其致好之也，目好之五色，耳好之五声，口好之五味，心利之有天下。是故权利不能倾也，群众不能移也，天下不能荡也。生乎由是，死乎由是，夫是之谓德操。

德操然后能定，能定然后能应，能定能应，夫是之谓成人。

天见其明，地见其光，君子贵其全也。

“学不可以已”同《学而》中“学而时习”的用意相同，表达了一个围绕“学”来实现“成人”境界的为学历程。由此，“为什么学？学什么？怎么学？学的结果如何？”等问题，就成为我们分析《劝学》中“学不可以已”思想的关键所在。我们试结合《劝学》原文并围绕上述四个方面问题，来阐述荀子构建为学体系的运思过程。

其一：为什么学？

同样也是用来回答为什么“学不可以已”。第一个层面：“干、越、夷、貉之子，生而同声，长而异俗，教使之然也”，接受什么样的教育或者学习什么样的内容，对一个人的成长来说具有决定性的意义。第二个层面：“君子博学而日参省乎己，则知明而行无过矣”，“知明”可理解为道德知识，“行”可理解为践履道德知识的能力，“无过”为一种价值判断即符合社会的道德行为习惯，学的道德价值就在于在养成德性的基础之上提升德行的能力。第三个层面：“君子之学也，入乎耳，着乎心，布乎四体，形乎动静，端而言，蝡而动，一可以为法则。小人之学也，入乎耳，出乎口。口耳之间，则四寸耳，曷足以美七尺之躯哉！古之学者为己，今之学者为人。君子之学也，以美其身；小人之学也，以为禽犊”，“为己”或“为人”之学，是区别君子和小人的根本所在，身心之学还是口耳之学就成为判断学习者将成为何种人的关键所在。第四个层面：“上不能好其人，下不能隆礼，安特将学杂识志，顺《诗》《书》而已耳。则末世穷年，不免为陋儒而已”，学是为了“隆礼”，隆礼才能知其统类，得其经纬。因此，为什么学？《劝学》的回答就是通过学可以养成隆礼的君子。

其二：学什么？

学习的内容包括两个层面，第一个层面为“数”，第二个层面为“义”，“学恶乎始？恶乎终？曰：其数则始乎诵经，终乎读礼；其义则始乎为士，终乎为圣人”。“数”和“义”之间的关系是，“学数有终，若其义则不可须臾舍也”，从形式方面来看，学习内容从数量上是可以确定的；从实质层面来看，为学之义是需要学习者一生所追求和践行的，“义，谓学之意，言在乎修身也”。那么，何谓“数”，“故《书》者，政事之纪也；《诗》者，中声之所止也；《礼》者，法之大分，类之纲纪也，故学至乎《礼》而止矣”，即从诵经开始到读礼结束。“学至乎《礼》而止”，既是指学习的次序，又体现了荀子所主张的“隆礼”旨趣。何谓“义”，“始乎为士，终乎为圣人”，从为士开始，到成为圣人结束。从具体内容的学习到学习者学习程度的提升，从诵经读礼到隆礼直至成为圣人，就是荀子从量到质对学习内容的构想和阐释。

其三：怎么学？

学习的过程就是一个“积”的过程，是一个“积善成德，而神明自得，圣心备焉”的过程，为学必须日积月累而后成[①]。第一，学习者需要有“假”的工夫，“君子生非异也，善假于物也”，君子善于利用外物，善于利用已有的条件是学习成功的重要保证。第二，“居择乡游就士”，学习环境的选择和交友对象的标准，是学习者接近“中正”的外在保障。第三，学习最切近的办法就是“近其人”，“学莫便乎近其人”；其次是“隆礼”，“隆礼次之”。郭嵩焘认为，“近其人，谓得其人而师之。好其人，则是中心悦而诚服，亲炙之身者也。隆礼，谓自以礼检束其身”[②]。可见，从师学习是学习者求学的最佳路径[③]。即“君子壹教，弟子壹学，亟成”（《大略》）。

其四：学的结果如何？

学习的终极目的是成为圣人，荀子在《劝学》之中称其为具有“全之尽之”状态的“成人”，即大成之人，正如孟子所称道的“孔子谓之集大成”之谓也。那么，如何才能达到“全之尽之”的状态呢？就是要“固学一之也”，“使目非是无欲见也，使耳非是无欲闻也，使

① 荀子从性恶论观点出发，认为要把恶性变成善，全在人为的“伪”，而教育就是人为中最主要的部分。故此，荀子把教作为“以善先人者谓之教”，教的作用在于改恶性为善，由此，教与学的过程就是“积伪”的过程。

② 王先谦：《荀子集解》，中华书局1988年版，第14页。

③ 荀子在《儒效篇》中指出，“故有师法者，人之大宝也；无师法者，人之大殃也。人无师法，则隆性矣；有师法，则隆积矣”，“隆”厚也，“积”是积善之“积”，厚于积善，则可化恶为善。

口非是无欲言也，使心非是无欲虑也”，使耳目口心的闻见言虑，“诵数以贯之，思索以通之，为其人以处之，除其害者以持养之”，全依乎是，这样便能思虑周密，意志坚定，应付事物才不为外物所移，就可谓之“成人”。“成人”就是秉承“德操”之人，“德操”之人就是死生必由于学之人，也是坚持“学不可以已”之人。即内自定而外应物，乃为成就之人也。正如《儒效》所言，“至高谓之天，至下谓之地，宇中六指谓之极，涂之人百姓积善而全尽谓之圣人”，只要“积善而全尽”，“涂之人百姓”都可以成为圣人，“由学以致圣”之本意明矣。

总而言之，无论是《论语》中的“为己之学”、《孟子》中的“自得之学”还是《荀子》中的“积伪之学”都在强调：学为儒者一生的追求，教是学应有之意，是另一种形式的学，学与教本身就蕴含着“成己—成人”的为学宗旨。在此基础之上，以《大学》《中庸》《学记》为代表的儒家学术论著，则是从学理层面上实现了对以孔子、孟子、荀子为代表的学与教范畴的理论总结，既代表了先秦诸子论述学与教范畴的最高学术水平，又成为后世学者阐述学与教范畴的思想策源地①。特别值得关注的是，“从教育理论阐发的集中与专门而言，先秦诸子的论著中当首推《学记》。即使在《学记》诞生之后的漫长年代里，像《学记》这样专论教育并达到较高理论水平的教育论著也不多见”②。《学记》“不仅内容讲的就是教学论，而且‘学记’这个词也与今天教学论这个词差不多。在古代汉语中，‘学’与‘教学’乃至‘教育’诸词通用，还未严格区分。而‘记’乃文章体裁的一种，有记叙、论述的意思。这样，记述教学的文章岂不是教学论?!”③

《中庸》《大学》《学记》相互之间在对学与教范畴的论述中互为表

---

① 在孔子看来，实现“仁”有两种方式——“忠”和“恕”。“忠”是达到个人道德完善的必要条件，即所谓“尽己之谓忠”，也就是孟子所说的“尽心知性”以及《大学》中的“明明德”；“恕”是一种扩大自我实现的义务，即帮助他人实现做人的价值，也即孟子所说的“存心养性”和《大学》中的“亲民”。（参见：刘复兴、刘长城：《传统教育哲学问题新释》，湖北教育出版社2000年版，第112页。）由此可知：忠—尽心知性—明明德与恕—存心养性—亲民之间存在内在的逻辑关系，且共同构成了先秦儒家关于学与教范畴的思想体系。

② 孙培青、杜成宪：《中国教育史》（第三版），华东师范大学出版社2009年版，第96页。

③ 王策三：《教学论稿》（第二版），人民教育出版社2005年版，第1页。

里。《中庸》主要阐述先秦儒家的人生哲学和修养问题，提出了“中庸之道”，与《大学》互为阐发，“《中庸》的基本精神与《大学》是一致的，即要求从人的天赋善性出发，借助学习与修养，充分发挥这种本性，又进而由己及人，推行于天下，即所谓：‘知所以修身则知所以治人，知所以治人则知所以治天下国家矣’”①。《中庸》与《学记》之间亦互为表里。《中庸》在开篇所言：“天命之谓性，率性之谓道，脩道之谓教”。天所赋予人的就叫作性，循性而行就叫作道，修治此道就叫作教，人的善性的真正保存和发扬有待于教育的作用，即性待教而成。朱熹在《中庸章句》中认为，“盖人之所以为人，道之所以为道，圣人之所为教，原其所自，无一不本于天而备于我。学者知之，则其于学知所用力而自不能已矣。故子思于此首发明之，读者所宜深体而默识也”，道需学而得。道虽源于人之天性，但是需要通过后天的学习才能掌握。《学记》中“玉不琢，不成器；人不学，不知道”，就内含《中庸》“天命之谓性，率性之谓道，脩道之谓教”的性与教/学、道与教/学之间的辩证关系。

《学记》之中所体现的“大学之道”，与《大学》中的“三纲领”和“八条目”之间存在互为表里的关系。《中庸》之中“博学、审问、慎思、明辨、笃行”与“尊贤、亲亲、敬大臣、体群臣、子庶民、来百工、柔远人、怀诸侯”，与《大学》“三纲领”之间同样存在互为表里的关系。杭海槎在《小戴记学庸二篇互证说》② 一文中，就通过对《大学》和《中庸》之间的相互对比，得出了《大学》和《中庸》相互印证、互为表里的学术结论，并制成二者之间相互印证的系统表。

《学记》文本之中：“发虑宪，求善良，足以謏闻，不足以动众。就贤体远，足以动众，不足以化民”，“夫然后足以化民成俗，近者说服而远者怀之”的思想，既体现了《大学》和《中庸》中所论证的“大学之道”，又折射了《中庸》之中“诚”与“化”两大范畴对其思想的影响。“《学记》开宗明义地说：‘发虑宪’，即以‘诚’这个思孟

① 孙培青、杜成宪：《中国教育史》（第三版），华东师范大学出版社 2009 年版，第 95—96 页。

② 杭海槎：《小戴记学庸二篇互证说》，《国学丛刊》1924 年第 2 期。

哲学本体论作为它的指导思想"[1]，而无论是"化民成俗"还是"化民易俗"都是"化"范畴的体现和应用，"唯天下至诚，为能尽其性；能尽其性，则能尽人之性；能尽人之性，则能尽物之性；能尽物之性，则可以赞天地之化育；可以赞天地之化育，则可以与天地参矣。其次致曲，曲能有诚，诚则形，形则著，著则明，明则动，动则变，变则化，唯天下至诚为能化"，"诚"与"化"之间的关系明矣。

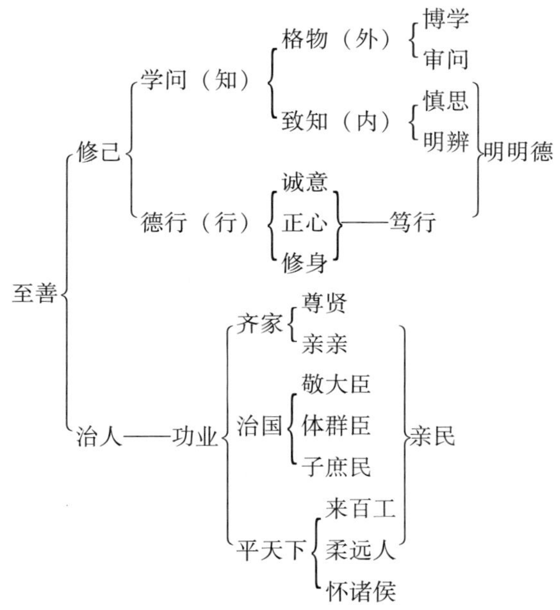

杭海槎：《小戴记学庸二篇互证说》

由此可见，《大学》和《中庸》实际上是将对于学与教范畴的理解，融入人格不断完善的"成己—成人"过程之中，并从"明明德"和"亲民"的人身修养高度来认识和理解学与教范畴。这样，以知行合一为核心的修己功夫与以齐家治国平天下为内涵的治人实践就有机地融为一体，学与教范畴就上升到修己与治人、明明德与亲民的理论高度，而一切又皆是以修身为本，学与教范畴最终融入修身之中。正是基

① 高时良：《中国古代教育史纲》，人民教育出版社2003年版，第122页。

于上述认识，《学记》形成了对于学与教范畴的理论表述——“教学相长”[①]：

> 虽有嘉肴，弗食不知其旨也；虽有至道，弗学不知其善也。是故学然后知不足，教然后知困。知不足，然后能自反也；知困，然后能自强也。故曰：教学相长也。《兑命》曰：“学学半”，其此之谓乎！

如果说《学记》实现了对学与教范畴的理论表述，那么以郑玄为代表的古代学者则完成了对学与教范畴的理论阐释。同样，以“教学相长”的形式来诠释学与教关系，则代表了先秦诸子对于学与教范畴认识的最高水平。“我国古代著名的教育文献《学记》中，也十分深刻地探讨了教学中‘教’与‘学’的复杂关系，此后几千年中，中国的教育家在讨论教育问题时，从孔子到朱熹，一直延续着这样的传统，在强调教育者责任的同时，也强调受教育者的自觉、主动”[②]。总而言之，“从孔孟提倡为己之学，《中庸》要求成己成物，无不体现了对个体原则的确认，从先秦到宋明，强调为仁由己，人格挺立，已成为儒学的价值传统”[③]。

二　“教学相长”之考证

“教学相长”思想源头在《论语·八佾》之中已现端倪：

> 子夏问曰：“‘巧笑倩兮，美目盼兮，素以为绚兮。’何谓也？”子曰：“绘事后素。”曰：“礼后乎？”子曰：“起予者商也！始可与言《诗》已矣。”

---

① 《学记》在中国古代教学理论上的重大贡献就在于它在一定程度上揭示了教与学之间的辩证关系。

② 丛立新：《教学概念的形成及意义》，《北京师范大学学报（社会科学版）》2007 年第 5 期。

③ 杨国荣：《善的历程——儒家价值体系的历史衍化及其现代转换》，上海人民出版社 1994 年版，第 374 页。

所谓起予，则亦相长之义也。同样，《尚书·商书·兑命》中提出的“学学半”教育命题[①]，也包含教学相长之义。

［**原文**］允怀于兹，道积于厥躬。信怀此学志，则道积於其身。惟敩学半，念终始典于学，厥德脩罔觉。敩，教也。教然后知所困，是学之半。终始常念学，则其德之脩，无能自觉。

［**疏**］“惟敩”至“罔觉”，正义曰：教人然后知困，知困必将自强，惟教人乃是学之半，言其功半於学也。於学之法，念终念始，常在於学，则其德之脩渐渐进益，无能自觉其进。言日有所益，不能自知也。

《学记》则是在此基础之上形成了对于教学相长的经典论述：

> 虽有嘉肴，弗食不知其旨也；虽有至道，弗学不知其善也。是故学然后知不足，教然后知困。知不足，然后能自反也；知困，然后能自强也。故曰：教学相长也。《兑命》曰：“学学半”，其此之谓乎！

我们试以郑玄为代表的古代学者对于教学相长的理论阐释，来呈现古代学者对于教学相长的整体认知，如表2-2所示。

表2-2　**古代学者对于教学相长的理论阐释**

郑注	虽有嘉肴，弗食不知其旨也。虽有至道，弗学不知其善也。旨，美也。故学然后知不足，教然后知困。学则睹己行之所短，教则见己道之所未达。知不足，然后能自反也。知困，然后能自强也。故曰：“教学相长”也。自反，求诸己也。自强，修业不敢倦。《兑命》曰：“学学半”。其此之谓乎。言学人乃益己之学半。学学，上胡孝反，下如字。学人，胡孝反。又音教。

① 《学记》以“教学相长”对此作了注脚，深刻阐发了教与学的辩证关系，明确指出教与学在教学实践中相互依存、相互促进的关系。从孔子以来的许多教育家也都是从教与学两个方面论述教学问题，又都是详细探讨如何学习，然后由学而论教，这是我国古代教学思想的一个突出特点，也是一个最大的优点和长处。（参见毛礼锐《中国教育史简编》，教育科学出版社1984年版，第247页。）

续表

孔疏	“虽有”至“谓乎”正义曰：此一节明教学相益。虽有嘉肴，弗食不知其旨也者。嘉，善也。旨，美也。虽有嘉美之肴，兼陈列于前，若不食，即不知其肴之美也。虽有至道，弗学不知其善也者至，谓至极。虽有至极大道，若不学，则不知大道之善。是故学然后知不足之者若不学之时，诸事荡然，不知己身何长何短。若学，则知己之所短，有不足之处也。教然后知困者不教之时，谓己诸事皆通。若其教人，则知己有不通，而事有困弊，困则甚于不足矣。知不足，然后能自反也者凡人皆欲向前相进，既知不足，然后能自反向身，而求诸己之困，故反学矣。知困，然后能自强也者凡人多有解怠，既知困弊，然后能自强学其身，不复解怠也。故曰“教学相长”也者谓教能长益于善，教学之时，然后知己困而乃强之，是教能长学善也。学则道业成就于教益善，是学能相长也。但此礼，本明教之长学。《兑命》曰：“学学半”者上学为教，音教；下学者，谓习也，谓学习也。言教人乃是益己学之半也。《说命》所云“其此之谓乎”，言学习不可暂废，故引《说命》以证之。言恒思念，从始至终，习礼典于学也。

孔颖达认为，“教学相长”一节主旨在于阐明“教学相益”的道理。我们对郑注和孔疏的文本内容进行语义分析，不难发现：学与教的主体相同，学与教的行为是同一主体在不同语境下的身份转换，即同一主体的“求诸己”（“学则睹己行之所短”）之自反与“修业不敢倦”（“教则见己道之所未达”）之自强。同样，学与教之间的相益，也是同一主体学与教行为之间的相互促进。郑注指出“学”和“教”都为“己”所发出的行为，孔疏同样认为是“己之所短”和“己有不通”的“己”所发生的行为，突出“学人乃益己之学半”。正如孔疏所指出“此礼，本明教之长学”，说明郑注孔疏所谈论的“学”为“为己之学”的“学”，儒家“为己之学”强调教是学应有之意，是另一种形式的学，就是实现“成己—成人”之学。故“教学相长”就是指古代“为己之学”中包含“教”的“学”，表明“教”是“学”的应有之义，与“学”相对的“教”和“学”都是“为己之学”的“学”。“为己之学”中“学”的主体为“己”，无论学和教都是“己”自身的行为，反映了古代教育“以学论教”的教育特征。此外，郑注文本体现了汉

学注重名物训诂的学术风格，孔疏文本体现了“务伸郑《注》”的诠释特点，郑注孔疏代表了汉唐时期《学记》注疏研究的最高水平。

宋代是“经学变古时代”（皮锡瑞语），“唐及国初，学者不敢议孔安国、郑康成，况圣人乎！自庆历后，诸儒发明经旨，非前人所及；然排《系辞》，毁《周礼》，疑《孟子》，讥《书》之《胤征》《顾命》，黜《诗》之序，不难于议经，况传注乎！”（陆游语）[①]。有宋一代开“依经诠义”先河之《三经新义》的王安石，与其子王雱，门人弟子陈祥道、陆佃、马希孟、方悫等所形成的“荆公新学”，最为注重“发明经旨”，可视为开启宋代学术新风尚之标杆，“顾宋儒好创新解，故相违异，而始作之俑者，当推临川王安石介甫”[②]。陈祥道、陆佃、马希孟、方悫等王门弟子都对教学相长进行了阐释，其中陈祥道和方悫的阐释[③]最有代表性，如表 2－3 所示。

表 2－3　　　　陈祥道和方悫对教学相长的阐释

陈祥道	人皆有所不足，非学无以知；皆有所困，非教无以觉。是以颜渊学孔子之道，然后知其卓然不可及，此学而后知不足者也。任人问“礼食之重”，而屋庐子至於不能答，此教然后知困者也。夫彼不足，而求於我之教，所以长於彼。我之知困，自强则学者，所以长於我。故曰：“教学相长也。”方其学也，未尝不教；及其教也，未尝不学。此《说命》所以言“教学半也。”
方悫	肴有味，唯食之然后可以辨其味。道有理，唯学之然后可以穷其理。然而味有旨否，唯肴之嘉者为旨。理有善恶，唯道之至者为善。人莫不饮食，鲜能知味也。此以食喻道者也，以道之难明，故所况如此。若夫造道之全，则淡乎其无味，又岂肴之可比哉？足则厌矣，故学以不厌为知。困则倦矣，故教以不倦为仁。知其不足，然后能自反，以求其足。知其困，然后能自强，以济其困。自反，若所谓自反而仁之类。自强，若所谓自强不息之类。教人之功得学之半，故引《说命》之言以证之。上“学”字宜读曰“敩”，《说命》亦作敩。敩，即教也。孔子曰：“起予者，商也。”又曰：“回也，非助我者也。於吾言无所不说”，岂非教学半之谓乎！

① 参见王应麟《困学纪闻》卷八“经说”。

② 钱基博：《经学通志》，上海古籍出版社 2011 年版，第 94 页。

③ 参见卫湜《礼记集说》卷八十八《学记》第十八。

陈祥道和方悫对教学相长的诠释，首先体现了新学学者“以经解经”“引诸子之说解经”的诠释经典方法。陈祥道和方悫引《论语》《孟子》来诠释“教学相长”的义理，其中：“颜渊学孔子之道”引据《论语·子罕》，“起予者，商也”引据《论语·八佾》，“礼食之重”引据《孟子·告子下》。其次，方悫对“虽有至道，弗学不知其善”的诠释中，引用“道”“理”“穷理”“理有善恶”等理学概念范畴来诠释其义理，体现了用理学话语体系来诠释经典的学术转向。最后，陈祥道和方悫对于教学相长的诠释，虽然在诠释的语言方式和学术风格上发生了转向，但是究其实质仍在于阐述“夫彼不足，而求於我之教，所以长於彼。我之知困，自强则学者，所以长於我”的“学而不厌，诲人不倦”之“为己之学”。

自以陈祥道和方悫为代表的荆公新学对教学相长进行诠释之后，以朱熹、吴澄、陈澔、王夫之、孙希旦等为代表的古代学者对教学相长进行了诠释，其中以陈澔在《礼记集说》中的注释最为代表。作为朱熹四传弟子的陈澔所著的《礼记集说》在明初被列为科举考试的标准注本一直沿用到清初。“《礼记大全》采诸儒之说凡四十二家，而以陈澔《集说》为主，澔之书列于学官自此书始”①，明胡广敕修《礼记大全》尊陈澔之说，从而使得陈澔《礼记集说》地位得以提升。陈澔在《礼记集说》中对教学相长的注解如表 2－4 所示。

表 2－4　**陈澔在《礼记集说》中对教学相长的注解**

陈澔	学然后知不足，谓师资于人，方知己所未至也。教然后知困，谓无以应人之求，则自知困辱也。自反，知反求而已。自强，则有黾勉倍进之意。教学相长，谓我之教人与资人，皆相为长益也。引《说命》敩学半者，刘氏曰：教人之功，居吾身学问之半。盖始之修己所以立其体，是一半，终之教人所以致其用，又是一半。此所以终始典于学，成己成物合内外之道，然后为学问之全功也。

陈澔用从“修己立体”到“教人致用”的儒家“成己成物”的修

① 皮锡瑞：《经学历史》，中华书局 2011 年版，第 210 页。

养目标，来诠释教学相长对“我之教人与资人”之“相为长益”的修养价值，重申了“教学相长”之“教人乃是益己学之半”的“学问之全功”。“终始典于学，成己成物合内外之道，然后为学问之全功”，正是教学相长的主旨所在。

总而言之，从郑玄到陈澔对于教学相长的诠释都是立足于“为己之学”，认为“教”和“学”统一于教者之“学”这一整体，即成己之学与成人之学的内在统一。

三　“教学相长”之余论

古代学者在继承和诠释“教学相长”的过程之中，对于构成学与教范畴的教或学或教与学形成了一些新的认识，不断丰富和补充了学与教范畴的理论大厦。

韩愈在《师说》中针对当时社会“耻学于师”的不良风气，提出了“不耻相师”的进步主张，从而对教师之教有了更为深入的认识。

> 古之学者，必有师。
>
> 师者，所以传道、授业、解惑也。
>
> 生乎吾前，其闻道也固先乎吾，吾从而师之；生乎吾后，其闻道也亦先乎吾，吾从而师之。吾师道也，夫庸知其年之先后生于吾乎？是故无贵无贱，无长无少，道之所存，师之所存也。
>
> 是故弟子不必不如师，师不必贤于弟子，闻道有先后，术业有专攻，如是而已。

首先，韩愈提出了教师教的基本任务——“传道、授业、解惑”，同样，这也是教师在教学过程中所必须承担的主要职责。其次，为师的重要条件就在于“闻道在先”，既然“闻道在先”，那么教者就是起主导作用的已知者。最后，师和弟子之间的关系以“道”和“业”为中心，教与学之间的关系围绕“道”和“业”来展开，有利于形成良好的教学关系。柳宗元提出“交以为师”的观点，可以被视作对“弟子不必不如师，师不必贤于弟子”说的深入探讨。

以朱熹为代表的宋明理学家，在教与学的关系上更加突出“为学”

的重要性，在教学上倡导学习者自我的内心感受和体验的“为学之方”。朱熹在总结《白鹿洞书院学规》要旨时指出：

> 熹窃观古昔圣贤所以教人为学之意，莫非使之讲明义理，以修其身，然后推以及人，非徒欲其务记览、为词章，以钓声名、取利禄而已也。今人之为学者，则既反是矣。然圣贤所以教人之法，具存于经。有志之士，固当熟读深思而问辨之。苟知其理之当然，而责其身以必然，则夫规矩禁防之具，岂待他人设之而后有所持循哉！近世于学有规，其待学者为已浅矣，而其为法又未必古人之意也。故今不复以施于此堂，而特取凡圣贤所以教人为学之大端，条列如右而揭之楣间。诸君其相与讲明遵守而责之于身焉，则夫思虑云为之际，其所以戒谨而恐惧者，必有严于彼者矣。其有不然，而或出于此言之所弃，则彼所谓规者，必将取之，固不得而略也。诸君其亦念之哉！

朱熹所指出的义理之学，就是为己之学，意在修身；辞章之学，就是为人之学，沽名钓誉而已。故此，朱熹在学与教关系方面注重学生之学，强调学生学习要“自去理会，自去体察，自去涵养”，教师的教主要在于“讲明义理”，“只是做得个引路底人，做得个证明底人，有疑难处同商量而已”（《朱子语类》卷十三），“入道之门，是将自家身己入那道理中去。渐渐相亲，久之与己为一”（《朱子语类》卷八），入道之门就在于人与理相亲为一。

王夫之对于学与教关系的认识有了更为深入的发展，从一定程度上试图突破古代学者对于学与教范畴的整体认知，从而使得其对于学与教关系的认识包含了某些近代教育学的元素①。

> 夫学以学夫所教，而学必非教，教以教人之学，而教必非学。

① 丛立新就曾指出：“哲学家、教育家王夫之对于教学中两个方面的关系的概括已经近乎完美”。［丛立新：《教学概念的形成及意义》，《北京师范大学学报（社会科学版）》2007年第5期。］

(《读四书大全说》卷三)

教与学是一个矛盾的过程，教和学各有自己的任务和活动内容。即学生所学习的内容正是教师传授的内容，但学习的过程不等于传授的过程；所谓传授就是指导学生如何学习，但传授过程不等于学习的过程。

> 推学者之见而广之，以引之于远大之域者，教者之事也。引教者之意而思之，以反求于致此之由者，学者之事也。(《读四书大全说》卷三)

教者之事在于“外引”，学者之事在于“内求”，并以“内求”为主。“教者但能示以所进之善，而进之之功，在人之自悟”(《四书训义》卷五)，“进善”的实现依靠学生的“自悟”。“学”即“未知而求觉，未能而求效”，“所未知而求觉焉，所未能而求效焉，于是而有学。因所觉而涵咏之，知日进而不已也；于所效而服习之，能日熟而不息也”(《四书训义》卷五)。未知而求觉与未能而求效的过程，就是学习者通过“涵咏”(内在心理行为)和“服习”(外在操作行为)实现知行合一的过程。

总而言之，虽然韩愈、朱熹、王夫之等古代学者关于学与教关系的思想，都是对《学记》“教学相长”思想的发挥和阐发；但是，不可否认的是，他们对学与教关系的论述越来越深刻，“尤其是王夫之的见解，对教与学的特点及其辩证关系作了透辟的分析，使人们对教学的规律有了进一步的认识”[①]。

[结语]

中国古代教育是一种学导式的教育，中国古代学者是站在“学”的立场上来看待学与教的关系问题，并形成了重学甚于重教的以学论教的整体性思维。

其一，“为己之学”中的学与教。中国古代学者基于“为己之学”的立场，认为“独学共学，教人以学，皆学中事”，教人以学就变成自

① 黄济：《中国传统教育哲学思想概论》，河南教育出版社1994年版，第322页。

我学习的重要组成部分。学是贯穿学者终身的行为，而教只是另一种形式的学，或者是学所呈现的另一种方式。如此而来，无论是教者还是学者都是学者，这种整体性的思维方式让教融入对学的思考之中。“从孔丘乃至更早的伊尹、傅说，到孟轲、荀况等，中国上古教育和教育思想的着眼点是在学习者的学习，而不在教育者的教导。教育家习惯于把教育归结为教育对象的主动学习过程，这可以说是古代教育思想的一大特点”①。以学为核心来思考教，使得教成为学整体环节的一个有机组成部分，学既是始点又是终点，正如孔子所言“学而时习之，不亦说乎？有朋自远方来，不亦乐乎？人不知而不愠，不亦君子乎？”（《论语·学而》），由此，学与教活动彻底融入学以为己的整体之中。

其二，修身中的学与教。在中国古代学者看来，无论是《大学》中的三纲领、八条目，还是《中庸》中的学、问、思、辨、行及自明诚与自诚明，还是《学记》中的小成、大成，所有的一切“皆以修身为本”。从一定程度上来说，修身可以被视作中国古代学者讨论所有学术问题的行为起点。“为己之学”语境之下的修身，更加注重学习者通过自我努力达到“至善”境界的关键作用。这必然会带来以下的连锁行为反应：一是教是为了引导学习者更好地学，或者说是更加主动自觉地学，教行为活动本身的引导成分会被更加重视；二是无论是学还是教都融入修身整体过程之中，从而造成学与教活动很难获得应有的独立地位，进而限制古代学者们围绕学与教活动形成专门的学术思考。正如刘庆昌教授所言：“由于缺乏追求认识真理的强烈兴趣，没有形成形式逻辑规则，古代中国人始终没有进行专门化的教育知识，唯一值得称道的是产生于战国末期的《学记》”，“然而，这一早期的教育知识巅峰之作，也成了中国古代教育认识的绝唱。应该说，《学记》的作者们在创作《学记》的时候，无疑在进行着专门化的教育认识活动，但是这样的历史性的活动并没有导致中国土地上的教育认知专业化”②。甚至于中国古代学者大都是站在人格自我完善的立场来看学与教的关系，而不

① 孙培青、李国钧：《中国教育思想史》（第一卷），华东师范大学出版社1995年版，第89页。

② 刘庆昌：《教育知识论》，山西教育出版社2008年版，第25页。

是基于学与教本身来展开关于学与教范畴的思考。这就要求我们在展开中国教学哲学研究时，一方面要从中国古代教育学术本身来看待中国古代教学哲学问题；另一方面要立足于修身的整体思维立场来看待学与教活动。诚然，我们站在教育知识专业化的立场，来看待中国古代教育生活会略有一丝“遗憾”，正如“《学记》为中国教育理论的发展树立了典范，它的出现意味着中国古代教育思维的专门化，这是一个理论水平不低的良好开端。但在中国，却未能以此为起点发展出一门独立的教育学科，这是耐人思索的”①，但不能以此来忽略中国古代教育生活的应有之义，“把对教育的研究理解为‘为学之道’，把从事教育理解为‘治学’，这可以说是中国古代教育思想的独特之处，显示了与西方古代教育思想的差异”②，更不能否认中国古代教育生活有其内在的、深刻的逻辑。

其三，教学相长中的学与教。中国古代学者对于学与教关系的认识，以“教学相长”最有代表性。我们通过分析历代学者对教学相长的理论诠释，不难发现，教学相长几乎融入了“为己之学”与“修身”两个层面的内容。或者可以说，《学记》中的教学相长正是对《大学》《中庸》文本之中相关教育范畴在学与教活动中的理论应答，是“大学之道”和“中庸之道”在学与教活动中的具体化。虽然，《学记》之后的古代学者们对学与教关系也形成了较为深刻的认识，但是在“为己之学”修身立命的宗旨之下，在以学为核心的古代教育话语体系之中，“学而不厌，诲人不倦”就成为理解和认识学与教关系的基本准则。“孔子在教育上所以有伟大的贡献，能起模范作用而为后世取法，是在他一生‘学不厌、教不倦’的精神。惟学然后能教，惟教然后需学，二者不可偏废。孔子在当时为儒者的大师，一方面对自己强调‘学不厌’”，“在另一方面，他对人则强调‘教不倦’”，“孔子这种‘学不厌、教不倦’的精神，是他一生教育成功的要素”，“后儒思、孟一派学者在所著《学记》中，提出‘学然后知不足，教然后知困，知不足，

① 孙培青、李国钧：《中国教育思想史》（第一卷），华东师范大学出版社 1995 年版，第 94 页。

② 孙培青、李国钧：《中国教育思想史》（第一卷），华东师范大学出版社 1995 年版，第 89 页。

然后能自反也；知困，然后能自强也，故曰：教学相长也。’即是从孔子‘学不厌、教不倦’的精神发展而来的”[①]。在以仁为中心的仁智合一的儒家教育思想体系之中，学与教关系的重点仍将落实到人格教育中，更何况，教学相长本身就蕴涵着仁智合一的价值倾向。

由此，我们可以形成关于学与教范畴的基本逻辑理路：

为己之学

学/学与教——教学相长——成己成人

修身（仁智合一）

① 顾树森：《中国古代教育家语录类编》，上海教育出版社1988年版，第44—45页。

第三章

教学操作思路：中国教学哲学的核心

［**题解**］文与质：质胜文则野，文胜质则史。文质彬彬，然后君子。(《论语·雍也》)

我们以朱熹《论语集注》为范本，来诠释“文与质”之间的关系：

> 野，野人，言鄙略也。史，掌文书，多闻习事，而诚或不足也。彬彬，犹班班，物相杂而适均之貌。言学者当损有余，补不足，至于成德，则不期然而然矣。杨氏曰：“文质不可以相胜。然质之胜文，犹之甘可以受和，白可以受采也。文胜而至于灭质，则其本亡矣。虽有文，将安施乎？然则与其史也，宁野。”

无论是“质胜文”还是“文胜质”，都会形成两种不同的人性状态“野”或“史”；只有文质彬彬，指文质兼备，而又彼此合宜适中，恰当其可的状态，方可称为君子。质即指人先天共通相近的为善倾向与能力，在人的内在品质上表现为某种质朴的道德；文则是指人基于先天自然质朴的品性，并通过后天的学习而增添的文饰，由此而在人的外在言语上表现出某种文采与风度。正如朱熹在注释“文章”一词时就指出：“德之见乎外者，威仪文辞皆是也”，外在之“言文”与“身文”正是内在之德的生动体现。“野”和“史”都是名词作形容词使用，并与周代典章制度相关联。“野人”就是西周相对于“国人”而言的居民，泛指居住在国、郊之外的地区且没有接受过专门的教育，从而在言语方式上表现为质朴与粗鄙的人，“实多而文饰少，则如野人。野人，鄙略大朴也”（皇侃：《论语义疏》）；“史”为周代官职之称，与“野”相比，在言语方式上表现为多修饰、少诚实，“史，掌文书，多闻习事，而诚或不足也”（朱熹：《论语集注》）。

儒家以仁为人之成德的最高境界，以君子为志学修德之目标与典范。在文与质之间的关系上，倡导“以质为本”的前提下，注重依据从“先质后文”到“文质兼重”的为学次第与工夫境界来培养“文质彬彬”的君子。一是“先质后文”，“弟子入则孝，出则弟，谨而信，泛爱众而亲仁。行有余力，则以学文”（《论语·学而》），“孝弟”“爱人”“忠信”“笃敬”等日常行为中质朴的道德，被视作修德之本和为学之基；二是“文质兼重”，“博学于文，约之以礼”（《论语·雍也》）之“博文”以“约礼”，则是弟子们通过下学而上达并最终通达仁者与圣人生命境界的为学修身的基本准则。

总而言之，儒家的为学次第和工夫境界，就是以“博文约礼”之教来养成具有“文质彬彬”美德的君子。即“质文两备，然后其礼成”（《春秋繁露·玉杯》）。

第一节　仁智双修之教学目的

> 《大学》篇首云“大学之道”，《学记》亦云“此大学之道也”，可见《学记》与《大学》相发明，知类通达，物格知至也。强立不反，意诚心正，身修也。化民易俗，近者说服，远者怀之，家齐国治天下平也。其离经辨志、敬业乐群、博习亲师、论学取友，则格物致知之事也。分其年，定其课，使学者可以遵循，后世教士当以此为法。夫七年可以小成，九年可以大成。有志于学者，当无不乐而从之。若以此为法，学术由此而盛，人才由此而出矣。（陈澧：《东塾读书记》）

《大学》之论，自本以末；《学记》之论，由末以造本。如果说君子与圣人蕴藏于《大学》的“三纲领”之中，那么小成与大成则是《学记》由末以造本的关键所在。

一　君子与圣人：预设性目的

中国古代教学目的是以儒家教学目的为主体，包括预设性目的和生成性目的。在儒家教育经典著作中所描述的学为君子与圣人，就是预设性教学目的；而以《学记》为代表的、对于小成与大成学习阶段的描述，则是生成性教学目的。学为君子，正是在小成与大成的自我生成和自我实现的道德践履过程中最终得以实现的①。

"圣人"是儒家创始人孔子理想中的最高人格。在孔子的心目之中，包括尧、舜、禹、文、武、周公等在内都是古代圣人形象的化身；在儒家学者及统治者心目中，孔子本人就是圣人的化身，在世时已被誉为"天纵之圣""天之木铎""千古圣人"，后世所尊称的"至圣""玄圣""大成""万世师表"等都是对孔子的赞辞。故此，在后世学者心目之中，学为孔子，就是学为圣人。

那么，究竟何谓"圣人"？从孔子以来的历代学者（特别是儒家学者）都试图给出答案。

在孔子的心目之中：

> 子贡曰："如有博施于民而能济众，何如？可谓仁乎？"子曰："何事于仁，必也圣乎！尧舜其犹病诸？"（《论语·雍也》）

"圣人"就是具有崇高的品德和非凡的智慧，尤其是具有博施济众"外王"行为的人。这样的人，只有古代的尧、舜、禹才可称得上是。同样，在《孔子家语·五仪解》中，引孔子的话说：

> 所谓圣人者，德合于天地，变通无方，穷万事之始终，协庶品之自然。明并日月，化行若神，下民不知其德，睹者不识其邻。此则圣人也。

---

① 孟子认为孔子本人就是"集大成者"的理想人格典范——"孔子之谓集大成。集大成也者，金声而玉振也。金声也者，始条理也；玉振之也者，终条理也。始条理者，智之事也；终条理者，圣之事也"。（《孟子·万章下》）孔子正是智圣合一的集大成者。

圣人就是仁智合一之人，就是兼具内圣与外王之人。

孟子在继承孔子圣人学说思想的基础之上，更加注重从“内圣”的完善人格和德性修养方面来阐述心目中的“圣人”：

> 圣人，人伦之至也。（《孟子·离娄上》）［“人伦”就是“父子有亲，君臣有义，夫妇有别，长幼有序，朋友有信”（《孟子·滕文公上》）］
>
> 可欲之谓善，有诸己之谓信，充实之谓美，充实而有光辉之谓大，大而化之之谓圣，圣而不可知之之谓神。（《孟子·尽心下》）
>
> 形色，天性也。惟圣人然后可以践形。（《孟子·万章下》）
>
> 孔子之谓集大成。集大成者也，金声而玉振之也。金声也者，始条理也；玉振之也者，终条理也。始条理也，智之事也；终条理也，圣之事也。智，譬则巧也；圣，譬则力也。（《孟子·万章下》）

圣人就是能够把天赋的善性贯穿到自己形色之中，并能够始终如一践行的仁智合一之人。在孟子看来，孔子本人就是集圣人所有品格的完善的人。特别值得注意的是，孟子将有德无位的伊尹、柳下惠列入圣人之列，“闻伯夷之风者，顽夫廉，懦夫有立志；闻柳下惠之风者，薄夫敦，鄙夫宽。奋乎百世之上，百世之下，闻者莫不兴起也”（《孟子·尽心下》），就是在说明德行的实践具有内在的必然性，是人人可为的，故此可以理解“圣人与我同类者”（《孟子·告子上》），“人皆可以为尧舜”（《孟子·告子下》）所彰显的思想价值。

孟子提出“圣人与我同类者”，表明圣人与我们每个人相同，由此，每个人都具备成为圣人人格的逻辑必然性和现实可能性。荀子就是从这个角度来阐述其心目中的圣人：

> 学恶乎始？恶乎终？曰：其数则始乎诵经，终乎读礼；其义则始乎为士，终乎为圣人。（《荀子·劝学》）
>
> 我欲贱而贵，愚而智，贫而富，可乎？曰：其唯学乎。彼学者，行之，曰士也。敦慕焉，君子也。知之，圣人也。上为圣人，下为士君子，孰禁我哉！（《荀子·儒效》）

涂之人百姓，积善而全尽谓之圣人。彼求之而后得，为之而后成，积之而后高，尽之而后圣。故圣人也者，人之所积也。（《荀子·儒效》）

从士、君子到圣人，就成为人通过学习所要实现的修养目标。凡学而能行之，就可成为士；中心仰慕礼义，敦行而不怠，就可成为君子；精通事理，齐明而不竭，就可成为圣人。“上为圣人，下为士君子”，是“涂之人百姓”都可以实现的教育目标。

由此，孟子、荀子等人的论证，使得“圣人可学而至”成为可能。程颐再次重申了此种认识：

人皆可以至圣人，而君子之学，必至于圣人而后已，不至于圣人而后已者，皆自弃也。（《宋元学案》卷十五《伊川学案》）

君子之学以成就圣人人格为目标，学不至于圣人就是自我放弃的表现。

虽然在孔子、孟子、荀子、程颐等人看来，学为圣人从为学的过程上具有实现的可能性；但是从孔子以来（包括《论语》在内）的相关论述之中，被称得上为圣人的古人确实是极少数的，“圣人，吾不得而见之矣，得见君子者斯可矣”（《论语·述而》），甚至就连那些拼命倡导“人皆可以至圣人”的教育家们（包括孔子本人）都畏惧称自己为圣人，“若圣与仁，则吾岂敢”（《论语·述而》），“圣，则吾不能”（《孟子·公孙丑》）。“从逻辑上说，凡人皆可以成圣，但就现实性而言，圣人又是一种很难达到的境界”①。用后来者的眼光来看，真正被称作圣人的只有孔子、颜渊、孟子等少数人，那么普通人就更难谈得上“为尧”“为舜”了。但是，“人皆可以至圣人”的思想观点，为古代学者不断努力提升自我修为，从而努力成为具有圣人人格的人，提供了重要的思想支撑和精神支柱。“圣人作为一种范导的目标，为人提供了一

① 杨国荣：《善的历程——儒家价值体系的历史衍化及其现代转换》，上海人民出版社1994年版，第45页。

种崇高的精神境界，使人始终受到理想的鼓舞，从而能够避免世俗的沉沦，不断实现精神的升华”①。

既然学为圣人在现实生活中存在种种困难，那么儒家学者们便提出了“君子”仅次于“圣人”的理想人格。“相对于圣人，君子可以看作是理想人格的现实体现，它固然不如圣人那样尽善尽美，但也不像圣人那样难以企及，而是表现为一种现实生活中的典范”②。

> 或称君子何？道德之称也。君之为言群也；子者，丈夫之通称也。故《孝经》曰：“君子之教以孝也，下言敬天下之为人父者也。”何以言知其通称也，以天子至于民。故《诗》云：“凯弟君子，民之父母。”《论语》云：“君子哉若人。”此谓弟子。弟子者，民也。（《白虎通义》卷一《号》）

从《白虎通义》对于何谓“君子”的解释来看，在汉代君子被定义为“道德之称或通称”，君子已经成为儒家理想人格或整个社会理想人格的通称③。

实际上，君子在被称作有才有德的人之前，经历了从专指有位之人到有位有德之人再到有才有德之人的性质变化，直至最后被确认为有才有德之人，并被作为中国古代社会理想人格的通称。我们从对君子字义的解释入手来阐述其演变过程：

《说文解字·口部》：“君，尊也。从尹；发号，故从口”。从尹，表示治理；从口，表示发令。君，即会掌管治理、能发号施令之人。

子：古代对人的尊称，称老师或称有道德、有学问的人。

---

① 杨国荣：《善的历程——儒家价值体系的历史衍化及其现代转换》，上海人民出版社1994年版，第45页。

② 杨国荣：《善的历程——儒家价值体系的历史衍化及其现代转换》，上海人民出版社1994年版，第45—46页。

③ 在儒家的人格称谓上，君子是出现频率最高的概念。《论语》一书，君子107见；《孟子》与《易传》分别为82见与84见。君子是儒家众趋人格的目标所在。所谓众趋人格，也就是一个社会中为绝大多数成员共同向往的基本人格，是该社会大多数成员在人格共同趋向上的凝结升华。（参见朱义禄《从圣贤人格到全面发展——中国理想人格探讨》，陕西人民出版社1992年版，第41—42页。）

由此一来，从字源学上来看：君子一词最早就是指有位的尊贵之人，“彼君子兮，不素餐兮”（《诗经·魏风·伐檀》）。同样，君子一词也包括有位且有德的人：

> 君子恭敬撙节，退让以明礼。（《礼记·曲礼上》）

对于何谓君子，孔颖达注疏云：“君子是有德有爵之通称”，王肃云：“君上位，子下民”。因此，君子就是“有德”（德）与“有爵”（位）之人。

《论语》中涉及君子一词共有107次之多，其中与“小人”对举的共19次。我们对《论语》中的君子一词的含义大体上可以划分为四大类：第一类是指有位者（出现次数为10次）、第二类是指有德有位者（出现次数为7次）、第三类为专指有德者（出现次数为85次）、第四类就是指孔子本人（出现次数为5次）。我们仅从君子出现的次数上就不难发现，《论语》中的君子以专指有德者为主，并且孔子本人正是有德的君子。如果我们再结合孔子所处历史时代的社会文化背景，再加上对于《论语》文本内容的分析，就更加确定《论语》中君子的主要含义就是指有德的人。

> 子曰：“富与贵是人之所欲也，不以其道得之，不处也；贫与贱是人之所恶也，不以其道得之，不去也。君子去仁，恶乎成名？君子无终食之间违仁，造次必于是，颠沛必于是。”（《论语·里仁》）

言君子为仁，自富贵、贫贱、取舍之间，以至于终食、造次、颠沛之顷，无时无处而不用其力也。然取舍之分明，然后存养之功密；存养之功密，则其取舍之分益明矣。孔子既指出君子就是有德之人，又特别强调“仁”之于君子修养中的核心地位，“君子去仁，恶乎成名”（《论语·里仁》）。仁的外在表现形式就是忠恕，“忠恕之道同时就是仁道，所以行忠恕就是行仁。行仁必然履行在社会中的责任和义务，这就包括了义的性质。因而忠恕之道就是人的道德生活的开端和终结”①。那么，何谓忠恕之道呢？

> 夫仁者，己欲立而立人，己欲达而达人。能近取譬，可谓仁之方也已。（《论语·雍也》）
>
> 子贡问曰：“有一言而可以终身行之者乎？”子曰：“其恕乎？己所不欲，勿施于人。”（《论语·卫灵公》）
>
> 仲弓问仁。子曰：“出门如见大宾，使民如承大祭。己所不欲，勿施于人。在邦无怨，在家无怨。”（《论语·颜渊》）

朱熹在《论语集注》中阐述道：“以己及人，仁者之心也。于此观之，可以见天理之周流而无间矣。近取诸身，以己所欲譬之他人，知其所欲亦犹是也。然后推其所欲以及于人，则恕之事而仁之术也。于此勉焉，则有以胜其人欲之私，而全其天理之公矣”。可见，仁者之道的本真就是以己及人。正如钱穆先生所言：“尽己之心以待人谓之忠，推己之心以及人谓之恕。人心有相同，己心所欲所恶，与他人之心所欲所恶，无大悬殊。故尽己之心以待人，不以己所恶者施于人。忠恕之道即仁道，其道实一本之于我心，而可贯通之于万人之心，乃至万世以下人之心者。而言忠恕，则较言仁更使人易晓。因仁者至高之德，而忠恕则是学者当下之功夫，人人可以尽力”②。由仁而忠恕，开启了中国古代学者人格修养之路，成己成人之精神就内含于忠恕之道中，这正是儒家的内圣外王之道。《论语》开篇即言：

> 学而时习之，不亦说乎？有朋自远方来，不亦乐乎？人不知而

① 冯友兰：《中国哲学简史》，北京大学出版社 2013 年版，第 45 页。另注：此段引用同第 185 页（本书）引用来自相同的英文原著，只是因为译者的翻译不同而造成不同版本中的不同中文文本内容。本书根据表达内容的贴切性，所以引用翻译成不同内容的两段中文内容，并分别标明各自的出处。现将英文原文摘录如下：The principle of chung and shu is at the same time the principle of jen, so that the practice of chung and shu means the practice of jen. And this practice leads to the carrying out of one's responsibilities and duties in society, in which is comprised the quality of yi or righteousness. Hence the principle of chung and shu becomes the alpha and omega of one's moral life.

② 钱穆：《论语新解》，生活·读书·新知三联书店 2002 年版，第 90 页。

不愠，不亦君子乎？（《论语·学而》）

“学而时习之，不亦说乎？”，即成己；“有朋自远方来，不亦乐乎？”，即成人；“人不知而不愠，不亦君子乎？”，君子成己之学就在于成己成人之中。

孟子在继承孔子关于君子为有德之人的思想基础上，更加突出成为君子之人的自我提升、自我超越的重要价值。

> 君子深造之以道，欲其自得之也。自得之，则居之安；居之安，则资之深；资之深，则取之左右逢其原，故君子欲其自得之也。（《孟子·离娄章句下》）
>
> 君子所以异于人者，以其存心也。君子以仁存心，以礼存心。仁者爱人，有礼者敬人。爱人者恒爱之，敬人者恒敬之。有人于此，其待我以横逆，则君子必自反也；我必不仁也，必无礼也，此物奚宜至哉。（《孟子·离娄章句下》）
>
> 君子所性，仁义礼智根于心。其生色也，睟然见于面，盎于背，施于四体，四体不言而喻。（《孟子·尽心章句上》）
>
> 孟子曰：“仁，人心也；义，人路也。舍其路而弗由，放其心而不知求，哀哉！人有鸡犬放，则知求之，有放心而不知求！学问之道无他，求其放心而已矣。”（《孟子·告子章句上》）

在孟子看来，仁义礼智就是根植于君子内心的善性，本身就会自然而然地体现在君子的行为举止之中。作为君子，就是要做到自求自得，才会心有所得，深入心通，达到心情愉悦的境地，将来应用于实践，便会如泉水般左右逢源，取用不竭。同样，仁与义就是君子人心本真所在，仁为人心，义为人路，为仁由己，君子学问之道就是发现本心，存心而养性；如行有不得，则反求诸己。自觉与自反，“人皆可以为尧舜”（《孟子·告子章句下》）。

如果说孔子和孟子秉持以仁为中心之路，将君子从有位之人过渡到有德之人；那么荀子则是在此基础之上，更加突出“礼”——外在道德规范对于君子人格养成的重要价值。

礼有三本：天地者，生之本也；先祖者，类之本也；君师者，治之本也。无天地恶生？无先祖恶出？无君师恶治？三者偏亡焉，无安人。故礼上事天，下事地，尊先祖而隆君师，是礼之三本也。(《荀子・礼论》)

学恶乎始？恶乎终？曰：其数则始乎诵经，终乎读礼。其义则始乎为士，终乎为圣人。其积力久则入，学至乎没而后止也。故学有数有终，若其义则不可须臾舍也。为之人也；舍之，禽兽也。(《荀子・劝学》)

君子由学而来，从诵经到读礼，通过“积”而成士（君子）直至圣人。荀子之所以重“礼”，是在于其对于先天人性的理解与孟子不同的缘故，既然性本恶，那么就需要后天礼的约束和匡正，所以其将礼置于天地、先祖、君师之地位。事实上，从本质上来说，“自求自得”与“化性起伪”“积伪”在人格修养实践中具有异曲同工之效。

在孔子、孟子、荀子从仁、义、礼等不同层面对君子理想人格进行建构的基础之上，《中庸》则是从哲理层面对君子理想人格进行了最为完美的总结和概括①：

故君子尊德性而道问学，致广大而尽精微，极高明而道中庸。温故而知新，敦厚以崇礼。

朱熹在《中庸章句》中注解道：

尊德性，所以存心而极乎道体之大也。道问学，所以致知而尽乎道体之细也。二者修德凝道之大端也。不以一毫私意自蔽，不以一毫私欲自累，涵泳乎其所已知，敦笃乎其所已能，此皆存心之属也。析理则不使有毫厘之差，处事则不使有过不及之谬，理义则日

① “尊德性而道问学”这个命题的精神与孔子“仁智双修”“博文约礼”是一致的。要求在尊德性的前提下，尽可能多地容纳认知的内容，这正是原始儒家处理提高精神境界（德性）与认知活动（学问）的关系的重点所在。（参见刘复兴、刘长城《传统教育哲学问题新释》，湖北教育出版社2000年版，第112页。）

知其所未知，节文则日谨其所未谨，此皆致知之属也。盖非存心无以致知，而存心者又不可以不致知。故此五句，大小相资，首尾相应，圣贤所示入德之方，莫祥于此，学者亦尽心焉。

君子之品格就是“尊德性而道问学”，就是“存心”而“致知”，存心向善，致知求真，道在其中矣。自此以后，君子理想人格深入人心，成为中国古代士人乃至当代理想人格的楷模。无论是刘禹锡之《陋室铭》、周敦颐之《爱莲说》，还是欧阳修之《醉翁亭记》、范仲淹之《岳阳楼记》，都让我们感受到了君子之学、君子之道的精神力量和人格魅力。“先天下之忧而忧，后天下之乐而乐”的“内圣外王”之道跃然纸上。我们试结合《王阳明全集》卷二十三《君子亭记》再来感受儒家君子之学的情怀和韵味：

阳明子既为何陋轩，复因轩之前营，架楹为亭，环植以竹，而名之曰“君子”。曰：“竹有君子之道四焉：中虚而静，通而有间，有君子之德；外节而直，贯四时而柯叶无所改，有君子之操；应蛰而出，遇伏而隐，雨雪晦明无所不宜，有君子之时；清风时至，玉声珊然，中采齐而协《肆夏》，揖逊俯仰，若洙泗群贤之交集，风止籁静，挺然特立，不挠不屈，若虞廷群后，端冕正笏而列于堂陛之侧，有君子之容。竹有是四者，而以‘君子’名，不愧于其名；吾亭有竹焉，而因以竹名，名不愧于吾亭。”门人曰：“夫子盖自道也。吾见夫子之居是亭也，持敬以直内，静虚而若愚，非君子之德乎？遇屯而不慑，处困而能亨，非君子之操乎？昔也行于朝，今也行于夷，顺应物而能当，虽守方而弗拘，非君子之时乎？其交翼翼，其处雍雍，意适而匪懈，气和而能恭，非君子之容乎？夫子盖嫌于自名也，而假之竹。虽然，亦有所不容隐也。夫子之名其轩曰‘何陋’，则固以自居矣。”阳明子曰：“嘻，小子之言过矣，而又弗及。夫是四者何有于我哉？抑学而未能，则可云尔耳。昔者夫子不云乎，‘汝为君子儒，无为小人儒’，吾之名亭也，则以竹也。人而嫌以君子自名也，将为小人之归矣，而可乎？小子识之！”

王阳明借《君子亭记》中之“竹”，将君子之德、君子之操、君子之明、君子之容的君子“四德”表达得淋漓尽致，同时又借门人之口抒发了自己的人生理想和人生抱负。

二　小成与大成：生成性目的

尊德性而道问学之君子，须由学而成。即学为君子，直至学为圣人。“理想人格作为道德理想的体现，构成了人生的精神境界。如何才能达到这种理想之境？这一问题所涉及的，也就是所谓成人之道”①。《学记》“由末以至本”，从君子为学之历程生动描述了君子的生成过程——从小成直至大成②。

> 比年入学，中年考校：一年视离经辨志，三年视敬业乐群，五年视博习亲师，七年视论学取友，谓之小成。九年知类通达，强立而不反，谓之大成。夫然后足以化民易俗，近者说服而远者怀之。此大学之道也。《记》曰：“蛾子时术之”，其此之谓乎！

我们试选取从郑玄以来的历代学者注释文本，来整体呈现古代教育生活中的小成与大成，如表 3－1 所示。

表 3－1　**历代学者的注释文本**

注释者	注释内容
［汉］ 郑　玄	比年入学学者每岁来入也。中年考校中犹间也。乡遂大夫间岁，则考学者之德行道艺。《周礼》三岁大比乃考焉。一年视离经辨志，三年视敬业乐群，五年视博习亲师，七年视论学取友，谓之小成。九年知类通达，强立而不反，谓之大成。离经，断句绝也。辨志，谓别其心意所趣向也。知类，知事义之比也。强立，临事不惑也。不反，不违失师道。夫然后足以化民易俗，近者说服，而远者怀之。此大学之道也怀，来也，安也。说音悦。记曰：“蛾子时术之”，其此之谓乎！蛾，蚍蜉也。蚍蜉之子，微虫耳。时术，蚍蜉之所为，其功乃复成大垤。

① 杨国荣：《善的历程——儒家价值体系的历史衍化及其现代转换》，上海人民出版社 1994 年版，第 47 页。

② 毛礼锐先生曾指出，《学记》中的小成与大成，“就是对古代教学目的和任务的具体阐述”。（参见毛礼锐《中国教育史简编》，教育科学出版社 1984 年版，第 249 页。）

续表

注释者	注释内容
（唐）孔颖达	比年入学者，比年，谓每年也，谓年年恒入学也。中年考校者，中，犹间也。谓每间一岁，乡遂大夫考校其艺也。一年视离经辨志者，谓学者初入学一年，乡遂大夫於年终之时，考视其业。离经，谓离析经理，使章句断绝也。辨志，谓辨其志意趣向，习学何经矣。三年视敬业乐群者，谓学者入学三年，考校之时，视此学者。敬业，谓艺业长者，敬而亲之。乐群，谓群居，朋友善者，愿而乐之。五年视博习亲师者，言五年考校之时，视此学者。博习，谓广博学习也。亲师，谓亲爱其师。七年视论学取友者，言七年考校之时，视此学者。论学，谓学问向成，论说学之是非。取友，谓选择好人，取之为友。谓之小成者，比六年已前，其业稍成，比九年之学，其业小，故曰小成。九年知类通达强立而不反者谓九年考校之时，视此学者。言知义理，事类通达无疑。强立，谓专强独立，不有疑滞。而不反，谓不违失师教之道，谓之大成。此大学之道也者，言如此所论，是大学贤圣之道理，非小学技艺耳。《记》曰：蛾子时术之者谓旧人之《记》，先有此语，记礼者引旧《记》之言，故云蛾子时术之。蚁子小虫，蚍蜉之子，时时术学衔土之事，而成大垤，犹如学者时时学问，而成大道矣。《记》之所云，其此学问之谓乎。
（宋）陈祥道	比年者，必再岁也。周官乡大夫，三年大比，则考其德行道艺。则所谓中年者，必三岁也。比年一小聘。三年一大聘，诸侯之于天子也。比年入学，中年考校，学者之于庠序也。盖学者，由积而成，自小而至大。教者，因年而视，自一而至九，皆中年以考校，以校中夫之实也。离经，以审其师授；辨志，以别其趣向。敬业而不慢，则不知燕辟之为可尚。乐群而不厌，则不知燕朋之为可从。博习而详说，则理无不穷；亲师而信道，则功无不倍。学有先后，而知所论；友有损益，而知所取。知类通达，有以尽知之所及；强立不反，有以尽仁之所守。由离经辨志，至于论学取友，则可与适道，而未可与立，学之小成者也。必四进而后视之，知类通达，强立而不反，则可与立矣，学之大成者也。尚何事于视为哉。今夫王道以九变成化，箫韶以九变成乐，则学以九年大成，亦天数之常。为学日益之事也，知类通达而见善明。强立不反，而用心刚。权利不能倾，群众不能移，天下不能荡。夫然后内能定外能应，非夫以善养人而服天下，孰能与此？今夫蛾有君臣之义，言蛾子又有父子之道焉。内则父子，外则君臣，人之大伦也。大学之道，所以明人伦也，故取此以明之。僖公作泮宫于鲁，礼教达而国人从之，德义达而淮夷怀之。武王立辟雍于镐京，自西自东，自南自北，无思不服。其学虽殊，其成功一也。化民易俗始也，化民成俗终也。近者说服远者怀之，教也。近者说远者来，政也。

续表

注释者	注释内容
（宋）方　慤	人不可一日不学，故比年入学，又不可比年而视之。故中年考校，如下所言，皆其事也。离经，考经之文也，离其经矣。因习之以为业，敬业者，修其业而不敢慢也。志既辨，则与之同志者在所乐矣。乐群，居而不厌之谓也。乐群，则上足以亲师，而为之法。上能亲师，则下足以取友，以为之助，故继之以取友。上有师，以为之法；下有友，以为之助。则遵道而行，半涂而废者寡矣。故继之以强立而不反焉，以能强立故不反也。不反，则有进而无退矣。知类通达，则告往知来，闻一知十之谓。自取友以上，固足以为成矣。然或立之不强，有时而反，必待强立而不反，然后足以为大成也。视，与《文王世子》言视学同意。易俗，谓易其污俗也。美俗成，则污俗易矣。俗既易矣，则天下岂有殊俗哉。近者既服，而远者怀之，固其理也。说服者，中心说而诚服也。术者，述其所行之谓也。时者，犹学者之时习也。
（宋）周　谞	观人之有序，故自一年离经辨志，而至于九年知类通达，强立而不反。能离经，然后知业之为可敬。能敬业，然后所习者博。习博，然后能讲学。能讲学，然后知类通达。凡此，皆视其学问者也。内辨其志，然后外乐其群。乐群，然后上能亲师。亲师，然后下能取友。取友，然后能强立而不反。凡此，皆视其德性者也。孟子曰：以善养人，然后能服天下。此所以近者说服，远者怀之。
（宋）张　载	辨志，辨经之志诗之志如何，书之志如何。敬业乐群，学者必有业，尊敬其所业。乐群，谓朋友由博习，而将以反约，事师而至于亲敬，则学之笃而信其道也。论学取友，能讲论其学，而取友必端矣。知类通达，比物丑类，是也。九年者止，言其大略。人性有迟敏，气有昏明，岂可齐也。强立而不反，可与立也。教者，可以无恨矣。化民易俗之道，非学则不能至，此学之大成。蛾子时术之，积功也。
（宋）陆　佃	其视亲师友如此，岂有杀羿之事哉。故曰：尹公之他端人也，其取友必端矣。虽然尚非其至也，谓之小成而已。知类通达，强立而不反。立，所谓知及之，仁能守之，似之矣。蛾，读如字，蛾之子，蚕蠋尔。术，蛾之所为，乃复成垤，可以人而不如乎。且蛾俄而生，俄而死矣，其不苟尚如此。此愚公，所以屈知叟之笑也。

续表

注释者	注释内容
（宋） 朱　熹	辨志者，自能分别其心所趋向，如为善、为利，为君子、为小人也。敬业者，专心致志以事其业也。乐群者，乐于取益以辅其仁也。博习者，积累精专，次第而徧也。亲师者，道同德合，爱敬兼尽也。论学者，知言而能论学之是非。取友者，知人而能识人之贤否也。知类通达，闻一知十，能触类而贯通也。强立不反，知止有定，而物不能移也。盖考校之法，逐节之中，先观其学业之浅深，徐察其德行之虚实。读者，宜深味之，乃见进学之验。
（宋） 吕祖谦	离经辨志，谓浃意义。敬业不敢轻易，五年方可。博习未至，此则非圣人之书不敢观，前此非不从师，至此方能亲师。七年见得的当，方可议论是非，决择贤否。
（宋） 辅　广	离经，谓分章析句，未有不得其辞而达其意者也。故教学以离经为先。群居所以讲习，乐群则知讲习之说也。亲师，则能自得师也。荀子博习不与师术，盖用于此，然而误矣。此之博习，所谓习者，不一也。夫师道不一，下至农工，皆有师焉。况道艺岂一涂而足？各因其所习而就师可也。岂曰博习，然后可以为师邪？能自得师，然后可以取友，未能得师，则取友或失之滥。论学，谓讲论所学之道，于是，则又可以取友也。亲师易，取友难。师必道艺显著，故亲之为易。若友则凡胜我者，皆可友也。不慎取友则反害其德。能亲师取友以自辅，可谓小成矣。然未保其能强立而不反也。小成，所谓可与适道之时也；大成，则可与立之时也。建国君民，以学为先，是以君子长者之道待斯民也。此所以心说而诚服之欤。彼劫于威而强服者，则以草芥禽兽视其民，其变也可立而待。由是言之，则民之于学固不可已，而教者亦不可以不自反也，不勉己而欲勉人，难矣哉。
（元） 吴　澄	澄曰：按考校与周官大比不同。考校者，谓九年大成。以前，每间一岁教者，察视其学业之进何如。大比者，谓九年大成之后，每三年，则乡大夫比其德行道艺，而宾兴之也。初入学一年，于岁终视其读经断句，而分别其志之果向学与否。敬业者谓于所读之经，而专心致志。乐群者，如食而已知其味，乐与同居之群共讲肄之，此於三年之岁终察视之。博习谓所学经外，又能泛及它经，传授师说，服膺不失而亲近其师，惟恐或离也，此於五年之岁终察视之。论学谓义理已明，能论说学之是非，识人品高下，而取其善者以为友，此於七年之岁终察视之。以上皆小学之事。九年则十五入大学之次年，自始入小学之年，而通数之为九年也，能知事理，而推其类，由此以通达於彼。犹子贡之闻一知二，此大学致知之功也。强立，谓守之坚固；不反，谓其已能者不退转，此大学力行之效也。若此而教，则可化其民，使之为贤能而移易其俗，人人有士君子之行也。故近而被其教者，能皆心说而服；远而闻其风者，亦且怀而慕之也。

续表

注释者	注释内容
（清）王夫之	比年，每年。中年，间一岁也。一年，考校之始岁。视，亦考也。离，析也，分析文义，知其旨趣也。辨，别也，旌别其志，异於流俗也。敬，信而重之也。乐群，行之和也。博习，旁习於非所授之业，以考同异也。师严而亲之，好学之验也。论学，於学有得而能自为论说也。取友，知择善也。知类，推广其知，以辨事类也。通达者，通所知以达於行也。强立不反，守之固也。小成者，致知之功。大成者，力行之效。承上文而言。广立学校而以时考其成为进退焉，则士劝於善而民知观感，风化行而天下归之矣。《记》，古书名。术，径也。蚁之后行者，踵先行者，接迹相继，则径不迷而远可至。民虽愚而上以教倡之，则顺从而乡道矣。
（清）万斯大	比年入学，专言升入国学者。盖十五入大学后，乃中年考校。如是五次乃为大成，而足以化民易俗也。故曰：此大学之道也。考校如主教者之事，而中年考校，则就学者言。盖入学既比年皆有，则考校亦必比年举行。特就其中，分别其一年、三年、五年、七年、九年者而异视之。其未三年七年者，则去年已考，今年姑舍之可也。如此，则虽比年考校在入学者，是二年一受考。故曰：中年考校，考校在禘后。
（清）姚际恒	《注疏》又以此中年考校，不合《周礼》三岁大比，以为夏殷礼亦谬。蛾子时术之。郑氏谓：蚍蜉之子，时术，蜉之所为，其功乃復成大垤。郝仲兴谓：术述同，化也。蛾生子化虫，虫复化蛾，学能化民亦犹是，皆近凿。愚按此不过犹诗教诲尔子式穀似之之意，大抵古人引经不必尽合本文也。 又曰：学一而已，谓之大学者，因九年大成。大学遂於学上加大字以尊之，不得因此言大学，谓又有小学也。不然此何以一、三、五、七、九通谓之大学乎？古人字学乃谓之小学。

续表

注释者	注释内容
（清）姜兆锡	比年，每年也。中与《小记》中“一以上之中”同，犹间也。每岁有入学者，而每间一年，以考校之也。离绝经之句读，辨别志之高下，敬业而习无怠荒，乐群而交无睽二，博习则不限於程，亲师则能专所向，论学以讲求其蕴，取友以择收其益，能如是，是学之小成。至九年，则理明义精，触类贯通，卓然有以自立而外物不得夺矣，是大成也。 又曰：朱子曰，这几句都是上两字说学，下两字说所得处。如离经便是学，辨志是所得处。他仿此。又曰，考校之法，先观其学业之浅深，徐察其德行之虚实。读者宜深味之，乃见进学之验。临川吴氏曰：按考校与《周官》大比不同。谓九年大成之后，每三年则卿大夫比其德兴道艺而宾兴之也。此谓九年大成。以前每间一岁，教者观察其学何如。此七年以上皆小学之事，九年则十五入大学之次年。自八岁始入小学，而通数之为九年也。 又曰：成俗成其美俗，易俗变其污俗，此大成之学，成己成物之功效，而大学所谓明明德止至善之道也。蛾子虫之微者，亦时时述学衔土以成大垤。喻学者由积学而成大道也，此古记者之言下仿此。
（清）方　苞	临川吴氏，谓七年以上，皆小学之事。九年则入学之次年，自始入小学通数为九年，非也。小学九年始教之数目，七年尚未学书计，可责以离经辨志。盖谓入大学也，经书多十五以前所诵习，故一年内，校其成熟与否。既成熟，则离经而辨其志所趋向耳。以入大学为始，九年而大成，乃中人所难，况可责之成童以后乎？不曰每年，而曰比者，兼明学者各以年时比次而入也。十五入大学，又期年，则志必有所向，而不能自掩矣。为之师者，非徒辨之而已也。使志在利禄，则必告以名义之重；志在艺术，则宜示以小道之轻。必至九年出学始，各以其所就进退弃取之。自一年以至七年，四曰视者，为师者以是布为教，即以是程其学也。九年则不复言视者，知类通达，强立而不反，非教者所能程，惟学者之自致焉耳。《周官》之法，自族师至州长，按时月以书其德行道艺，而后乡大夫宾兴焉。大学之法，自一年至九年，积日累月，以验察之，然后升於司马以辨其材。盖自一命以上所代者天工，苟非其人，则天职以旷所治者民事，苟非其人则民病以。滋故教之不可以不详，取之不可以不慎也。自唐宋以后，教士以课试之文章，而决以有司俄顷之心目。即所取不失，亦无以知其人贤能，而使之亮天工治民事可乎？又曰：蛾子时术之术，疑即衔字之误。

续表

注释者	注释内容
（清）孙希旦	愚谓：敬业、博习，所以专其业於己也。至能论学，则深造以道，而所得於己者深矣。乐群、亲师，所以集其益於人也。至能取友，则中有定识，而所见於人者明矣。离经者，穷理之始，至於知类通达，则格物知至，而精粗无不贯，知之成也。辨志者，力行之端，至於强力不反，则意诚心正，而物欲不能夺，行之成也。此皆明明德之事也。己德既明，然后推己及民，以之化民易俗，而近远莫不归之，则其德化之所及者深，而所被者广，非謏闻动众者所得而侔矣。术，学也。蚍蜉之子，其为力微矣，然时时学术蚍蜉之所为，则成大垤。为学之初，由始学以至於大成，虽若非一蹴之所能，几然为之以渐，而亦无不可至也。

古代学者在对“比年入学，中年考校”文本的诠释中，大体上形成了关于小成与大成之生成性目的的基本认识。

其一，学业与德行并重。无论是小成还是大成阶段，都是先观其学业之深浅，后察其德行之虚实。其中：离经—敬业—博习—论学就是学业，辨志—乐群—亲师—取友就是德行。至于知类通达、强立而不反，虽然同样是体现了“尽知之所及”和“尽仁之所守”的学问之知与德行之仁，但是“非教者所能程，惟学者之自致”，所以就“不复言视”。

其二，知与行并重。从小成与大成两个阶段的整体设计来看，小成阶段主要在知、大成阶段主要在行，“小成者，致知之功；大成者，力行之效”；从小成阶段来看，离经、敬业、博习、论学就是知，辨志、乐群、亲师、取友就是行；从大成阶段的知类通达和强立而不反来看，知类通达在知、强立而不反在行，“九年则十五入大学之次年，自始入小学之年，而通数之为九年也，能知事理，而推其类，由此以通达於彼。犹子贡之闻一知二，此大学致知之功也。强立，谓守之坚固；不反，谓其已能者不退转，此大学力行之效也”。

其三，成己成物。从小成到大成，其目的在于“成俗成其美俗，易俗变其污俗，此大成之学，成己成物之功效，而大学所谓明明德止至善之道也”，化民成俗之功效就内含于小成与大成之中，而这正是“明明德、亲民、止于至善”的成己成物之道。更有学者认为，“蛾有君臣之义，言蛾子又有父子之道焉。内则父子，外则君臣，人之大伦也。大学之道，所以明人伦也，故取此以明之”，小成与大成中蕴涵大学“明人伦”之目的。

其四，政教合一。《学记》开篇即言：“君子如欲化民成俗，其必由学乎！”，化民成俗正是教育的政治功效所在。由小成至大成，就可实现化民易俗，易俗就是变其污俗，只有变其污俗才能成其美俗。“化民易俗始也，化民成俗终也。近者说服远者怀之，教也。近者说远者来，政也”，政教合一，化民成俗之教育功效见矣。

其五，关于中年考校制的考证。笔者在《〈学记〉中年考校制之考证及其历史演变》中认为，“古代学者大都认为中年考校制主要是对于十五岁升入大学之后的考校，考校的内容包括学业与德行，七年之前有具体可考核的内容，九年之后的考核注重对学习者自我修养的提高”①。

三　仁智双修：教学目的主旨的考辨

我们通过对古代教学目的之预设性目的和生成性目的的考证，无论是圣人与君子还是小成与大成，在理想人格的养成过程中都注重德性与学问并重之仁智双修，正如《中庸》所言“君子尊德性而道问学”。“孔子以仁释礼，确立了仁道原则。孔子在对理想人格的设定上，内求于仁，外求于礼，博文约礼，仁智双修。这一人格的完美典范是圣人，其现实体现者则是君子。《中庸》继承孔子思想，提出‘尊德性而道问学’命题，学问与德性合而为一，体现了儒家的价值理性特征”②。我们以对《中庸》中“君子尊德性而道问学”的文本诠释入手，来具体分析古代学者对于尊德性与道问学及二者之间相互关系的考辨。

> 故君子尊德性而道问学，致广大而尽精微，极高明而道中庸，温故而知新，敦厚以崇礼。

---

① 孙杰：《〈学记〉中年考校制之考证及其历史演变》，《高教探索》2018年第3期。
② 刘复兴、刘长城：《传统教育哲学问题新释》，湖北教育出版社2000年版，第96页。

尊德性中的“性”就是“天命之谓性”中的“性”，道问学就是对“博学之，审问之，慎思之，明辨之，笃行之”的总结和概括。这五句话构成一个整体，如果按照朱熹的理解：“尊德性”即“致广大而尽精微、极高明而道中庸”，而“道问学”就是“温故而知新、敦厚以崇礼”。尊德性和道问学虽然在《中庸》中是统一的，但是却开启了儒学思想内部关于德行与学问二者之间相互关系的论争，“孔门之道，尊德性、道问学二大端而已矣。二端之初不相非而相同，祈同所归；识其初，又总其归；代不数人，或数代一人，其余则规世运为法”（《龚自珍全集》第三集《江子屏所著书序》）。纵观从孔子以来古代学者对于尊德性与道问学的讨论，其思想发展的大致历程可以概括如下。

战国时期的儒家孟子，便偏重在尊德性方面；荀子偏重在道问学方面。汉代学者多半是走荀子的路，宋代学者多半是走孟子的路。而宋代学者之中，朱熹偏重在道问学方面，陆九渊偏重在尊德性方面。于是两千年间所谓“孟荀是非”“汉宋门户”“朱陆异同”，成了长期封建社会中学术界思想斗争的一个主要内容。①

张舜徽先生关于尊德性与道问学论争历程的梳理和总结，基本上较为完整地体现了古代学者对于尊德性与道问学的认识历程。

汉唐时期对于尊德性与道问学的诠释以郑玄和孔颖达最为代表。其中郑玄认为：“德性，谓性至诚者；问学，学诚者也；道，犹由也；广大，犹博厚也；温，读如燅温之温，谓故学之孰矣，后时习之谓之温。”德性就是至诚之性，道问学就是实现至诚之性的途径。孔颖达在疏解郑玄注解时指出：“君子尊德性者，谓君子贤人尊敬此圣人道德之性，自然至诚也；而道问学者，言贤人行道由于问学，谓勤学乃致至诚也。致广大而尽精微者，广大谓地也，言贤人由学能致广大，如地之生养之德也。而尽精微，谓致其生养之德既能致于广大，尽育物之精微，言无微不尽也。极高明而道中庸者，高明，谓天也，言贤人由学极尽天之高明之德。道，通也，又能通达于中庸之理也。温故而知新者，言贤人由学既能温寻故事，又能知新事也。敦厚以崇礼者，言以敦厚重行于学，故

① 张舜徽：《张舜徽集·清儒学记》，华中师范大学出版社2005年版，第261—262页。

以尊崇三百、三千之礼也”。在孔颖达看来，尊德性就是尊敬圣人道德之性，道问学就是践行圣人之道，践行圣人之道的目的就在于实现至诚的道德境界，从而成就圣人理想人格。

宋代朱熹在对《中庸》的注释中提倡既讲尊德性，又讲道问学——“尊者，恭敬奉持之意。德性者，吾所受于天之正理。道，由也。温，犹焨温之温，谓故学之矣，复时习之也。敦，加厚也。尊德性，所以存心而极乎道体之大也。道问学，所以致知而尽乎道体之细也。二者，修德凝道之大端也。不以一毫私意自蔽，不以一毫私意自累，涵泳乎其所已知，敦笃乎其所已能，此皆存心之属也。析理则不使有毫厘之差。处事则不使有过不及之谬，理义则日知其所未知，节文则日谨其所未谨，此皆致知之属也。盖非存心无以致知，而存心者又不可以不致知。故此五句，大小相资，首尾相应，圣贤所示入德之方莫详于此，学者宜尽心焉”（《中庸章句集注》）。在朱熹看来，尊德性就是存心、居敬，道问学就是致知、穷理，尊德性正如心性之学中的仁，道问学正如心性之学中的智，仁智合一，然后君子。

然而，朱熹在与陆九渊的鹅湖之会以后，在对尊德性与道问学的看法上发生了偏向：

> 大抵子思以来，教人之法，惟以尊德性、道问学两事为用力之要。今子静所说，专是尊德性事，而熹平日所论，却是道问学上多了。(《朱熹文集》卷五十四)

陆九渊则指出：

> 既不知尊德性，焉有所谓道问学？(《陆九渊集》卷三四《语录上》)

足见，朱熹偏重道问学，陆九渊偏重尊德性。同样，在尊德性与道问学的关系上，“南康后，朱陆分歧之焦点似转为尊德性与道问学的相互关系，两者在为学中的地位问题。朱熹以为应当两进兼顾，而陆九渊则以为必以尊德性为主”[①]，朱熹认为尊德性为本、道问学为末，“盖能尊德性，便能道问学，所谓本得而末自顺也”（《朱子语类》卷六十四）；陆九渊则以尊德性为宗，“未知学，博学个甚么？审问个甚么？明辨个甚么？笃行个甚么？”，在尊德性与道问学的关系上偏颇明显。但是，无论是朱熹还是陆九渊，他们都是尊德性与道问学的统一论者，只是朱陆二人各有所畸罢了。

> 谓朱子偏于道问学，故为陆氏之学者，攻朱氏之近于支离；谓陆氏之偏于尊德性，故为朱氏之学者，攻陆氏之流于虚无；各以所畸重者，争其门户，是亦人情之常也。（章学诚：《文史通义·朱陆》）

如果说宋代是尊德性与道问学并重的时代，那么到明代则是以尊德性为主导的时代，王阳明之“道问学即所以尊德性”就是代表。

> “道问学”即所以“尊德性”也。晦翁言“子静以尊德性诲人，某教人岂不是道问学处多了些子”，是分尊德性、道问学作两件。且如今讲习讨论，下许多工夫，无非只是存此心，不失其德性而已。岂有尊德性只空空去尊，更不去问学？问学只是空空去问学，更与德性无关涉？如此，则不知今之所以讲习讨论者，更学何事！（《王阳明全集》卷三《传习录下》）

在王阳明看来，尊德性的内容就是道问学，道问学应以尊德性为前提和基础，尊德性与道问学就是一体的。又因为讲习以存心与尊德性为目的，道问学融入尊德性之中，所以就存在否定道问学独立地位和价值的可能和倾向。

我们通过对朱熹、陆九渊、王阳明关于尊德性与道问学关系的分析可以看到，虽然朱熹偏重道问学、陆九渊偏重尊德性、王阳明认为道问学即所以尊德性，但是“从整个宋明时期理学发展来看，从程朱理学到

① 陈来：《朱子哲学研究》，生活·读书·新知三联书店2010年版，第460页。

陆王心学，都是承续孔孟道统，以性善立论，其核心议题都是尊德性之学，进一步突出了价值理性的优先性和先验性，工具理性只居于从属的地位。但是在尊德性的前提下，相对应的还有道问学问题，这是儒家从先秦到宋明都无法回避的问题”①。事实上，“当朱陆因‘道问学’与‘尊德性’的不同而发生争论时，便揭示出了诚与明以及由诚而明与由明而诚之间的矛盾对立，使这原本统一的两个方面，顿时处于谁主谁从的尖锐矛盾之中。如果从‘尊德性’出发，由于道德对知识、诚对明的主导性与超越性，就很有可能导致疏于知识甚至流于束书不观的结果；如果从‘道问学’出发，由于以知识为主，又往往会导致架空道德践履甚至沦为口耳之学的地步。所以，无论是从‘尊德性’还是‘道问学’出发，都将面临一个二者无法统一的困境”②。同样，我们还应该看到：后世门人、学者为了突出程朱理学与陆王心学之间的不同，存在借助对尊德性与道问学的讨论，夸大程朱理学与陆王心学在为学路向分歧的嫌疑。

> 学者独未之有考焉，至谓朱子偏于道问学、陆子偏于尊德性，盖终身不能相一也。呜呼，是岂善言德行者哉？夫朱子之道问学，固以尊德性为本，岂若后之讲析编缀者毕力于陈言？陆子之尊德性，固以道问学为辅，岂若后之忘言绝物者悉心于块坐走城？惧夫心性之学将复晦且尼于世，而学者纽于道之不一也，考见其故，详著于篇。（［明］程敏政：《篁墩文集》卷十六《〈道一编〉目录后记》）

黄宗羲在《宋元学案·象山学案》中就后世学者对于朱陆争论存在的误读给予了回应：

> 先生之学③，以尊德性为宗，谓“先立乎其大，而后天之所以

① 刘复兴、刘长城：《传统教育哲学问题新释》，湖北教育出版社2000年版，第119页。

② 耿静波：《关于“尊德性”与“道问学”的研究》，《河南理工大学学报（社会科学版）》2012年第2期。

③ 引文中的“先生之学”指陆九渊之学，“紫阳之学”指朱熹之学。

与我者，不为小者所夺。夫苟本体不明，而徒致功于外索，是无源之水也”。同时紫阳之学，则以道问学为主，谓“格物穷理，乃吾人入圣之阶梯。夫苟信心自是，而惟从事于覃思，是师心之用也”。两家之意见既不同，逮后论《太极图说》，先生之兄梭山谓“不当加无极二字于太极之前，此明背孔子，且并非周子之言”。紫阳谓“孔子不言无极，而周子言之。盖实有见太极之真体，不言者不为少，言之者不为多”。先生为梭山反复致辩，而朱、陆之异遂显。继先生与兄复斋会紫阳于鹅湖，复斋倡诗，有“留情传注翻榛塞，着意精微转陆沈”之句，先生和诗，亦云“易简工夫终久大，支离事业竟浮沈”。紫阳以为讥己，不怿，而朱、陆之异益甚。（梓材案：鹅湖之会在淳熙二年，鹿洞之讲在八年，已在其后。太极之辩在十五年，又在其后。梨洲说未免倒置。）于是宗朱者诋陆为狂禅，宗陆者以朱为俗学，两家之学各成门户，几如冰炭矣。嗟乎！圣道之难明，濂洛之后，正赖两先生继起，共扶持其废堕，胡乃自相龃龉，以致蔓延今日，犹然借此辨同辨异以为口实，宁非吾道之不幸哉！虽然，二先生之不苟同，正将以求夫至当之归，以明其道于天下后世，非有嫌隙于其闲也。道本大公，各求其是，不敢轻易唯诺以随人，此尹氏所谓“有疑于心，辨之弗明弗措”，岂若后世口耳之学，不复求之心得，而苟焉以自欺，泛然以应人者乎！况考二先生之生平自治，先生之尊德性，何尝不加功于学古笃行，紫阳之道问学，何尝不致力于反身修德，特以示学者之入门各有先后，曰“此其所以异耳”。然至晚年，二先生亦俱自悔其偏重。稽先生之祭东莱文，有曰：“此年以来，观省加细。追维曩昔，麤心浮气，徒致参辰，岂足酬义！”盖自述其过于鹅湖之会也。《与诸弟子书》尝云：“道外无事，事外无道。”而紫阳之亲与先生书则自云：“迩来日用工夫颇觉有力，无复向来支离之病。”其别《与吕子约书》云：“孟子言，学问之道，惟在求其放心。而程子亦言，心要在腔子里。今一向耽著文字，令此心全体都奔在册子上，更不知有己，便是箇无知觉、不识痛养之人，虽读得书，亦何益于我事邪！”《与何叔京书》云：“但因其良心发见之微，猛省提撕，使此心不昧，则是做工夫底本领。本领既立，自然下学而上达矣！若不见于

> 良心发见处，渺渺茫茫，恐无下手处也。”又谓：“多识前言往行，固君子所急，近因反求，未得箇安稳处。却始知此，未免支离。”《与吴伯丰书》自谓：“欠却涵养本原工夫。”《与周叔谨书》：“某近日亦觉向来说话有太支离处，反身以求，正坐自己用功亦未切耳。因此减去文字工夫，觉得闲中气象甚适。每劝学者亦且看孟子道性善、求放心两章，着实体察，收拾此心为要。”又《答吕子约》云：“觉得此心存亡，只在反掌之间，向来诚是太涉支离。若无本以自立，则事事皆病耳，岂可一向汩溺于故纸堆中，使精神昏蔽，而可谓之学！”又书“年来觉得日前为学不得要领，自身做主不起，反为文字夺却精神，不为小病。每一念之，惕然自惧，且为朋友忧之。若只如此支离，漫无统纪，展转迷惑，无出头处。”观此可见二先生之虚怀从善，始虽有意见之参差，终归于一致而无间，更何烦有余论之纷纷乎！且夫讲学者，所以明道也。道在撙节退让，大公无我，用不得好勇斗狠于其间，以先自居于悖戾。二先生同植纲常，同扶名教，同宗孔、孟。即使意见终于不合，亦不过仁者见仁，知者见知，所谓“学焉而得其性之所近”。原无有背于圣人，矧夫晚年又志同道合乎！奈何独不睹二先生之全书，从未究二先生之本末，糠粃眯目，强附高门，浅不自量，妄相诋毁！彼则曰“我以助陆子也”，此则曰“我以助朱子也”，在二先生岂屑有此等庸妄无谓之助己乎！

在黄宗羲看来，朱陆同植纲常，同扶名教，同宗孔、孟，他们关于尊德性与道问学之间的论争是学术内部的讨论和争鸣，“有疑于心，辨之弗明弗措”。况且，陆九渊虽偏重于尊德性，但也倡学古笃行；朱熹虽偏重道问学，但也倡反身修德，他们并非后世所言“两家之学各成门户，几如冰炭”。朱陆思想都是宋明理学思想的重要组成部分，所理解的“知识”都是道德知识，所要实现的都是“修己成圣”的道德修养目标。在此之后，王阳明提出道问学即所以尊德性，正是融合尊德性与道问学之间关系的学术构想，并最终在“致良知”说与“知行合一”说的心学体系内，实现了尊德性与道问学之间的统一。

> 吾心之良知，即所谓天理也。致吾心良知之天理于事事物物，则事事物物皆得其理矣。(《传习录》)

良知即天理，致良知的过程就是以良知统摄事物，就是兼知兼行的知行合一的过程。总而言之，从《中庸》提出“尊德性而道问学”，到王阳明论证“道问学即所以尊德性”，古代学者对于尊德性与道问学之间的关系的学术认识，虽或有侧重但总体趋势是统一的，统一在孔孟为己之学且以德性为尊的思想体系之内。“在儒家的传统里，学做一个完善的人不仅是一个首要关切的问题，而且是终极关切和全面关切的问题”[①]，而这正是为己之学教学目的的主旨所在。“从先秦孔孟荀到宋明朱子王阳明，坚持了‘学者为己’的为学宗旨。‘为己之学’反映了儒家对主体自我的肯定，体现了对个体内心精神世界的关切”[②]。

[结语]

中国古代教学目的包括预设性目的和生成性目的，预设性目的体现为学为圣人和君子，小成与大成学习阶段的划分则体现了生成性教学目的。

其一，学为君子和圣人是预设性教学目的。圣人是儒家创始人孔子理想中的最高人格，是具有崇高的品德和非凡智慧并能博施济众的人。即兼具内圣与外王之人。孟子提出“圣人与我同类者”“人皆可以至圣人”，荀子提出“始乎为士，终乎为圣人”，拓展和完善了孔子学为圣人的思想观点。虽然在孔子弟子及儒学后继者心目之中，孔子就是他们心目中的圣人，但是孔子一生都自谦认为“若圣与仁，则吾岂敢”，故此，学为君子就成为向圣人人格过渡的现实理想人格模型。尤其是从汉代社会以来，君子被定义为“道德之称或通称”，成为儒家理想人格或整个社会理想人格的通称。

其二，小成和大成是生成性教学目的。如果说君子与圣人人格

---

① 杜维明：《儒家思想新论——创造性转换的自我》，江苏人民出版社1991年版，第49页。

② 刘复兴、刘长城：《传统教育哲学问题新释》，湖北教育出版社2000年版，第153页。

蕴藏于《大学》"三纲领"的总体构想中，那么落实到具体实际教育教学生活中，则是通过《学记》以由末以造本的方式、经小成与大成的具体过程来实现。《学记》文本之中一、三、五、七年之小成以及九年之大成，进而实现"化民易俗，近者说服而远者怀之"的教学目的，正是《大学》"明明德，亲民，止于至善"在学校教育教学活动中的具体化，故此《学记》文本才有"此大学之道也"的总结和概述。小成可"视"，即有具体的考核点；至于大成阶段，则是"非教者所能程，惟学者之自致"，首先表明学是贯穿一生的行为，尤其是自身修养的提升需要学者自我践行和体悟；其次更是为了说明学为圣人是一种境界，一种超越于知识传授基础之上的人生修为。

其三，学业与德行并重。无论是《学记》中的小成还是大成阶段，都突出和强调学业与德行并重。其中：在一、三、五、七年中，离经、敬业、博习、论学就是学业，辨志、乐群、亲师、取友就是德行，在考核过程中也是先观其学业之深浅，后察其德行之虚实；九年之"知类通达、强立而不反"，同样体现了"尽知之所及"和"尽仁之所守"的学问之知与德行之仁。虽然从孟子以来的儒家学者在对《中庸》"君子尊德性而道问学"中尊德性、道问学的诠释和理解存在争议，进而形成"孟荀是非""汉宋门户""朱陆异同"的思想历程，但需要说明的是，儒家历代学者关于尊德性与道问学的论争仅限于学术内部的讨论和争鸣，他们对于君子人格品质的整体认知是一致的。即培养学业和德行并重的仁智双修的君子。

第二节　文道合一之教学内容

> 厥初圣人未生，道在天地；圣人既生，道在圣人；圣人已往，道在六经。（朱棣：《性理大全·御制序》）

圣人经文，道之载体。道的载体有天地、圣人和六经，以六经为教学内容就是要探寻圣人之道，寻觅天地万物之理。

一 从“六经”到“四书”：教学内容主体的流变

经文既是记载圣人之道的文本载体，又是古代教学活动所依赖的文本内容。中国古代教学内容，经历了从“六艺”到“六经”、从“六经”到“四书”的主体流变。我们试从学术思想与国家权力之间的互动与制衡关系中，来阐述古代教学内容主体流变的思想历程。

（一）诸子之学：从六艺到六经

何谓六艺？我们从现有文献资料中进行考证分析发现，“六艺”至少有两种说法：一为礼、乐、射、御、书、数；一为《诗》《书》《礼》《乐》《易》《春秋》。关于六艺的上述两种说法，都有可加考证的文献来源之处。

六艺一词首见于《周礼·地官·司徒》一文中：

> 保氏谏王恶，而养国子以道。乃教之六艺：一曰五礼，二曰六乐，三曰五射，四曰五御，五曰六书，六曰九数。①
>
> 大司徒以乡三物教万民而宾兴之。一曰六德：知、仁、圣、义、中、和；二曰六行：孝、友、睦、姻、任、恤；三曰六艺：礼、乐、射、御、书、数。

西周学制分为国学和乡学，根据《周礼》可知：无论是在国学还是在乡学中，六艺都是其中重要的教育内容，尤其是在国学中表现得尤为突出。

其中，六艺的第二种说法与孔子有关。据史料记载，孔子就是以六艺作为教育内容的：

---

① 五礼：吉、凶、宾、君、嘉；六乐：《云门》《大咸》《大韶》《大夏》《大濩》《大武》；五射：白矢、参连、剡注、襄尺、井仪；五御：鸣和鸾、逐水曲、过君表、舞交衢、逐禽左；六书：象形、象事、象意、象声、转注、假借；九数：方田、粟米、差分、少广、商功、均输、方程、盈不足、旁要。

孔子以《诗》《书》《礼》《乐》教，弟子盖三千焉，身通六艺者七十二人。(《史记·孔子世家》)

按照《史记》记载孔子弟子中身通“六艺”的人有72人之多，那么此处的六艺是否为六经，文献中并没有明确的说明。而将六艺理解为六经的，始见于《庄子》外篇《天运》：

孔子谓老聃曰：丘治《诗》《书》《礼》《乐》《易》《春秋》六经，自以为久矣，孰知其故矣，以奸者七十二君，论先王之道而明周、召之迹。

《庄子》杂篇《天下》记载为：

其在于《诗》《书》《礼》《乐》者，邹鲁之士、缙绅先生多能明之。《诗》以道志，《书》以道事，《礼》以道行，《乐》以道和，《易》以道阴阳，《春秋》以道名分。

虽然按照学者们的传统观点，《庄子》的外篇和杂篇都非庄周本人所作，而是由其弟子和后学所完成；但是将六艺理解为六经则是始于《庄子》。同样，正如司马谈在《论六家要旨》中所言：“夫儒者以六艺为法，六艺经传以千万数”，六艺就是六经明矣！

六艺的两种说法在《论语》书中略显端倪，并且存在两种说法混用的情况。值得说明的是，《论语》中孔子与其弟子的对话没有使用“六艺”一词，当然更不可能有关于“六经”的言论。我们试结合《论语》文本中的相关文献记载，来考察孔子对于教学内容的相关论述：

子以四教：文、行、忠、信。(《论语·述而》)

子曰：“从我于陈蔡者，皆不及门也。德行：颜渊、闵子骞、冉伯牛、仲弓；言语：宰我、子贡；政事：冉有、季路；文学：子游、子夏。”(《论语·先进》)

孔子教学内容“四教”或“四科”之说，由此而来。《论语》中还有关于六艺（两种含义都包含）的论述：

> 子曰：“兴于《诗》，立于《礼》，成于《乐》。”（《论语·泰伯》）
>
> 子所雅言，《诗》《书》执《礼》。（《论语·述而》）
>
> 子曰：“志于道，据于德，依于仁，游于艺”。（《论语·述而》）
>
> 子曰：“射不主皮，为力不同科，古之道也。”（《论语·八佾》）
>
> 子曰：“君子无所争，必也射乎！揖让而升，下而饮，其争也君子。”（《论语·八佾》）
>
> 达巷党人曰：“大哉孔子！博学而无所成名。”子闻之，谓门弟子曰：“吾何执，执御乎？执射乎？吾执御矣。”（《论语·子罕》）

从上述孔子或曰或与弟子的对话中我们可以看出：

第一，在孔子所生活的时代，确实存在与六艺相关的教学内容，孔子本人对于以《诗》《书》《礼》《乐》《易》《春秋》为代表的六艺教学内容较为重视；对以礼、乐、射、御、书、数为代表的教学内容，较为注重礼乐教育，对于射御书数方面的教学内容很少涉及。

第二，在《论语》中，孔子所论述的教学内容主要以《诗》《书》《礼》《乐》为主。《易》与《春秋》作为孔子晚年教学内容，弟子受众较少，《论语》中几乎没有涉及《易》《春秋》的相关教学情况。

第三，孔子教学思想体现了春秋时期的教学内容，呈现出从以礼、乐、射、御、书、数为代表的六艺向以《诗》《书》《礼》《乐》《易》《春秋》为代表的六经转变。

在孔子之后的孟子，在《孟子》一书中几乎没有专门涉及教学内容方面的论述，只是谈到教学目的是“明人伦”：

> 设为庠、序、学、校以教之。庠者养也，校者教也，序者射

也。夏曰校，殷曰序，周曰庠，学则三代共之，皆所以明人伦也。（《孟子·滕文公上》）

孟子在《滕文公》一文中第一次明确概括出古代教学目的就是“明人伦”，教学内容就是服务于“明人伦”之目的①。汉代赵岐在《孟子注疏》的《孟子题辞》中曾言：

孟子生有淑质，夙丧其父，幼被慈母三迁之教，长师孔子之孙子思，治儒术之道，通《五经》，尤长于《诗》《书》。

汉代的《五经》即《诗》《书》《礼》《易》《春秋》，从孟子精通《五经》来看，其教学内容也应该以《五经》为主，且尤为重视对《诗》《书》的学习。②

与孟子截然不同的是，荀子在《劝学》篇中从数（术）的层面论述了以儒家经典为中心的教学内容：

学恶乎始？恶乎终？曰：其数则始乎诵经，终乎读礼。（《荀子·劝学》）

“经”谓《诗》《书》，“礼”谓《曲礼》，“数”即“术”。在此基础之上，荀子对于儒家经典的主要特征及学习的先后顺序进行了阐述：

故《书》者，政事之纪也；《诗》者，中声之所止也；《礼》者，法之大分，类之纲纪也；故学至乎《礼》而止矣，夫是之谓道德之极。《礼》之敬文也，《乐》之中和也，《诗》《书》之博

① 自孟轲提出“明人伦”的教育目的后，就明确了此后两千年中国古代教育的性质，即宗法的社会——伦理的教育。

② 根据《孟子》书中的记载，孟子引《诗》论《诗》约有三十次，弟子等引《诗》约有五次，引《书》也有二十九次，在大部分时候，都是把《诗》《书》的文字作为自己论说的根据，从中我们可以了解这两部经典在孟子心中的位置。[参见汤一介、李中华《中国儒学史》（先秦卷），北京大学出版社2011年版，第355页。]

也，《春秋》之微也，在天地之间者毕矣。(《荀子·劝学》)

按照荀子的理解，教学的主要内容及其先后顺序为《书》《诗》《礼》，且尤其重视《礼》，这与荀子在人性恶的基础之上提出“化性起伪”说紧密相关。荀子除重视《书》《诗》《礼》外，还重视《乐》《春秋》的学习。在《荀子·大略》一书中，还可见荀子论《易》的内容：

> 《易》之《咸》，见夫妇。夫妇之道，不可不正也，君臣父子之本也。咸，感也，以高下下，以男下女，柔上而刚下。
>
> 《易》曰：“复自道，何其咎?”《春秋》贤穆公，以为能变也。
>
> 善为《诗》者不说，善为《易》者不占，善为《礼》者不相，其心同也。

但是对于《易》的论述相对其他儒家经典来说却不是很多。

我们通过对孔子、孟子、荀子关于教学内容的论述，不难发现，从孔子以来的“六艺”逐渐指向于《诗》《书》《礼》《乐》《易》《春秋》等内容，且以《诗》《书》《礼》《乐》为中心。“西周后期，随着奴隶主阶级的日趋腐朽，‘六艺’之教日趋形式化。在‘德成而上，艺成而下’的风气下，技艺越来越不受重视，‘六艺’之教日益成为礼乐之教，用以教人‘内和而外顺’。春秋战国以后，‘六艺’基本属于军事技艺性的，而‘六经’主要是理论知识性，‘六经’之教逐步取得了主导地位。在孔子时代，射御在教学中已不占多少地位，对传统‘六艺’中的礼乐加以理性阐释，注重《诗》《书》《礼》《乐》《易》《春秋》‘六经’的传授”①。孟子、荀子所论述的教学内容，正是在孔子基础之上的传承和延续，体现了春秋战国以来教学内容发展变化的总体趋势，即从六艺到六经。

（二）汉唐经学：《五经正义》为中心

汉唐经学时期是在诸子之学教学内容基础之上，对以六经为中心的

① 于述胜、于建福：《中国传统教育哲学》，江苏教育出版社1996年版，第159页。

儒家经典教学内容地位的正式确立时期。从国家政策层面来看，汉代武帝尊崇儒术，罢黜百家；东汉章帝会诸儒于白虎观，讲议五经同异，是汉代确立儒家经典地位的关键性事件。从学术层面来看，董仲舒在“天人三策”中提出“罢黜百家、独尊儒术”的方略及今古文经学之争，则是推动儒家经典地位得以确立的学术力量。

汉代是儒术独尊和诸子百家学说继续存在的学术相互并存的时代①。据《史记·儒林列传》记载：

> 及至秦之季世，焚《诗》《书》，坑术士，六艺从此缺焉。陈涉之王也，而鲁诸儒持孔氏之礼器往归陈王。于是孔甲为陈涉博士，卒与涉俱死。陈涉起匹夫，驱瓦合适戍，旬月以王楚，不满半岁竟灭亡，其事至微浅，然而缙绅先生之徒负孔子礼器往委质为臣者，何也？以秦焚其业，积怨而发愤于陈王也。
>
> 及高皇帝诛项籍，举兵围鲁，鲁中诸儒尚讲诵习礼乐，弦歌之音不绝，岂非圣人之遗化，好礼乐之国哉？故孔子在陈，曰：“归与归与！吾党之小子狂简，斐然成章，不知所以裁之”。夫齐鲁之间于文学，自古以来，其天性也。故汉兴，然后诸儒始得修其经艺，讲习大射乡饮之礼。叔孙通作汉礼仪，因为太常，诸生弟子共定者，咸为选首，于是喟然叹兴于学。然尚有干戈，平定四海，亦未暇遑庠序之事也。孝惠、吕后时，公卿皆武力有功之臣。孝文时颇征用，然孝文帝本好刑名之言。及至孝景，不任儒者，而窦太后又好黄老之术，故诸博士具官待问，未有进者。
>
> 及今上即位，赵绾、王臧之属明儒学，而上亦乡之，于是招方正贤良文学之士。自是之后，言《诗》于鲁则申培公，于齐则辕

① 汉朝的措施，不是像秦朝的措施那样不加区别地禁绝一切学派的思想，造成思想领域的真空，而是从“百家”之中选出一家，即儒家，给予独尊的地位，作为国家的教义。还有一点不同，汉朝的措施没有颁布对于私自教授其他各家思想的刑罚。它仅规定，凡是希望做官的人都必须学习《六经》和儒学。以儒学为国家教育的基础，也就打下了中国著名的考试制度的基础，这种制度是用于扩充政府新官员的。这样一来，汉朝的措施实际上是秦朝的措施与以前的私学相调和的产物。这种私学，自孔子以后越来越普遍了。有趣的是，中国第一个私学教师，现在变成了中国第一个国学教师。（参见冯友兰《中国哲学简史》，北京大学出版社 2013 年版，第 198 页。）

固生，于燕则韩太傅。言《尚书》自济南伏生。言《礼》自鲁高堂生。言《易》自菑川田生。言《春秋》于齐鲁自胡毋生，于赵自董仲舒。及窦太后崩，武安侯田蚡为丞相，绌黄老、刑名百家之言，延文学儒者数百人，而公孙弘以《春秋》白衣为天子三公，封以平津侯。天下之学士靡然乡风矣。

公孙弘为学官，悼道之郁滞，乃请曰："丞相御史言：制曰'盖闻导民以礼，风之以乐。婚姻者，居室之大伦也。今礼废乐崩，朕甚愍焉。故详延天下方正博闻之士，咸登诸朝。其令礼官劝学，讲议洽闻兴礼，以为天下先。太常议，与博士弟子，崇乡里之化，以广贤材焉'。谨与太常臧、博士平等议曰：闻三代之道，乡里有教，夏曰校，殷曰序，周曰庠。其劝善也，显之朝廷；其惩恶也，加之刑罚。故教化之行也，建首善自京师始，由内及外。今陛下昭至德，开大明，配天地，本人伦，劝学修礼，崇化厉贤，以风四方，太平之原也。古者政教未洽，不备其礼，请因旧官而兴焉。为博士官置弟子五十人，复其身。太常择民年十八已上，仪状端正者，补博士弟子。郡国县道邑有好文学，敬长上，肃政教，顺乡里，出入不悖所闻者，令相长丞上属所二千石，二千石谨察可者，当与计偕，诣太常，得受业如弟子。一岁皆辄试，能通一艺以上，补文学掌故缺；其高弟可以为郎中者，太常籍奏。即有秀才异等，辄以名闻。其不事学若下材及不能通一艺，辄罢之，而请诸不称者罚。臣谨案诏书律令下者，明天人分际，通古今之义，文章尔雅，训辞深厚，恩施甚美。小吏浅闻，不能究宣，无以明布谕下。治礼次治掌故，以文学礼义为官，迁留滞。请选择其秩比二百石以上，及吏百石通一艺以上，补左右内史、大行卒史；比百石已下，补郡太守卒史：皆各二人，边郡一人。先用诵多者，若不足，乃择掌故补中二千石属，文学掌故补郡属，备员。请著功令。佗如律令。"制曰："可。"自此以来，则公卿大夫士吏斌斌多文学之士矣。

从上述资料，我们既可以粗略地看到从秦代至汉代武帝年间儒学发展的大致脉络，又可以梳理出儒学自身地位发展变化的大致线索：

秦代：焚《诗》《书》，坑术士，儒学在鲁得以延存

汉代：高祖之时：尚有干戈，未暇遑庠序之事（叔孙通）

孝惠、吕后之时：公卿皆武力有功之臣

孝文之时：本好刑名之言

孝景之时：不任儒者

窦太后之时：好黄老之术

直至汉武帝之时，开始招方正贤良文学之士，儒学才真正得以复兴。儒学复兴既是叔孙通等儒家学者著书立说的结果，又与董仲舒针对汉武帝“策贤良文学之士”而作《天人三策》之学术呼应，更是汉武帝专立五经博士、开设太学、确立察举制等制度的政策产物。

叔孙通何人也？《史记·刘敬叔孙通列传》记述如下：

叔孙通者，薛人也。秦时以文学征，待诏博士。数岁，陈胜起山东，使者以闻，二世召博士诸儒生问曰：“楚戍卒攻蕲入陈，于公如何？”博士诸生三十余人前曰：“人臣无将，将即反，罪死无赦。愿陛下急发兵击之。”二世怒，作色。叔孙通前曰：“诸生言皆非也。夫天下合为一家，毁郡县城，铄其兵，示天下不复用。且明主在其上，法令具于下，使人人奉职，四方辐辏，安敢有反者！此特群盗鼠窃狗盗耳，何足置之齿牙间。郡守尉今捕论，何足忧。”二世喜曰：“善”。尽问诸生，诸生或言反，或言盗。于是二世令御史案诸生言反者下吏，非所宜言。诸言盗者皆罢之。乃赐叔孙通帛二十匹，衣一袭，拜为博士。叔孙通已出宫，反舍，诸生曰：“先生何言之谀也？”通曰：“公不知也，我几不脱于虎口！”乃亡去，之薛，薛已降楚矣。及项梁之薛，叔孙通从之。败于定陶，从怀王。怀王为义帝，徙长沙，叔孙通留事项王。汉二年，汉王从五诸侯入彭城，叔孙通降汉王。汉王败而西，因竟从汉。

叔孙通儒服，汉王憎之；乃变其服，服短衣，楚制，汉王喜。

汉五年，已并天下，诸侯共尊汉王为皇帝于定陶，叔孙通就其仪号。高帝悉去秦苛仪法，为简易。群臣饮酒争功，醉或妄呼，拔剑击柱，高帝患之。叔孙通知上益厌之也，说上曰：“夫儒者难与进取，可与守成。臣愿征鲁诸生，与臣弟子共起朝仪。”高帝曰：

“得无难乎？”叔孙通曰：“五帝异乐，三王不同礼。礼者，因时世人情为之节文者也。故夏、殷、周之礼所因损益可知者，谓不相复也。臣愿颇采古礼与秦仪杂就之。”上曰：“可试为之，令易知，度吾所能行为之。”

汉七年，长乐宫成，诸侯群臣皆朝十月。仪：先平明，谒者治礼，引以次入殿门，廷中陈车骑步卒卫宫，设兵张旗志。传言“趋”。殿下郎中侠陛，陛数百人。功臣列侯诸将军军吏以次陈西方，东乡；文官丞相以下陈东方，西乡。大行设九宾，胪传。于是皇帝辇出房，百官执职传警，引诸侯王以下至吏六百石以次奉贺。自诸侯王以下莫不振恐肃敬。至礼毕，复置法酒。诸侍坐殿上皆伏抑首，以尊卑次起上寿。觞九行，谒者言“罢酒”。御史执法举不如仪者辄引去。竟朝置酒，无敢欢哗失礼者。于是高帝曰：“吾乃今日知为皇帝之贵也。”乃拜叔孙通为太常，赐金五百斤。

叔孙通因进曰：“诸弟子儒生随臣久矣，与臣共为仪，愿陛下官之。”高帝悉以为郎。叔孙通出，皆以五百斤金赐诸生。诸生乃皆喜曰：“叔孙生诚圣人也，知当世之要务。”

高帝崩，孝惠即位，乃谓叔孙生曰：“先帝园陵寝庙，群臣莫能习。”徙为太常，定宗庙仪法。及稍定汉诸仪法，皆叔孙生为太常所论箸也。

太史公曰：语曰“千金之裘，非一狐之腋也；台榭之榱，非一木之枝也；三代之际，非一士之智也”。信哉！夫高祖起微细，定海内，谋计用兵，可谓尽之矣。然而刘敬脱挽辂一说，建万世之安，智岂可专邪！叔孙通希世度务，制礼进退，与时变化，卒为汉家儒宗。“大直若诎，道固委蛇”，盖谓是乎？

司马迁对叔孙通“希世度务，制礼进退，与时变化，卒为汉家儒宗”的评价可谓一语中的，叔孙通与弟子共起朝仪、定宗庙仪法及汉诸仪法的行为，从礼仪制度层面为儒学地位独尊提供了礼制基础。正如《中国儒家学术思想史》所言：“汉初另有一部分儒学的力倡者，他们虽然在思想上没有什么大的建树，但他们以儒术干政，其政治实践实际上提升了儒学的地位”[1]，叔孙通就是他们当中的代表。

董仲舒何人也?《汉书·董仲舒传》记述如下：

> 董仲舒，广川人也。少治《春秋》，孝景时为博士。下帷讲诵。弟子传以久次相授业，或莫见其面。盖三年不窥园，其精如此。进退容止，非礼不行，学士皆师尊之。
>
> 武帝即位，举贤良文学之士前后百数，而仲舒以贤良对策焉。

班固在简述董仲舒生平之后，主要记述了汉武帝与董仲舒之间三次贤良对策内容，即《举贤良对策》[2]。其中：第一次问答中董仲舒的主要观点为：

> 自非大亡道之世者，天尽欲扶持而全安之，事在强勉而已矣。强勉学问，则闻见博而知（智）益明；强勉行道，则德日起而大有功：此皆可使还至而立有效者也。《诗》曰：“夙夜匪解”，《书》云：“茂哉茂哉！”皆强勉之谓也。
>
> 道者，所繇适于治之路也，仁义礼乐皆其具也。故圣王已没，而子孙长久安宁数百岁，此皆礼乐教化之功也。王者未作乐之时，乃用先王之乐宜于世者，而以深入教化于民。教化之情不得，雅颂之乐不成，故王者功成作乐，乐其德也。乐者，所以变民风，化民俗也；其变民也易，其化人也著。故声发于和而本于情，接于肌肤，臧于骨髓。故王道虽微缺，而管弦之声未衰也。夫虞氏之不为政久矣，然而乐颂遗风犹有存者，是以孔子在齐而闻《韶》也。夫人君莫不欲安存而恶危亡，然而政乱国危者甚众，所任者非其人，而所繇者非其道，是以政日以仆灭也。夫周道衰于幽厉，非道亡也，幽厉不繇也。至于宣王，思昔先王之德，兴滞补弊，明文武之功业，周道粲然复兴，诗人美之而作，上天祐之，为生贤佐，后

① 刘蔚华、赵宗正：《中国儒家学术思想史》，山东教育出版社1996年版，第363页。

② 《举贤良对策》共三篇，讲述天人关系等问题，后人称之为“天人三策”，保存在《汉书·董仲舒传》中，并收入清严可均辑的《全汉文》。

世称诵，至今不绝。此夙夜不解行善之所致也。孔子曰："人能弘道，非道弘人也"。故治乱废兴在于己，非天降命不可得反，其所操持悖谬失其统也。

天道之大者在阴阳。阳为德，阴为刑；刑主杀而德主生。是故阳常居大夏，而以生育养长为事；阴常居大冬，而积于空虚不用之处。以此见天之任德不任刑也。天使阳出布施于上而主岁功，使阴入伏于下而时出佐阳；阳不得阴之助，亦不能独成岁。终阳以成岁为名，此天意也。王者承天意以从事，故任德教而不任刑。

然而天地未应而美祥莫至者，何也？凡以教化不立而万民不正也。夫万民之从利也，如水之走下，不以教化堤防之，不能止也。是故教化立而奸邪皆止者，其堤防完也；教化废而奸邪并出，刑罚不能胜者，其堤防坏也。古之王者明于此，是故南面而治天下，莫不以教化为大务。立大学以教于国，设庠序以化于邑，渐民以仁，摩民以谊，节民以礼，故其刑罚甚轻而禁不犯者，教化行而习俗美也。

第二次问答中董仲舒的主要观点为：

今陛下并有天下，海内莫不率服，广览兼听，极群下之知（智），尽天下之美，至德昭然，施于方外。夜郎、康居，殊方万里，说德归谊，此太平之致也。然而功不加于百姓者，殆王心未加焉。曾子曰："尊其所闻，则高明矣；行其所知，则光大矣。高明光大，不在于它，在乎加之意而已。"愿陛下因用所闻，设诚于内而致行之，则三王何异哉！

陛下亲耕籍田以为农先，夙寤晨兴，忧劳万民，思惟往古，而务以求贤，此亦尧舜之用心也，然而未云获者，士素不厉也。夫不素养士而欲求贤，譬犹不琢玉而求文采也。故养士之大者，莫大乎太学；太学者，贤士之所关也，教化之本原也。今以一郡一国之众，对亡应书者，是王道往往而绝也。臣愿陛下兴太学，置明师，以养天下之士，数考问以尽其材，则英俊宜可得矣。

第三次问答中董仲舒的主要观点为：

> 天令之谓命，命非圣人不行；质朴之谓性，性非教化不成；人欲之谓情，情非度制不节。是故王者上谨于承天意，以顺命也；下务明教化民，以成性也；正法度之宜，别上下之序，以防欲也：修此三者，而大本举矣。
>
> 道之大原出于天，天不变，道亦不变，是以禹继舜，舜继尧，三圣相受而守一道，亡救弊之政也，故不言其所损益也。繇是观之，继治世者其道同，继乱世者其道变。今汉继大乱之后，若宜少损周之文致，用夏之忠者。
>
> 《春秋》大一统者，天地之常经，古今之通谊也。今师异道，人异论，百家殊方，指意不同，是以上亡以持一统；法制数变，下不知所守。臣愚以为诸不在六艺之科孔子之术者，皆绝其道，勿使并进。邪辟之说灭息，然后统纪可一而法度可明，民知所从矣。

我们如果从教学内容的视角来提取关键词的话，教化—太学—六艺就是其中最为关键的核心概念。在董仲舒看来："教化行而习俗美""太学者，贤士之所关也，教化之本原""质朴之谓性，性非教化不成""诸不在六艺之科孔子之术者，皆绝其道"，无论是从化民成俗的政治考虑还是从人性养成的习得考虑，推行教化是不二选择，而太学则是教化之本原，太学的学习内容则应以六艺为本。就此推论，设立太学就是为了教化，六艺则是太学的主要内容，兴教化、办太学、崇儒学由此而来。汉代尊崇儒学，董仲舒推功至伟：

> 赞曰：刘向称"董仲舒有王佐之材，虽伊吕亡以加，管晏之属，伯者之佐，殆不及也。"至向子歆以为"伊吕乃圣人之耦，王者不得则不兴。故颜渊死，孔子曰'噫！天丧余。'唯此一人为能当之，自宰我、子贡、子游、子夏不与焉。仲舒遭汉承秦灭学之后，《六经》离析，下帷发愤，潜心大业，令后学者有所统一，为群儒首，然考其师友渊源所渐，犹未及乎游夏，而曰管晏弗及，伊吕不加，过矣。"至向曾孙龚，笃论君子也，以歆之言为然。

正是在此基础之上，丞相赵绾奏请罢去贤良中研究法家、纵横家学说之人，从此儒学成为占统治地位的官方意识形态。

建元五年（公元前 136 年）设置五经博士，儒家的《诗》《书》《礼》《易》《春秋》“五经”皆置博士，经学正式立为学官[①]。

建元六年（公元前 135 年）窦太后死，标志着黄老之学开始退出舞台。

元朔五年（公元前 124 年）开始招收博士弟子，标志着太学的正式设立，儒家学说正式登上历史舞台。

儒学独尊引发师法家法及今文古文的问题[②]，“汉兴，诸儒颇修艺文；及东京，学者亦各名家。而守文之徒，滞固所禀，异端纷纭，互相诡激，遂令经有数家，家有数说，章句多者或乃百余万言，学徒劳而少功，后生疑而莫正”（《后汉书·郑玄传》），这正是汉代经学状态的真实体现。正如皮锡瑞在《经学历史》中所言：

> 两汉经学有今古文之分。今古文所以分，其先由于文字之异。今文者，今所谓隶书，世所传熹平《石经》及孔庙等处汉碑是也，古文者，今所谓籀文，世所传岐阳石鼓及《说文》所载古文是也。隶书，汉世通行，故当时谓之今文；犹今人之于楷书，人人尽识者也。籀文，汉世已不通行，故当时谓之古文；犹今人之于篆、隶，不能人人尽识者也。凡文字必人人尽识，方可以教初学。许慎谓孔子写定六经，皆用古文；然则，孔氏与伏生所藏书，亦必是古文。汉初发藏以授生徒，必改为通行之今文，乃便学者诵习。故汉立博士十四，皆今文家。而当古文未兴之前，未尝别立今文之名。《史记·儒林传》云：“孔氏有《古文尚书》，而安国以今文读之”。乃就《尚书》之古今文字而言。而鲁、齐、韩《诗》，《公羊春秋》，

① 经学的确立，标志着古代官方统治学说的正式形成，中国由此开始正式进入在历史上持续二千年之久的“经学时代”。汉代由“宗经”而“尊儒”，经学时代的到来意味着儒学独尊地位的确立。

② 汉武帝“罢黜百家，表章六经”之后，儒学取得定于一尊的地位，带来了儒家经学教育与研究的繁荣局面，出现了众多传授儒学的经师。在教育和研究过程中，由于经过不同的传授途径、不同的编定者，形成了不同的儒经传本，代表了经学大师们不同的学术和经学思想。

《史记》不云今文家也。至刘歆始增置《古文尚书》《毛诗》《周官》《左氏春秋》。既立学官，必创说解。《后汉》卫宏、贾逵、马融又递为增补，以行于世，遂与今文分道扬镳。①

前汉重师法，后汉重家法。先有师法，而后能成一家之言。师法者，溯其源；家法者，衍其流。师法、家法所以分者，如《易》有施、孟、梁丘之学，是师法；施家有张、彭之学，孟有翟、孟、白之学，梁丘有士孙、邓、衡之学，是家法。家法从师法分出，而施、孟、梁丘之师法，又从田王孙一师分出者也。施、孟、梁丘已不必分，况张、彭、翟、白以下乎！《后汉书·儒林传》云："立五经博士，各以家法传授。"《宦者·蔡伦传》云："帝以经传之文，多不正定，乃选通儒谒者刘珍及博士良史诣东观，各校雠家法。"是博士各守家法也。《质帝纪》云："令郡国举明经，年五十以上，七十以下，诣太学。自大将军至六百石，皆遣子受业。……四姓小侯先能通经者，各令随家法。"是明经必守家法也。《左雄传》云："雄上言郡国所举孝廉，请皆诣公府，诸生试家法。"注曰："儒有一家之学，故称家法。"是孝廉必守家法也。《徐防传》，防上疏云："伏见太学试博士弟子，皆以意说，不修家法；……以遵师为非义，意说为得理；……诚非诏书实选本意。"汉时不修家法之戒，盖极严矣。然师法别出家法，而家法又各分颛家；如干既分枝，枝又分枝，枝叶繁滋，浸失其本；又如子既生孙，孙又生孙，云礽旷远，渐忘其祖。是末师而非往古，用后说而舍先传；微言大义之乖，即自源远末分始矣。②

今文古文从表面上来看是今、古文字之间的区别，但究其实质，则是两汉学者对于经文的理解和诠释方式的本质不同而引发③，今文讲究

① 皮锡瑞：《经学历史》，中华书局2011年版，第54—55页。

② 皮锡瑞：《经学历史》，中华书局2011年版，第91—92页。

③ 今、古文学者对于《六经》的排列顺序各有讲究："今文经学从教育学的循序渐进原则出发，按六经内容的深浅排列为：《诗》《书》《礼》《乐》《易》《春秋》；古文经学则从史学的历史主义原则出发，按六经产生的先后排列为：《易》《书》《诗》《礼》《乐》《春秋》"。（参见冯天瑜《中华元典精神》，上海人民出版社2014年版，第57页。）

经世致用，西汉经师之所倾向，古文立志传统儒学精神，实为东汉经师之所提倡。今古文之争[①]，直至郑玄以古文为主，糅合今文说来注解经书，才告一段落。同样，师法重师承，明本源；家法重立说，讲流派，西汉重师法，东汉重家法。东汉家法流行，导致学者“用后说而舍先传”，舍本源而重末节。因此，无论是今文古文之争还是师法家法之分，最终导致“学徒劳而少功，后生疑而莫正”的弊病。

为了统一各家及各派之间的经学纷争，汉代曾由官方组织了两次重要的统经会议：

第一次是汉宣帝甘露三年（前 51 年）石渠阁会议，今文经学内部斗争，至此告一段落；

第二次是汉章帝建初四年（79 年）白虎观会议，并编成了《白虎通义》[②]（也称《白虎通》或《白虎通德论》），力图解决今古文经学的斗争。

在此基础之上，为了统一经学教材，东汉熹平四年（175 年），在蔡邕等人的倡议下镌刻石经[③]。如果说经学会议是从学术思想层面统一各家经学思想，那么熹平石经则是从经学版本方面统一各家经学思想，经学会议和熹平石经在规范经学思想传播路径的同时，也加强了政府对于经学文本和学术思想的控制。与此同时，郑玄“括囊大典，网罗众家，删裁繁诬，刊改漏失，自是学者略知所归”（《后汉书·郑玄传》），消除了各家的门户之见，实现了今古文经学的最终融合。

如果说作为经学大师的郑玄是凭一己之力实现了今古文经学的最终

---

① 今古文之争主要体现为：刘歆（古）与太常博士们（今）、韩歆、陈元（古）与范升（今）、贾逵（古）与李育（今），以及郑玄（古）与何休（今）之间的争论。

② 《白虎通义》凡四卷，东汉班固等编撰。记录章帝建初四年（公元 79 年）在白虎观会议上经学辩论的结果。系汉代谶纬神学的著作，引述了《纬》书的许多文句，并对“三纲五常”有明确的说法。故既是董仲舒以来今文经学派的唯心主义和神秘主义哲学思想的延伸和扩大，也是今文经学的政治学说提要。

③ 熹平石经所刻经本数量存在争议：一说五经、一说六经、一说七经。据学者考证，所谓五经就是《易》《尚书》《仪礼》《公羊春秋》《鲁诗》，六经加《论语》、七经加《礼记》。综合历代学者考证，熹平石经以五经为主。东汉所谓“五经十四博士”，就是指：《易》有施、孟、梁丘、京四家；《书》有欧阳、大小夏侯三家；《诗》有齐、鲁、韩三家；《礼》有大小戴二家；《公羊》有严、梁二家，共计十四家。

融合，那么有唐一代的孔颖达则是在政府有组织的安排下编撰《五经正义》[①]，实现了古代教学内容从课程统一（汉代）到教材统一（唐代）的实质性转变，“从中国教育发展的历史来看，《五经正义》的编成，标志着教材统一、教学内容统一，它彻底扫除了儒家内部的门户之见，只保留合乎中央集权统治利益需要的一种经说和解释，大家都以统一的经学为标准，结束了儒学内部数百年来师法家法、今古文经学、南北经学的纷争，这与汉武帝‘罢黜百家、独尊儒术’的文教政策，具有同等重要的历史意义。汉代的官学，只统一课程，并未统一教材。而唐代的《五经正义》不仅使经学归于统一，而且其使用范围遍及官学，从唐到宋，明经科取士，都以《五经正义》为标准。可见《五经正义》产生的影响”[②]。

《五经正义》的修撰始于唐贞观十二年（639 年）至永徽四年（653 年），历经唐太宗、唐高宗两朝由前后两代学者历时十四余年完成，“唐初撰写《正义》的时代，汉学系在汉、魏以来四个多世纪中已经积累了各家各派的丰富成果，整个学术领域在语言学、考古学、历史学等方面都有很大进步，有条件解决过去阙疑或误解的一部分问题。所以《正义》的疏解，较过去的笺注有所充实和提高，它体现了汉学系经学在新历史条件下的总结和发展”[③]，《五经正义》共包括《毛诗正义》（40 卷）、《尚书正义》（20 卷）、《礼记正义》（70 卷）、《周易正义》（14 卷）、《春秋左传正义》（36 卷）。“孔颖达奉诏撰定的《五经正义》是《周易》王弼《注》《尚书》《伪孔安国传》（传即注）、《诗》毛《传》郑《笺》《礼记》郑玄《注》《春秋左氏传》杜预《注》。孔颖达作疏，多据南北朝儒生的义疏，如《尚书正义》《毛诗正义》本于刘焯（孔颖达是刘焯的门人）、刘炫，《春秋左氏传正义》本

---

① 唐太宗“以经藉去圣久远，文字多讹谬，诏前中书侍郎颜师古考订《五经》，颁于天下，命学者习焉。以儒学多门，章句繁杂，诏国子祭酒孔颖达与诸儒撰定《五经》义疏，凡一百七十卷，名曰《五经正义》，令天下传习”（［**后晋**］刘昫《旧唐书》卷一百八十九上《列传》第一百三十九《儒学上》）。

② 孙培青、李国钧：《中国教育思想史》（第一卷），华东师范大学出版社 1995 年版，第 462 页。

③ 夏传才：《十三经概论》，天津人民出版社 1998 年版，第 39 页。

于刘炫，《礼记正义》本于皇侃，孔颖达自己并没有新说。《周易正义》不言说本，《正义序》说江南义疏十有余家，皆辞尚虚玄，义多浮诞，孔颖达采录诸家旧说，编缀成书，所以《五经正义》中，《周易正义》最为空疏，宋儒为《尔雅》《论语》《孝经》作疏，都是照文句推演，与讲章无异，这种陋习是从《周易正义》开端的"①。《五经正义》整体结构分为注本和义疏本两部分，各经的具体选本情况如表3－2所示。

表3－2 **各经的具体选本情况**

	注本	义疏本
《周易》	以王弼《注》为主	于诸家义疏皆无所取
《尚书》	宗《伪孔安国传》	以刘焯、刘炫为本
《毛诗》	以郑玄《注》为本	以刘焯、刘炫为本
《礼记》	以郑玄《注》为本	以皇侃为本，以熊安生补所未备
《春秋左氏传》	以杜预《集解》为宗	以刘炫义疏为本

《五经正义》中，《易》《书》《春秋左传》以南学为本，《诗》《礼记》则以北学为本，形成了一个南学北学共存的经学系统。孔颖达在编撰《五经正义》的过程中，本着"疏不驳注"的原则来处理注本和义疏本的关系，以《注》为宗，以此来维护《注》的权威。正如皮锡瑞在《经学历史》中所言："自《正义》《定本》颁之国胄，用以取士，天下奉为圭臬。唐至宋初数百年，士子皆谨守官书，莫敢异议矣。故论经学，为统一最久时代"②。范文澜则进一步指出："唐太宗令孔颖达撰《五经正义》，颜师古定《五经定本》，对儒学的影响，与汉武帝罢黜百家独尊儒术有同样重大的意义"，"孔颖达撰《五经正义》③，经学统于一尊（注家），所有东汉以来诸儒异说，全部作废，儒学内部互斗不决

① 范文澜：《中国通史简编》（修订本，第三编第二册），人民出版社1964年版，第641页。

② 皮锡瑞：《经学历史》，中华书局2011年版，第146页。

③ 唐太宗使祭酒孔颖达等撰《五经疏》，642年成书称为《正义》。653年，唐高宗颁行《五经正义》于全国，自此经义有定准。

的各宗派，自然熄灭”，“自《五经定本》[①] 颁行后，诸经文字完全统一，不再有因文字不同解释各异的弊病”[②]。故此，从《五经正义》到《五经定本》实现了从经义到经文的统一。

之后，国子学、太学、四门学的教学内容逐渐归于统一，据《文献通考》卷四十二《学校考二》记载：

> 凡《礼记》《春秋·左氏传》为大经，《诗》《周礼》《仪礼》为中经，《易》《尚书》《春秋·公羊传》《春秋·穀梁传》为小经。通二经者，大经、小经各一，若中经二。通三经者，大经、中经、小经各一。通五经者，大经皆通，余经合一。《孝经》《论语》兼通之。凡治《孝经》《论语》，共限一年；《尚书》《公羊传》《春秋·穀梁传》，各一岁半；《易》《诗》《周礼》《仪礼》，各二岁；《礼记》《左氏传》，各三岁。

这样，大经、中经、小经合在一起共九经。如再加上《孝经》《论语》及稍后的《尔雅》[③]，共十二经[④]。“唐朝再次统一儒学，基本上结束了儒学内部的派别之争，奠定了儒学的正统地位。唐朝崇儒尊孔的文教政策决定了科举和学校教育的发展方向，无论科举考试还是学校的学习，都以儒经为主要内容，其目的在于选拔和培养儒术人才。学校教育成为经学教育，儒家思想控制了学校教育和科举考试，《五经正义》成

---

① 630 年唐太宗使颜师古考定《五经》经文，633 年颁行新定《五经》，自此经文有定本。

② 范文澜：《中国通史简编》（修订本，第三编第二册），人民出版社 1964 年版，第 641、642 页。

③ 唐文宗开成二年（837 年）命人刻制《开成石经》，共九经，加上《孝经》《论语》《尔雅》共一百五十九卷，六十五万字。

④ 宋代《孟子》也进入“经”的行列，总称“十三经”，由于统治者对经学的推崇，“十三经”一直是古代官学与私学教学的主要教材。《十三经注疏》为十三部儒学经典的注疏合刊本，共四百十六卷。《周易》用魏王弼、韩康伯注，孔颖达正义；《尚书》用伪孔安国注，孔颖达正义；《毛诗》用汉毛公传、郑玄笺，孔颖达正义；《周礼》《仪礼》用郑玄注，唐贾公彦疏。《春秋·左传》用晋杜预注，孔颖达正义；《春秋·穀梁传》用晋范宁注，唐杨士勋疏；《春秋·公羊传》用汉何休注，唐徐彦疏；《论语》用魏何晏等注，宋邢疏；《孝经》用唐玄宗注，刑疏；《尔雅》用汉赵岐注。南宋以后，开始合刻，明嘉靖、万历年间都曾刊行。清乾隆初有武英殿本，其后阮元据宋本重刻，现流行多为此本影印本。

为统一的教材”[①]。

（三）宋明理学：《四书》为中心

正如杜成宪教授所言：“‘四书’的出现是中国传统学校课程发展到宋代的重大变革。理学家设计出‘四书’是为了给‘六经’课程配置‘阶梯’，同时又设计出‘四书’课程内部的‘阶梯’和‘四书’的‘阶梯’课程，由此形成《近思录》—‘四书’—‘六经’的新经学课程体系。这一课程体系的新意是使学习者能够与前代圣贤直接对话，循序渐进地把握格物致知修己治人之学，以体现宋代新的政治和思想形态的合理性、合法性，也是为培养能够适应新时代需要的人才服务”[②]。由此，从孔子创建“六经”课程到汉唐时期“五经”成为“国家课程”，再到宋代以来的“四书”课程，中国古代课程教学内容体系逐渐趋于系统和完善，最终以《程氏家塾读书分年日程》为标志，形成了以“四书”为核心的新经学课程样板方案。

1.《六经》之阶：“四书”

“四书”的出现是儒学内部探寻自身迷失的道统的学术结果。正如韩愈在《原道》中所言：

> 尧以是传之舜，舜以是传之禹，禹以是传之汤，汤以是传之文、武、周公，文、武、周公传之孔子，孔子传之孟轲，轲之死，不得其传焉。

韩愈《原道》之中所言之“以是传之”中的“是”就是“道”，“道”就是儒家的核心价值——“仁”和“义”：

> 博爱之谓仁，行而宜之之谓义，由是而之焉之谓道，足乎已无待于外之谓德。仁与义为定名，道与德为虚位。（《韩昌黎文集校注》卷一《原道》）

---

① 王炳照等：《简明中国教育史》，北京师范大学出版社2007年版，第142页。

② 杜成宪：《为“六经”配“四书”——宋代新经学课程体系的构建》，《全球教育展望》2018年第1期。

韩愈就是以传承儒家“道统”为己任：

> 释老之害，过于杨墨；韩愈之贤，不及孟子。孟子不能救之于未亡之前，而韩愈乃欲全之于已坏之后。呜呼！其亦不量其力，且见其身之危，莫之救以死也。虽然，使其道由愈而粗传，虽死灭万万无恨。(《韩昌黎文集校注》卷三《与孟尚书书》)

在韩愈看来，其本人就是孟子之后传承儒家“道统”、维护儒家“道统”之人。由此，尊孟子、批汉儒、崇《大学》就成为韩愈“卫道”的标志性成果。之所以“尊孟子”，因为孟子有“卫道”之功：

> 夫杨墨行，正道废……孟子虽贤圣，不得位，空言无施，虽切何补？然赖其言，而今之学者尚知宗孔氏，崇仁义，贵王贱霸而已……然向无孟氏，则皆服左衽而言侏离矣！故愈尝推尊孟氏，以为功不在禹下者为此也。(《与孟尚书书》)

之所以“批汉儒”，因为汉儒中章句训诂注疏之学而不重儒学“大义”：

> 汉氏以来，群儒区区修补，百孔千疮，随乱随失，其危如一发引千钧，绵绵延延，浸以微灭。于是时也，而倡释老于其间，鼓天下之众而从之。呜呼，其亦不仁甚矣！(《与孟尚书书》)

之所以“崇《大学》”，是为了从儒家原典之中寻找“大义”：

> 《传》曰：“古之明明德于天下者，先治其国；欲治其国者，先齐其家；欲齐其家者，先正其心；欲正其心者，先诚其意。”然则古之所谓正心而诚意者，将以有为也。今也欲治其心，而外天下国家，灭其天常，子焉而不父其父，臣焉而不君其君，民焉而不事其事。(《原道》)

韩愈弟子李翱承继维护儒家道统之使命，在《复性书》中倡《中庸》并自觉担当起将儒家“性命”之学“传于时”的使命：

> 遭秦灭书，《中庸》之不焚者一篇存焉。于是此道废缺。其教授者，唯节文、章句、威仪、击剑之术相师焉，性命之源，则吾弗能知其所传矣。(《复性书上》)
>
> 呜呼！性命之书虽存，学者莫能明，是故入庄、列、老、释。不知者谓夫子之徒不足以穷性命之道，信之者皆是也。有问于我，我以吾之所知而传焉，遂书于书，以开诚明之源，而缺绝废弃不扬之道，几可以传于时，命曰《复性书》，以理其心，以传乎其人。(《复性书上》)

在李翱看来，《中庸》正是儒家讲求心性之学的经典文本，讲求性命之学必溯源于《中庸》之作。无论是韩愈还是李翱都是站在“卫道”的立场，返回到儒家学术思想的源头来探寻儒家之道的本真所在，以《大学》《中庸》为代表的儒家经典再次被“重新发现”。“道学的发生，学术界一般从中唐开始追溯。但从道学历史发展过程的实际来看，中唐只是远源，尚未形成普遍风气。北宋立国，维持着唐代以来的思想格局，至宋真宗、仁宗之际，仍处在‘儒林之草昧’（《宋元学案·高平学案》）的状态中。一直到宋仁宗的庆历年间（1041—1048），伴随着当时求变呼声的高涨和‘新政’的一度施行，学坛上兴起了一股批判的社会思潮。整个思潮在排斥佛道‘异端’、否定汉唐经学和抨击科举时文三个层面上同时展开，而思潮的总倾向则是要求复兴儒学。在批判思潮中，唐代韩愈的价值得到了充分的肯定和发展，进而引起了整个士林风尚、思想取向和学术格局的变化”①，以韩愈、李翱开其端绪至宋代范仲淹、欧阳修、胡瑗、孙复、石介、李觏等成其绪，由此拉开了后来延续数百年的道学思潮。

南宋的道学家们在追溯道学思想产生的源头时，对庆历之际的胡

---

① 复旦大学哲学系中国哲学教研室编著：《中国古代哲学史》，上海古籍出版社 2011 年版，第 452 页。

瑗、孙复、石介很是推崇，合称其为“宋初三先生”。特别是胡瑗作为程颐的老师，所以在三人中其地位显得更为重要和特殊。胡瑗“明体达用之学”① 对后来道学思想的发展产生了重要的影响。

> 臣闻圣人之道，有体、有用、有文。君臣父子，仁义礼乐，历世不可变者，其体也。《诗》《书》史传子集，垂法后世者，其文也。举而措之天下，能润泽斯民，归于皇极者，其用也。国家累朝取士，不以体用为本，而尚声律浮华之词，是以风俗偷薄。臣师瑗当宝元、明道之间，尤病其失，遂以明体达用之学授诸生。夙夜勤瘁，二十余年，专切学校。始于苏、湖，终于太学，出其门者无虑数千余人。故今学者明夫圣人体用，以为政教之本，皆臣师之功，非安石比也。(《宋元学案》卷一《安定学案》)

胡瑗从体、用、文三个层面来诠释圣人之道，实际上触及道学思潮三个层面的思想源头：哲学思辨、文化价值和经世致用，标志着儒家学者开始从哲学本体论层面来思考儒家哲学问题。

自北宋仁宗末年（1056—1063）以后，道学思潮迅速兴起，经宋神宗的熙宁、元丰，到哲宗的元祐（1086—1094）之际达到高潮，周敦颐、邵雍、王安石就是其中的代表。南宋中期作为道学思潮的鼎盛阶段，以程朱理学从民间学说向官方哲学方向的发展为标志，道学最终成为官方的统治思想，体现道学思想的儒学原典地位最终得以被官方再次确认。

道学思潮主旨在于复兴儒学、维护道统，虽然韩愈、李翱等人都表达了对于儒学道统传承的看法，但是在二程看来儒学道统传承的文脉为：

> 孔子没，传孔子之道者，曾子而已。曾子传之子思，子思传之孟子。孟子死，不得其传，至孟子而圣人之道益尊。(《河南程氏遗书》卷二十五)

① 胡瑗水利科高足刘彝在一次答宋神宗问王安石与胡瑗孰优时，阐述了其对于胡瑗“明体达用之学”的认识和看法。

这样，孔子—曾子—子思—孟子的儒学道统传承顺序得以确立，并得到道学内部学者的认可。二程所描述的儒家道统传承顺序，在其背后所隐藏的道统文字载体正是“四书”。或者，换句话来说，“四书”出现的使命就是要恢复和承续儒家道统，进而重构不同于汉唐经学的宋明理学思想体系。明代王袆在《四子论》中就对《四子》成书过程及其与《六经》之间的先后关系进行了阐述：

> 《四子》：《论语》《大学》《中庸》《孟子》也。《论语》孔子及门人问答之微言，而记于曾子、有子之门人。《大学》亦孔氏遗书，其《经》一章孔子之言，而曾子所记，《传》十章则曾子之言，而门人记之。《中庸》三十三章，子思之所作。《孟子》七篇，孟子所著或曰其门人之所述也。《论语》先汉时已行，萧望之、张禹皆以传授，而诸儒多为之注。《大学》《中庸》，二篇在《小戴记》中，注之者郑玄也。《孟子》初列于诸子，及赵岐注之后遂显矣。爰自近世大儒河南程子，实始尊信《大学》《中庸》而表章之，《论语》《孟子》亦各有论说。至新安朱子始合四书谓之《四子》，《论语》《孟子》则为之注，《大学》《中庸》则为之《章句》《或问》。自朱子之说行，而旧说尽废矣。于是《四子》者与《六经》皆并行，而教学之序莫先焉。然而先儒之论，以谓治《六经》者，必先通乎《四书》。《四书》通，则《六经》可不治而通也。至于《六经》《四书》所以相通之类，则未有明言之者。以予论之，治《易》必自《中庸》始，治《书》必自《大学》始，治《春秋》则自《孟子》始，治《诗》及《礼》《乐》必自《论语》始。是故，《易》以明阴阳之变推性命之原，然必本之于太极，太极即诚也，而《中庸》首言性命，终言天道人道，必推极于至诚，故曰治《易》必始于《中庸》也。《书》以纪政事之实，载国家天下之故，然必先之以德峻德，一德三德是也，而《大学》自修身以至治国平天下，亦本原于明德，故曰治《书》必始于《大学》也。《春秋》以贵王贱霸诛乱讨贼，其要则在乎正谊不谋利，明道不计功，而《孟子》尊王道卑霸烈，辟异端距邪说，其与时君言每先义而后利，故曰治《春秋》必始于《孟子》也。《诗》以道性

情，而《论语》之言《诗》，有曰关雎乐而不淫，哀而不伤，又曰可以兴、可以群、可以怨；《礼》以谨节文，而《论语》之言《礼》，自乡党以至于朝廷莫不具焉；《乐》以象功德，而《论语》之言《乐》，自韶舞以及翕纯皦绎之说莫不备焉，故曰治《诗》及《礼》《乐》，必始于《论语》也。此《四子》《六经》相通之类然也。虽然总而论之，《四子》本一理也，《六经》亦一理也。汉儒有言：《论语》者，《五经》之錧辖，六艺之喉衿，《孟子》之书则而象之。嗟乎！岂独《论语》《孟子》为然乎。故自阴阳、性命、道德之精微，至于人伦、日用、家国天下之所当然，以尽乎名物度数之详，《四子》《六经》皆同一理也。

依据王祎的观点：

第一，《论语》《大学》《中庸》《孟子》先于《四子》存在。《论语》在汉代之时已经流行并被传授且存在颇多注本，《大学》和《中庸》本为《礼记》中的篇章，郑玄为之作注，《孟子》先列于诸子之学，在赵岐为之作注之后才显于世。

第二，二程和朱熹在《四子》成书过程中做出了重要的贡献，朱熹结集成册并进行集注之功尤为突出，《论语孟子集注》《或问》和《大学中庸章句》《或问》的形成，标志着“四书”概念的最终确立。至朱熹之后，《四子》与《六经》并列，成为重要的学习内容和教学内容。

第三，《四子》与《六经》在教学中的先后关系为，先学《四子》后学《六经》，正所谓“治《六经》者必先通乎《四书》，《四书》通则《六经》可不治而通也”。

第四，虽然先前的学者们都认识到先学《四书》后学《六经》，但是并没有论证《四书》和《六经》之间的关系，更没有深入说明为何先学《四书》后学《六经》。作者的贡献在于，试图说明《四书》与《六经》之间的学理对应关系，“治《易》必自《中庸》始，治《书》必自《大学》始，治《春秋》则自《孟子》始，治《诗》及《礼》《乐》必自《论语》始”，先学和后学的学理依据得以确立。

作为“《六经》之阶梯”而存在的“四书”，在具体学习和教学过程中存在先后的逻辑顺序。朱熹认为：

> 某要人先读《大学》，以定其规模；次读《论语》，以立其根本；次读《孟子》，以观其发越；次读《中庸》，以求古人之微妙处。《大学》一篇有等级次第，总作一处，易晓，宜先看。《论语》却实，但言语散见，初看亦难。《孟子》有感激兴发人心处。《中庸》亦难读，看三书后，方宜读之。(《朱子语类》卷第十四)

由此，形成了“四书”的修读次序：《大学》—《论语》—《孟子》—《中庸》。朱熹在对《四书》学理及修读次序展开论证的同时，将《四书》合缉编印，至此，《四书》无论是从内容上还是从形式上都得以最终确认。《四书》从民间走向官方的简要历程为：

淳熙九年（1182 年），朱熹合刻《论语》《孟子》《大学》《中庸》于婺州。

绍熙元年（1190 年），朱熹知漳州时合刻其“四书”于漳州。

宝庆三年（1227 年），宋理宗诏称：朕观朱熹集注《大学》《论语》《孟子》《中庸》，发挥圣贤蕴奥，有补治道。朕励志讲学，缅怀典刑，可特增熹太师，追封信国公。

元仁宗皇庆二年（1313 年）下诏：规定科举考试从“《大学》《论语》《孟子》《中庸》内设问，用朱氏章句集注”(《元史·选举志一》)。

明成祖永乐十三年（1415 年）敕命翰林学士胡广等编纂《五经大全》（一百五十四卷）、《四书大全》（三十六卷）、《性理大全》（七十卷）颁行天下，作为钦定的教本。

至此，《四书章句集注》成为科举考试的答题标准，进而取得了与《五经》的同等地位[①]。直到 1905 年清政府废科举、兴学校，《四书》《五经》的学术统治地位才被取消。

---

① 在有明一代，“世之治举业者，以‘四书’为先务，视‘六经’为可缓。以言《诗》，非朱子之传义弗敢道也；以言《礼》，非朱子之家礼非敢行也；推是而言，《尚书》《春秋》，非朱子所授，则朱子所与也。言不合朱子，率鸣鼓而攻之。”（朱彝尊：《道传录序》）；有清一代，“惟宋儒朱子，注释儒经，阐发道理，凡所著作，及编纂之书，皆明白精确”，“孔孟之后，有裨斯文者，朱子之功，最为弘巨”。（康熙朝《东华录》五十一年十二月）

2.《四书》之阶：《近思录》

《近思录》是由朱熹和吕祖谦共同编订的理学入门著作。依据朱熹的观点，“四子，六经之阶梯；《近思录》，四子之阶梯”，《近思录》作为“四书”的阶梯由此而知。朱熹和吕祖谦在《近思录》原序中对成书的经过进行了简要说明：

> 淳熙乙未之夏，东莱吕伯恭来自东阳，过予寒泉精舍，留止旬日，相与读周子、程子、张子之书，叹其广大宏博，若无津涯，而惧夫初学者不知所入也。因共掇取其关于大体而切于日用者，以为此编，总六百二十二条，分十四卷，盖凡学者所以求端用力、处己治人，与夫所以辨异端、观圣贤之大略，皆粗见其梗概。以为穷乡晚进，有志于学，而无明师良友以先后之者，诚得此而玩心焉，亦足以得其门而入矣。如此，然后求诸四君子之全书，沈潜反复，优柔厌饫，以致其博而反诸约焉，则其宗庙之美、百官之富，庶乎其有以尽得之。若惮烦劳、安简便，以为取足于此而可，则非今日所以纂集此书之意也。(《朱熹原序》)
>
> 《近思录》既成，或疑首卷阴阳变化性命之说，大抵非始学者之事。祖谦窃尝与闻次缉之意，后出晚进，于义理之本原，虽未容骤语，苟茫然不识其梗概，则亦何所底止？列之篇端，特使知其名义，有所向望而已。至于余卷所载讲学之方、日用躬行之实，具有科级，循是而进，自卑升高，自近及远，庶几不失纂集之旨。若乃厌卑近而骛高远，躐等陵节，流于空虚，迄无所依据，则岂所谓“近思”者耶？览者宜详之。(《吕祖谦原序》)

我们从中可以得到关于《近思录》的编撰信息。

第一，《近思录》为朱熹和吕祖谦共同编订而成，其中选取周子（周敦颐）、程子（程颐、程颢）、张子（张载）四位理学前辈的著述内容。包括周敦颐的《太极图说》《通书》，张载的《文集》《正蒙》《经说》《论孟说》《语录》，二程的《文集》《遗书》《外书》《易传》《经说》等书。

第二，《近思录》之所以名为“近思”，则是取自《论语·子张》：

“子夏曰：‘博学而笃志，切问而近思，仁在其中矣。’”其中：“近思”就是“切思于己所能及之事”，“不驰心高远，就其切近者而思之”等。正如朱熹在序言中指出，“掇取其关于大体而切于日用者”；吕祖谦同样指出，“至于余卷所载讲学之方、日用躬行之实，具有科级，循是而进，自卑升高，自近及远，庶几不失纂集之旨。若乃厌卑近而骛高远，躐等陵节，流于空虚，迄无所依据，则岂所谓‘近思’者耶?”，都表明《近思录》就是要学者做好“切于日用”的体认功夫。“理学家将人格培养与日用常行联系起来，一方面赋予日常的庸言庸行以某种超越的意义，另一方面又使成人过程避免了由超越走向虚寂；这种看法具体地体现了成人过程与日用即道的统一，并进一步展示了儒家内在超越的价值取向”①。

第三，《近思录》共分为十四卷，总共六百二十二条。《近思录》各条基本上都有解说，这些解说大都保存在朱熹的《文集》《或问》《语类》中，成为程朱后学解说《近思录》的依据。在《近思录》形成之后出现了众多注本，其中最具有代表性的就是叶采的《近思录集解》，于宋理宗淳祐八年（1248 年）成书，十二年（1252 年）表奏于朝。

> 淳祐十二年，采官朝奉郎，监登闻鼓院，兼景献府教授，时尝斋进于朝，前有进表及自序。采字仲圭，号平岩，建安人。其自序谓悉本朱子旧注，参以升堂纪闻及诸儒辩论，有略阙者，乃出臆说。又举其大旨，著于各卷之下，凡阅三十年而后成云。（《四库全书总目·叶采集解本提要》）

叶采集解本，便是后人眼中的定本。

第四，朱熹和吕祖谦的原序中没有明确标注《近思录》的成书时间。我们如果根据《晦庵集》卷三十三中，朱熹与吕祖谦关于《近思录》的三封书信往来，可以大致推断《近思录》的成书时间为：始于

① 杨国荣：《善的历程——儒家价值体系的历史衍化及其现代转换》，上海人民出版社 1994 年版，第 303—304 页。

宋淳熙二年（1175 年），定稿于淳熙五年（1178 年）之后。

叶采在《近思录集解》十四卷的每卷之下都标有各卷大旨，成为我们理解《近思录》各卷大旨的重要参照。

卷一　道体：此卷论性之本原，道之体统，盖学问之纲领也。

卷二　为学：此卷总论为学之要。盖尊德性矣，必道问学。明乎道体，知所指归，斯可究为学之大凡矣。

卷三　致知：此卷论致知。知之至而后有以行之。自首段至二十二段，总论致知之方。然致知莫大于读书，二十三段至三十三段总论读书之法，三十四段以后，乃分论读书之法，而以书之先后为序。始于《大学》，使知为学之规模次序；而后继之以《论》《孟》《诗》《书》；义理充足于中，则可探大本一原之妙，故继之以《中庸》；达乎本原，则可以穷神知化，故继之以《易》；理之明，义之精，而达乎造化之蕴，则可以识圣人之大用，故继之以《春秋》，明乎《春秋》之用，则可推以观史，而辨其是非得失之致矣。《横渠易说》以下，则仍语录之序，而《周官》之义，因以具焉。

卷四　存养：此卷论存养。盖穷格之虽至，而涵养之不足，则其知将日昏，而亦何以为力行之地哉！故存养之功，实贯乎知行，而此卷之编，列乎二者之间也。

卷五　克治：此卷论力行。盖穷理既明，涵养既厚，及推于行己之间，尤当尽其克治之力也。

卷六　家道：此卷论齐家。盖克己之功既至，则施之家而家可齐矣。

卷七　出处：此卷论出处。盖身既修，家既齐，则可以仕矣。然去就取舍，惟义之从，所当审处也。

卷八　治体：此卷论治道。盖明乎出处之义，则于治道之纲领，不可不求讲明知。一旦得时行道，则举而措之矣。

卷九　治法：此卷论治法。盖治本虽立，而治具不容缺，礼乐刑政有一之未备，未足以成极治之功也。

卷十　政事：此卷论临政处事。盖明乎治道而通乎治法，则施于有政矣。凡居官任职，事上抚下，待同列，选贤才，处事之道具焉。

卷十一　教学：此卷论教人之道。盖君子进则推斯道以觉天下，退则明斯道以淑其徒，所谓得英才而教育之，即新民之事也。

卷十二　警戒：此卷论戒谨之道。修己治人，常存警省之意。不然则私欲易萌，善日消而恶日积矣。

卷十三　辨异端：此卷辨异端。盖君子之学虽已至，然异端之辨，尤不可不明。苟于此有毫厘之未辨，则贻害于人心者甚矣。

卷十四　观圣贤：此卷论圣贤相传之统，而诸子附焉。断自唐尧虞舜禹汤文武周公，道统相传，至于孔子，孔子传之颜曾，曾子传子思，子思传孟子，遂无传焉。楚有荀卿，汉有毛苌、董仲舒、扬雄、诸葛亮，隋有王通，唐有韩愈，虽未能传斯道之统，然其立言立事，有补于世教。皆所当考也。迨于宋朝，人文再辟，则周子唱之，二程子、张子推广之，而圣学复明，道统复续。故备著之。

正如茅星来《附说》辑评中所言：“《近思录》是近人说话，便较切”。因此，如果说“构建出‘四书’是使当时代的学习者得以与前代圣贤对话，而构建出《近思录》则更是使学习者得以与当代圣贤对话了，其效果当然不是突然学习‘六经’所能比拟的，因为学习‘六经’毕竟是连与哪位圣贤对话都难以知晓。由近到远，由今而古，由当时代循序渐进地进入历史之中，这是宋代新经学课程的次第序列”①。《近思录》的文本价值就在于此。

3. 读书工程：《程氏家塾读书分年日程》

正如杜成宪教授所言：“受以朱熹为代表的理学教育家‘四书’课程的影响，学者们纷纷在各自的读书、学习和教育实践中探讨行之有效的课程方案，其中最为系统完整的是元代学者程端礼为其家塾子弟制定的《程氏家塾读书分年日程》”，“在程端礼的《日程》中所有课程几乎围绕着‘四书’展开，可以看成是一份以‘四书’为核心的新经学课程样板方案”②。程端礼在《日程》中，首先在依据年龄将学业分为8岁前、8岁到15岁、15岁以后三个阶段的基础之上，然后从经、史、文三个方面来分年设计课程进度，具体情况如表3-3所示。

---

① 杜成宪：《为“六经”配“四书”——宋代新经学课程体系的构建》，《全球教育展望》2018年第1期。

② 杜成宪：《为“六经”配“四书”——宋代新经学课程体系的构建》，《全球教育展望》2018年第1期。

表 3-3　　程瑞礼《日程》中的学业阶段和课程进度

学业阶段	分年日程
8 岁前	读《性理字训》(《字训》《童蒙须知》)
8 岁到 15 岁	读《小学》、次读《大学》《论语》《孟子》《中庸》及《孝经》等。15 岁前，《小学》《四书》诸经正文，可以尽毕。在此过程中，附读《近思录》与理学先贤的相关书籍。之后，酌情读《六经》。
15 岁以后	尚志阶段：为学以道为志，为人以圣为志。 自此以朱子法读《四书》注，依次：《大学章句》《或问》，次读《论语集注》、次读《孟子集注》、次读《中庸集注》。在此基础之上，读本经：《周易》《尚书》《诗》《礼记》《春秋》。之后，进入史的系列和文的系列课程的学习——看通鉴、韩文、楚辞，学作文。之后，作科举文字。

依据程端礼的理解，设置《日程》的总体原则为："以德行为首，经术为先，词章次之"，"使理学与举业毕贯于一"，进而实现"经之无不治，理之无不明，治道之无不通，制度之无不考，古今之无不知，文词之无不达，得诸身心者无不可推为天下国家用"的经世致用宗旨。

二　文道合一：教学内容主旨的考辨（道与文）

中国古代教学内容历经先秦诸子之学、汉唐经学和宋明理学的发展历程，体现出以《六经》为中心来构建教学内容体系的总体特征。《六经》是道的载体，古代教学内容以《六经》为本，实质上就是要古代学者们凭借对经典文本的研读来品味其中所蕴含的"圣人"之道。正如《宋史·列传第一百九十九·文苑二》所言：

> 《六经》者，《易》以明人之权而本之于道；《礼》以节民之情，趣于性也；《乐》以和民之心，全天真也；《书》以叙九畴之秘，焕二帝之美；《春秋》以正君而敦名教；《诗》以正风雅而存规戒。是道与《六经》一也。

《六经》作为圣人制作的经典典籍，就是借助相应的文本、通过文字来传播圣人之道，典籍的出现使得圣人之道的传播有了可为凭借的载体，如表3－4所示。

表3－4　**《六经》的教学内容体系**

诗	经夫妇，成孝敬，厚人伦，美教化，移风俗。(《诗大序》)
书	政事之纪也。(《荀子·劝学》)
礼	前圣继天立极之道，莫大于礼；后圣垂世之教之书，亦莫先于礼。(《礼记集说序》)
易	易道周普，无所不备。(《周易正义卷首》)
春秋	一字之褒，荣于华衮；一字之贬，严于斧钺。(《春秋经传集解序》)

正如《隋书·经籍志》所言："夫经籍也者，机神之妙旨，圣哲之能事，所以经天地、纬阴阳、正纪纲、弘道德，显仁足以利物，藏用足以独善"。事实上，从孔子以来的儒家学者都十分重视对于《六经》文本中圣人之道的追寻，如表3－5所示。

表3－5　**儒家学者对于《六经》文本中圣人之道的追寻**

孔子	子曰："兴于诗，立于礼，成于乐"。(《论语·泰伯》) 子曰："诵诗三百，授之以政，不达，使之四方，不能专对，虽多亦奚以为?"(《论语·子路》) 子曰："小子何莫学夫诗？诗可以兴，可以观，可以群，可以怨，迩之事父，远之事君，多识于鸟兽草木之名"。(《论语·阳货》) 子在齐闻韶，三月不知肉味。曰："不图为乐之至于斯也"。(《论语·述而》) 子曰："加我数年，五十以学易，可以无大过矣。"(《论语·述而》)
荀子	故《书》者，政事之纪也；《诗》者，中声之所止也；《礼》者，法之大分，类之纲纪也；故学至乎《礼》而止矣，夫是之谓道德之极。《礼》之敬文也，《乐》之中和也，《诗》《书》之博也，《春秋》之微也，在天地之间毕矣。(《荀子·劝学》) 圣人也者，道之管也，天下之道管是矣，百王之道一是矣，故《诗》《书》《礼》《乐》之归是矣。《诗》言是其志也，《书》言是其事也，《礼》言是其行也，《乐》言是其和也，《春秋》言是其微也。故《风》之所以为不逐者，取是以节之也；《小雅》之所以为《小雅》者，取是而文之也；《大雅》之所以为《大雅》者，取是而光之也；《颂》之所以为至者，取是而通之也；天下之道毕是矣。(《荀子·儒效》)

续表

《礼记》	其为人也，温柔敦厚，诗教也；疏通知远，书教也；广博易良，乐教也；静精微，易教也；恭俭庄敬，礼教也；属辞比事，春秋教也。（《经解》）
《大学》	《诗》云："邦畿千里，维民所止。"《诗》云："缗蛮黄鸟，止于丘隅。"子曰："于止，知其所止，可以人而不如鸟乎！"《诗》云："穆穆文王，於缉熙敬止！"为人君，止于仁；为人臣，止于敬；为人子，止于孝；为人父，止于慈；与国人交，止于信。《诗》云："瞻彼淇澳，菉竹猗猗。有斐君子，如切如磋，如琢如磨。瑟兮僩兮，赫兮喧兮。有斐君子，终不可喧兮！"如切如磋者，道学也；如琢如磨者，自修也；瑟兮僩兮者，恂栗也；赫兮喧兮者，威仪也；有斐君子，终不可喧兮者，道盛德至善，民之不能忘也。《诗》云："於戏前王不忘！"君子贤其贤而亲其亲，小人乐其乐而利其利，此以没世不忘也。《诗》云："桃之夭夭，其叶蓁蓁；之子于归，宜其家人。"宜其家人，而后可以教国人。《诗》云："宜兄宜弟。"宜兄宜弟，而后可以教国人。《诗》云："其仪不忒，正是四国。"其为父子兄弟足法，而后民法之也。此谓治国在齐其家。 《诗》云："乐只君子，民之父母。"民之所好好之，民之所恶恶之，此之谓民之父母。《诗》云："节彼南山，维石岩岩。赫赫师尹，民具尔瞻。"有国者不可以不慎，辟则为天下僇矣。《诗》云："殷之未丧师，克配上帝。仪鉴于殷，峻命不易。"道得众则得国，失众则失国。
董仲舒	《春秋》大一统者，天地之常经，古今之通谊也。（《汉书·董仲舒传·对策三》） 君子知在位者之不能以恶服人也，是故简六艺以赡养之。《诗》《书》序其志，《礼》《乐》纯其美，《易》《春秋》明其知，六学皆大，而各有所长。《诗》道志，故长于质；《礼》制节，故长于文；《乐》咏德，故长于风；《书》著功，故长于事；《易》本天地，故长于数；《春秋》正是非，故长于治人；能兼得其所长，而不能偏举其所祥也。（《春秋繁露·玉杯第二》）

续表

韩愈	夫所谓先王之教者，何也？博爱之谓仁，行而宜之谓义，由是而之焉之谓道，足乎已无待于外之谓德。其文，《诗》《书》《易》《春秋》；其法，礼、乐、刑、政；其民，士、农、工、贾；其位，君臣、父子、师友、宾主、昆弟、夫妇；其服，麻、丝；其居，宫、室；其食，粟米、果蔬、鱼、肉。其为道易明，而其为教易行也。是故以之为己，则顺而祥；以之为人，则爱而公；以之为心，则和而平；以之为天下国家，无所处而不当。是故生则得其情，死则尽其常，郊焉而天神假，庙焉而人鬼飨。（《原道》）
朱熹	《六经》是三代以上之书，曾经圣人手，全是天理。（《朱子语类》卷第十一） 某患学者读书不求经旨，谈说空妙，故欲令先通晓文义，就文求意。下梢头往往又只守定册子上言语，却看得不切己。须是将切己看，玩味入心，力去行之，方有所益。（《朱子语类》卷第一百二十一）
王守仁	经，常道也。其在于天谓之命，其赋于人谓之性，其主于身谓之心。心也，性也，命也，一也。通人物，达四海，塞天地，亘古今，无有乎弗具，无有乎弗同，无有乎或变者也。是常道也，其应乎感也，则为恻隐，为羞恶，为辞让，为是非；其见于事也，则为父子之亲，为君臣之义，为夫妇之别，为长幼之序，为朋友之信。是恻隐也，羞恶也，辞让也，是非也，是亲也，义也，序也，别也，信也；一也。皆所谓心也，性也，命也。通人物，达四海，塞天地，亘古今，无有乎弗具，无有乎弗同，无有乎或变者也，是常道也。是常道也，以言其阴阳消息之行焉，则谓之《易》；以言其纪纲政事之施焉，则谓之《书》；以言其歌咏性情之发焉，则谓之《诗》；以言其条理节文之著焉，则谓之《礼》；以言其欣喜和平之生焉，则谓之《乐》；以言其诚伪邪正之辨焉，则谓之《春秋》。是阴阳消息之行也，以至于诚伪邪正之辩也，一也。皆所谓心也，性也，命也。通人物，达四海，塞天地，亘古今，无有乎弗具，无有乎弗同，无有乎或变者也，夫是之谓《六经》。《六经》者非他，吾心之常道也。故《易》也者，志吾心之阴阳消息者也；《书》也者，志吾心之纪纲政事者也；《诗》也者，志吾心之歌咏性情者也；《礼》也者，志吾心之条理节文者也；《乐》也者，志吾心之欣喜和平者也；《春秋》也者，志吾心之诚伪邪正者也。君子之于《六经》也，求之吾心之阴阳消息而时行焉，所以尊《易》也；求之吾心之纪纲政事而时施焉，所以尊《书》也；求之吾心之歌咏性情而时发焉，所以尊《诗》也；求之吾心之条理节文而时著焉。所以尊《礼》也；求之吾心之欣喜和平而时生焉，所以尊《乐》也；求之吾心之诚伪邪正而时辨焉，所以尊《春秋》也。（《王阳明全集》卷七《稽山书院尊经阁记》）

上述对于《六经》文本内容及其所蕴含圣人之道的论述，体现了古代学者对于《六经》教学内容的整体认知。

第一，从《六经》成书来看，《六经》为圣人所作，是圣人之道的载体。

第二，从《六经》内容来看，依据王守仁的理解：《易》为阴阳消息之行，《书》为纪纲政事之施，《诗》为歌咏性情之发，《礼》为条理节文之著，《乐》为欣喜和平之生，《春秋》为诚伪邪正之辨，所包含之道一也。此道从《大学》层面来说就是明明德、新民、止于至善，而又以“明明德”为要务。正如朱熹《大学》首发“明明德”所言：

> 学者须是为己。圣人教人，只在《大学》第一句“明明德”上。以此立心，则如今端己敛容，亦为己也；读书穷理，亦为己也；做得一件事是实，亦为己也。圣贤教人持敬，只是须着从这里说起。其实若知为己后，即自然着敬。（《朱子语类》卷第十四）

《六经》之学就在于助人“明德”而彰显圣人之道。

第三，无论是《六经》文本具体内容还是文本整体特质都彰显圣人之道。如：《大学》在引用《诗》的具体文本内容时，就指出：

> 《诗》云：“桃之夭夭，其叶蓁蓁。之子于归，宜其家人。”宜其家人，而后可以教国人。
>
> 《诗》云：“宜兄宜弟。”宜兄宜弟，而后可以教国人。
>
> 《诗》云：“其仪不忒，正是四国。”其为父子兄弟足法，而后民法之也。此谓治国在齐其家。

《诗》文内容就蕴含齐家、治国之道。同样，《六经》各有所长：

> 《诗》道志，故长于质；《礼》制节，故长于文；乐咏德，故长于风；《书》著功，故长于事；《易》本天地，故长于数；《春秋》正是非，故长于治人。

《六经》的文本体现了完整的儒家圣人之道[①]。

至于道与文之间的关系，“古人信守‘文以载道’的原则，其中的‘道’主要指儒家所尊崇的圣人之道、‘六经’所载之道。‘六经’被视为‘文章之祖宗’，认为文章创作应以圣人为宗师，必须从‘六经’中取法其‘道’”[②]。朱熹就曾指出：

> 道者，文之根本；文者，道之枝叶。惟其根本乎道，所以发之于文，皆道也。三代圣贤文章，皆以此心写出，文便是道。（《朱子语类》卷一百三十九）

道是文的根本，文是道的枝叶，圣贤本于道而作文，所以文便是道。同样，王守仁在《王阳明全书》卷七《稽山书院尊经阁记》中对学者仅注重《六经》之末而忽略其本的现象进行了批判：

> 盖昔者圣人之扶人极，忧后世，而述《六经》也，犹之富家者之父祖，虑其产业库藏之积，其子孙者或至于遗忘散失，卒困穷而无以自全也，而记籍其家之所有以贻之，使之世守其产业库藏之积而享用焉，以免于困穷之患。故《六经》者，吾心之记籍也。而《六经》之实则具于吾心，犹之产业库藏之实积，种种色色，具存于其家。其记籍者，特名状数目而已。而世之学者，不知求《六经》之实于吾心，而徒考索于影响之间，牵制于文义之末，硁硁然以为是《六经》矣。是犹富家之子孙不务守视享用其产业库藏之实积，日遗忘散失，至于窭人丐夫，而犹嚣嚣然指其记籍曰：“斯吾产业库藏之积也！”何以异于是！呜呼！《六经》之学，其不

① 汉唐经学和宋明理学时期对《六经》文本的理解存在差异，在汉唐经学旧传统中，经学注疏是为了理解“圣人之法”；而宋明的五经注疏，更侧重于理解“圣人之心”。汉儒将经视为常道，六经之外，何有义理；宋儒则以为六经本身不是常道，而是借圣人之文以明道，道在经上。尤其是朱熹《四书》学建构完成之后，在《四书》的基础之上来注解《六经》，更存在经学义理化的倾向。值得一提的是，虽然汉儒和宋儒在注经和解经的方法上存在争议，但是对于圣人之道的追寻具有天然的一致性。

② 于述胜、于建福：《中国传统教育哲学》，江苏教育出版社 1996 年版，第 156—157 页。

明于世，非一朝一夕之故矣。尚功利，崇邪说，是谓乱经；习训诂，传记诵，没溺于浅闻小见以涂天下之耳目，是谓侮经；侈淫辞，竞诡辩，饰奸心，盗行逐世，垄断而犹自以为通经，是谓贼经。若是者，是并其所谓记籍者而割裂弃毁之矣，宁复知所以为尊经也乎！

在王守仁看来，之所以出现“乱经”“侮经”“贼经”的现象，其根本原因就在于舍本逐末。

程颐对教学内容中的本与末、内与外有更为清晰的表述：

学也者，使人求于内也。不求于内而求于外，非圣人之学也。何谓不求于内而求于外？以文为主者是也。学也者，使人求于本也，不求于本而求于末，非圣人之学也。何谓不求于本而求于末？考详略，采异同是也。是二者皆无益于无身，君子弗学。（《河南程氏遗书》卷二十五）

圣人之学就是内学，就是求本之学，就是儒者之学。因为，在程颐看来“今之学者三”，“一曰文章之学，二曰训诂之学，三曰儒者之学。欲趋道，舍儒者之学不可”（《河南程氏遗书》卷十八），文章之学就是“不求诸己而求诸外，以博文强记，巧文丽辞为工，荣华其言，鲜有至于道者也”（《颜子所好何学论》），训诂之学就是汉唐以来学者专注注疏训诂传统，以至于忽略对儒家经学义理的追寻，文章之学和训诂之学是与“异端”相提并论，并成为妨碍学者“趋于道”的最大学术流弊。

问：“作文害道否？”曰：“害也。凡为文，不专意则不工，若专意则志局于此，又安能与天地同其大也？《书》曰‘玩物丧志’，为文亦玩物也。吕与叔有诗云：‘学如元凯方成癖，文似相如始类俳；独立孔门无一事，只输颜氏得心斋’。此诗甚好。古之学者，惟务养情性，其佗则不学。今为文者，专务章句，悦人耳目。既务悦人，非俳优而何？”曰：“古者学为文否？”曰：“人见《六经》，便以谓圣人亦作文，不知圣人亦摅发胸中所蕴，自成文耳。所谓

‘有德者必有言’也。”曰：“游、夏称文学，何也？”曰：“游、夏亦何尝秉笔学为词章也？且如‘观乎天文以察时变，观乎人文以化成天下’，此岂词章之文也？”（《河南程氏遗书》卷十八）

故此，宋儒学者重新返回到儒家原典之中，并通过对原典的重新诠释来找寻义理——儒家圣人之道，主张“为天地立心，为生民立命，为往圣继绝学，为万世开太平”，恢复先秦儒家“修己治人”之学的传统，进而延续儒家从孟子以来中断已久的道统。故此，从《六经》文本的整体视角来看，文就是道，道就是文，在文就是《诗》《书》《礼》《易》《乐》《春秋》，在道就是仁与义。中国古代教学以《六经》为中心的教学内容就是文道合一的内容，就是以追寻儒家仁义之道为宗旨的内容。

［结语］

中国古代教学内容以《六经》为中心，经由从六艺到六经的诸子之学、以《五经正义》为中心的汉唐经学到以《四书》为中心的宋明理学的发展变迁历程。

其一，古代教学内容实现了从课程统一到教材统一的发展历程。孔子、孟子、荀子在教育教学活动中所传授的教学内容，虽然既涉及礼、乐、射、御、书、数层面的内容，又涉及《诗》《书》《礼》《乐》《易》《春秋》层面的内容，但是从总体上来看以后一种教学内容为主，从一定程度上反映了诸子教学内容由六艺向六经过渡的特点。汉代儒学独尊为确立以六经为中心的教学内容提供了制度保障，有唐一代，《五经正义》的颁布标志着统一教材的出现。至宋明理学时期，以《四书》为中心而形成《近思录》—《四书》—《六经》的新经学课程体系，标志着古代教学内容的系统化和体系化。尤其是作为“读书工程”的《程氏家塾读书分年日程》的撰写及推行，为古代教学树立了一份以《四书》为核心的新经学课程样板方案。

其二，古代教学内容本身体现了文道合一的特征。《六经》是道的载体，以《六经》为教学内容实质上就是古代教学设计正是要通过对文本的研读来品味其中所蕴含的圣人之道。正如《汉书·艺文志》所言：儒家“游文于六经之中，留意于仁义之际，祖述尧舜，宪章文武，宗师仲尼，以重其言，于道最为高"，由此可见，《六经》文本所蕴含的正是圣人之道。文就是道，道就是文，在文就是《诗》《书》《礼》《乐》《易》《春秋》，在道就是仁与义，文道合一正是以《六经》为中心的古代教学内容的主旨所在。

其三，古代教学内容伴随着儒学独尊地位的确立而圣化。"自汉代以降，儒家独尊元典的努力又与帝王的需要大体契合，儒者地位随之提高，而'六经治世''六经致用'更成为朝野的一般认识，元典遂由古老的文化典籍、学人研习的文本，而一举高登庙堂，成为两千余年中国官方哲学的基本依凭，以致朝廷诏令、群臣奏议皆援引经文作根据；宫殿内的匾额，其词句也大都出自元典；一般士子著文发言，也不离对经典的依傍"[①]，以《六经》为中心的古代教学内容在融入古代教育社会生活的同时，演变成为古代社会的文化根基和精神支撑，由此而实现了对于文本本身的价值超越——"天地之常经，古今之通谊"（《汉书·董仲舒传》）。

第三节　以道自得之教学方法

> 孟子曰："羿之教人射，必志于彀，学者亦必志于彀。大匠诲人，必以规矩；学者亦必以规矩。"（《孟子·告子章句上》）
>
> 孟子曰："大匠不为拙工，改废绳墨；羿不为拙射，变其彀率。君子引而不发，跃如也；中道而立，能者从之。"（《孟子·尽心章句上》）

无论是羿还是大匠教人必以规矩，学者亦必须用一定的规矩。教者舍此无以教，学者舍此无以学。儒家"教有成法"的观念正是起源于孟子，其所论述的教和学的规矩，就是专门指儒家的教学方法而言。

① 冯天瑜：《中华元典精神》，上海人民出版社2014年版，第104页。

一　教学方法的学理分析

中国古代教学是在以学为中心的教育话语体系中所展开的，古代教学方法的生成和应用同样也是在以学为中心的教育教学话语体系中所进行的。正如孟子在《离娄章句下》中所言：

> 孟子曰："君子深造之以道，欲其自得之也。自得之，则居之安；居之安，则资之深；资之深，则取之左右逢其原，故君子欲其自得之也"。

朱熹在《朱子语类》卷第五十七《孟子七》中对"君子深造之以道，欲其自得之也"句的诠释，生动体现了古代教学方法的思维特征和运作方式。

> "君子深造之以道。"道，只是道理恁地做，恁地做。深造，是日日恁地做。而今人造之不以其道，无缘得自得。"深造之以道"，方始欲其自得。看那"欲"字，不是深造以道，便解自得。而今说得多，又剩了；说得少，又说不出，皆是不自得。
>
> "'君子深造之以道，欲其自得之也'，如何?"曰："'深造'云者，非是急迫遽至，要舒徐涵养，期于自得而已。'自得之'，则自信不疑，而'居之安'；'居之安'，则资之于道也深；'资之深'，则凡动静语默，一事一物，无非是理，所谓'取之左右逢其原'也。"又问："'资'字如何说?"曰："取也。资，有资藉之意。'资之深'，谓其所资藉者深，言深得其力也。"
>
> 或问"君子深造之以道"一章。曰："'深造之以道'，语似倒了。'以道'字在'深造'字上，方是。盖道是造道之方法，循此进进不已，便是深造之，犹言以这方法去深造之也。今曰'深造之以道'，是深造之以其方法也。'以道'是工夫，'深造'是做工夫。如'博学、审问、慎思、明辨、力行'之次序，即是造道之方法。若人为学依次序，便是以道；不依次序，便是不以道。如为仁而'克己复礼'，便是以道；若不'克己复礼'，别做一般样，

便是不以道。能以道而为之不已，造之愈深，则自然而得之。既自得之而为我有，‘则居之安；居之安，则资之深’。‘资之深’这一句，又要人看。盖是自家既自得之，则所以资藉之者深，取之无穷，用之不竭，只管取，只管有，滚滚地出来无穷。自家资他，他又资给自家。如掘地在下，藉上面源头水来注满。若源头深，则源源来不竭；若浅时，则易竭矣。又如富人大宝藏，里面只管取，只管有。‘取之左右逢其原’，盖这件事也撞着这本来底道理，那件事也撞着这本来底道理，事事物物，头头件件，皆撞着这道理。如‘资之深’，那源头水只是一路来，到得左右逢原，四方八面都来。然这个只在自得上，才自得，则下面节次自是如此。”

或问：“‘自得’章，文义莫有节次否？”曰：“此章重处只在自得后，其势自然顺下来，才恁地，便恁地，但其间自不无节次。若是全无节次，孟子何不说‘自得之，则取之左右逢其原’？”曰：“尹先生却正如此说。”曰：“看他说意思自别。孟子之意，是欲见其曲折而详言之；尹先生之言，是姑举其首尾而略言之。自孟子后，更无人会下这般言语。”

或问：“程子之说如何？”曰：“必须以道，方可‘潜心积虑，优游厌饫’。若不以道，则‘潜心积虑，优游厌饫’做甚底！”

依据朱熹诠释，此语段所蕴含的教育之理为：

第一，“君子深造之以道”中的“深造之以道”，存在词语倒置。“以道”应该在“深造”之前，而此处的“道”是造道之方法，即“以道深造”，就是按照一定的方法去深造。“以道”是工夫，“深造”是做工夫。

第二，“以道”有二：一是“‘博学、审问、慎思、明辨、力行’之次序，即是造道之方法。若人为学依次序，便是以道；不依次序，便是不以道”，这正是《中庸》中的“为学之序”，“为学之序”就是“造道之方法”，如果人按照“为学之序”来学，就是“以道”，否则就是“不以道”。二是“为仁而‘克己复礼’，便是以道；若不‘克己复礼’，别做一般样，便是不以道”，如果人遵循“克己复礼”就是“以道”，否则就是“不以道”。由此，“为学之序”和“为仁之序”就构成了“以道”的两个重要组成部分，这样学习的逻辑规范和行为的价值规范就融合在“深造”的过程中，进而使得行为的价值规范越位成为学习的逻辑规范的先决条件。

第三，“自得”是“以道深造”的理想和必然结果。首先，“自得”是理想结果。君子深造的最终目的是为了“自得”，并且“贵在自得”。其次，“自得”是必然结果。君子“以道深造”，必然“能以道而为之不已，造之愈深，则自然而得之”；相反，如果“造之不以其道，无缘得自得”，可见“以道”对于“自得”的决定性作用。最后，“自得”和“左右逢其原”之间同样存在“节次”，即自得之—居之安—资之深—左右逢其原—自得之。

为学之序
为仁之序 } 以道深造—自得之—居之安—资之深—左右逢其原—自得之

“自得之”的目的在于实现“左右逢其原”，“居之安”与“资之深”是自得过程中两种重要的学习状态。“居之安”，若已所自有也，即思蕴于学；“资之深”，则得其根本也，以此来强调“以道深造”过程中的自我实现。知识获得的过程与道德修养的过程融合在一起，同样也是学与思、知与行相辅相成的过程。在“以道自得”的教育话语语境之下，教法就成为君子之学的有机组成部分，学由此获得了整体性的象征意义。由此，我们就不难理解《论语·学而篇》中“学而时习之，不亦说乎？有朋自远方来，不亦乐乎？人不知而不愠，不亦君子乎？”的终极价值。同样，《学记》文本所体现的“学教之义”，就是学之语境中且具有整体性象征意义的“学教之义”。我们试结合《学记》文中对于教法的经典表述，来体悟“以道自得”语境下的古代教法。

善喻之教：故君子之教，喻也：道而弗牵，强而弗抑，开而弗达。道而弗牵则和，强而弗抑则易，开而弗达则思。和、易、以思，可谓善喻矣。

长善救失之教：学者有四失，教者必知之。人之学也，或失则多，或失则寡，或失则易，或失则止。此四者，心之莫同也。知其心，然后能救其失也。教也者，长善而救其失者也。

继志之教：善歌者，使人继其声。善教者，使人继其志。其言也，约而达，微而臧，罕譬而喻，可谓继志矣。

不刑之教：今之教者，呻其占毕，多其讯，言及于数，进而不顾其安，使人不由其诚，教人不尽其材，其施之也悖，其求之也佛。夫然，故隐其学而疾其师，苦其难而不知其益也。虽终其业，其去之必速。教之不刑，其此之由乎！

我们试结合历代学者对于“善喻之教”“长善救失之教”“继志之教”“不刑之教”的代表性诠释，来从中探寻古代教法中所蕴含的善教之道，如表3－6所示。

“善喻之教”的学理：

第一，喻和善喻。君子教人就是方便善诱之事，诱就在于道、强、开，道即示语引导，强即师微劝学者使神识坚强，开即开发事端，善就在于教者的道、强和开，不至于导致牵、抑和达行为的发生，这样教者和学者之间就会呈现和、易、思的教学状态，而这种状态正是由喻向善喻转变的关键所在。

第二，善喻和善教。正如方慤所言：“教主乎道，喻形乎言，然道未尝不资乎言，言未尝不本乎道，教无非喻也，喻无非教也。故下有独言善喻者，或独言善教者。”教是为了教道，喻借助于言也是为了言道，喻言就是言道，喻和教都是为了道，所以善教就是善言，善言就是善喻，善喻就是善教。

第三，善喻与自得。依据辅广和吴澄的诠释，“道而弗牵则和，强而弗抑则易”在于使学者“自求”，“开而弗达则思”在于使学者“自得”，通过教者的教，学者能达到“自求”“自得”的学习境界，就是教之善。由此，善喻就是要通过学者“自求”而能“自得”。

表3－6　**历代学者的代表性诠释**

善喻之教	孔颖达：正义曰：此一节明君子教人，方便善诱之事。故君子之教喻也，道而弗牵者喻，犹晓也；道，犹示也；牵，谓牵逼。师教既识学之废兴，故教喻有节，使人晓解之法，但广开道示语学理而已。若人苟不晓知，亦不逼急牵令速晓也。强而弗抑者抑，推也。谓师微劝学者，使神识坚强。师当随才而与之，使学者不甚推抑其义而教之。开而弗达者开，谓开发事端，但为学者开发大义头角而已，亦不事事使之通达也。

续表

善喻之教	道而弗牵则和者此下三句，释上三事之所由也。若人苟不晓而牵逼之，则彼心必生忿恚，师与弟子不复和亲。今若但示正道，宽柔教之，则彼心和而意乃觉悟也。强而弗抑则易者贺氏以为师，但劝强其神识，而不抑之令晓，则受者和易，和易亦易成也。开而弗达则思者但开发义理，而不为通达，使学者用意思念，所得必深，故云则思也。和易以思可谓善喻矣者结上三事之功，若师能教弟子如此三事，则可谓善教喻矣。 方慤：教主乎道，喻形乎言，然道未尝不资乎言，言未尝不本乎道，教无非喻也，喻无非教也。故下有独言善喻者，或独言善教者。君子之教喻也。道之使有所尚，而弗牵之使从，则人有乐学之心。强之使有所勉，而弗抑之使退，则人无难能之病。开之使有所入，而弗达之使知，则人有自得之益。以此三道而喻人，故曰：可谓善喻矣。若孔子循循然善诱人，所谓道而弗牵也。于互乡童子与其进不与其退，所谓强而弗抑也。举一隅不以三隅反则不复，所谓开而弗达也。 辅广：道而弗牵则和，强而弗抑则易，所谓优而柔之，使自求之也。先儒谓至道恳切，固是诚意。若迫切不中理，则反为不诚。教者岂可不知此理哉。开，谓开其端绪。开其端绪，则自不能。已于致思，故可以至于自得之地，于教喻而如此，谓之善。 吴澄：故其教而晓喻之也，但引导其前使之自进，而不以力拽之以速其进，则受教者不至于乖戾。激勉其志使之自能，而不以力逼之以速其能，则受教者不至于艰难。但开发其端倪，而不尽言以直透于底里，则受教者必须致思而自得之。于学者之情不乖而和，不难而易，俾思而后得。如此，则可谓善于教而喻人者矣。
长善救失之教	孔颖达：教也者，长善而救其失者也，使学者和易以思是长善，使学者无此四者之失是救失，唯善教者能知之。 吕祖谦：教也者长善而救其失者。为学之道，扶持长养人之善端，救人之偏失。孔子之教，皆在一部《论语》中。如君子哉，若人尚德哉，若人大哉问，善哉问之类，无非长善。如责以朽木不可雕，粪土之墙不可圬之类，无非救其失。 陈祥道：失之多者，孔子谓之狂。失之寡者，孔子谓之简。古之教者，观性以知心，因心以求。失多者约之以礼，寡者博之以文。易者抑之以自反，止者勉之以自强，此长善救失之道也。且善譬则苗也，失譬则莠也。欲长善者必救其失，欲长苗者必去其莠。彼闵其苗之不长而揠之者，其智不已疏乎！

续表

长善救失之教	辅广：内有所溺然后失形于外，不正其心而治其外未之能也。失由心生，善本性有，教人者长其固有之善而已，救其失则非知其心有所不能及。 王夫之：教也者，长善而救其失者也。多寡易止虽各有失，而多者便于博，寡者易以专，易者勇於行，止者安其序，亦各有善焉。救其失，则善长矣。
继志之教	孔颖达：正义曰：此一节论教者若善，则能使学者继其志於其师也。言学者继师之志，《记》者以善歌而比喻之，故云善歌者使人继其声。善歌，谓音声和美，感动於人心，令使听者继续其声也。善教者使人继其志者设譬既毕，故述其事，而言善教者必能使后人继其志，如善歌之人能以乐继其声，如今人传继周、孔是也。其言也，约而达者此释所以可继之事。言善为教者，出言寡约，而义理显达易解之。微而臧者微，谓幽微。臧，善也。谓义理微妙，而说之精善也。罕譬而喻者罕，少也。喻，晓也。其譬罕少而听者皆晓。可谓继志矣者能为教如上，则可使后人继其志意。不继声而继志者，本为志设，故不继声也。 朱熹：继声继志者，皆谓微发其端，而不究其说，使人有所玩索而自得之也。约而达，微而臧，罕譬而喻。三者皆不务多言，而使人自得之意。 戴溪：善歌艺也，犹使人继其声；善教者，不可使人继其志乎！然继志之学，不在言语之间，曰约曰微曰罕譬，其为辞甚简。曰达曰臧曰喻，其见理甚明。教者之辞简，学者之理明，若此可谓能继志矣。 黄震：学之序能辨志，然后能逊志，能逊志然后能继志。辨志求道之时也，逊志从道之时也，继志会道之时也。志于道则无累，志于仁则无恶。 吴澄：三者皆不尽言，而使学者自思绎而得之者。约微罕喻，教者之不尽言也。达臧喻，学者之能自得也。如此可谓，能使人继其志者矣。 王夫之：以此三者立言，则为可继，以待学者之自求，所以引人之志於无穷也。
不刑之教	孔颖达：刑，犹成也。言师教弟子不成。 辅广：刑，犹仪刑之刑。教之不刑，犹言教不足为人之仪刑也。

“长善救失之教”的学理：

第一，长善与救失。按照孔颖达理解：“使学者和易以思是长善，使学者无此四者之失是救失”，“长善”就是“和易以思”，就是“善喻”；“救失”就是让学者无“四失”。在吕祖谦看来，“长善”就是养人之“善端”，“救失”就是救人之“偏失”，正如《论语》中“君子哉，若人尚德哉，若人大哉问，善哉问之类”就是“长善”；“责以朽木不可雕，粪土之墙不可圬之类”就是“救失”，由此而论，“长善”与“救失”是两个层面的事。然而，在王夫之看来“救失”和“长善”是一个事物的不同方面，一方面“多寡易止”之“失”需要去“救”，另一方面“多寡易止”之“失”中包含向“善”转化的可能，“多者便于博，寡者易以专，易者勇于行，止者安其序，亦各有善焉。救其失，则善长矣”，“博专行序”就是“失”中之“善”，由此，救“失”就可长“善”。而陈祥道则是从如何“救失”的角度来诠释，“失多者约之以礼，寡者博之以文。易者抑之以自反，止者勉之以自强，此长善救失之道也”。由此，约礼与博文、自反与自强就成为解决多与寡、易与止的关键所在。

第二，救失与善教。按照辅广的理解，失由心生，救失需要知心，同样也只有知心，才能知道人之所失在何处。而知心只有善教者才能做到，所以救失的前提是知心，善教才能知心，长善救失就是善教的表现。故此，长善救失之教就是善教。

“继志之教”的学理：

第一，简辞与明理。“约而达，微而臧，罕譬而喻”中，约、微和罕为简之意，达、臧和喻为明之意，简指言辞简略，明指道理甚明。即：“志之学，不在言语之间，曰约曰微曰罕譬，其为辞甚简。曰达曰臧曰喻，其见理甚明。教者之辞简，学者之理明，若此可谓能继志矣”。

第二，养志之教。教就是养学者之志的过程，志的养成分为三阶段：辨志—逊志—继志，其中：辨志在其求道之时，辨别其志向所从；逊志在其从道之时，按先后顺序来得道；继志在其会道之时，学有所成而有所守。

第三，继志与自得。继志之教就是教者通过“微发其端，而不究其说”，达到使学者“有所玩索而自得”的目的。正如吴澄所言：“约微罕喻，教者之不尽言也。达臧喻，学者之能自得也。如此可谓，能使人继其志者矣”，辞简是为了自得，只有自得才能继志，由此可知，善教就是让学者能自得，能志于道、志于仁；学者能有志于道和仁，则可引其志于无穷之境，可谓继志。

何谓“不刑之教”？刑，就是成，不刑之教就是不成之教。不刑是因为教者不刑，其外在表现为：“呻其占毕，多其讯，言及于数”，其内理缺失为：安—诚—材，教者失理，所以学者不成。学者不成的外在表现：隐学疾师、苦难不知其易，内在表现：不能继承教者之志而“去学”，即无所得、无所守。

刑，还可以理解为仪刑之刑。那么何谓“仪刑”？仪刑就是可效法的楷模，不刑之教就是不能成为楷模而被后人所能效法的教。《学记》正是在从反思不刑之教弊病的基础之上提出“善教”，也就可以理解为“刑之教”，就是可以被后人所效法的教。由此可见，可被后人所效法的教就是：善喻之教、长善救失之教、继志之教，如果我们再做进一步的推导就可以探寻到古代之教的理想模型：

善喻—长善救失—继志

这就是所谓的善教，就是致力于学者自得的善教。事实上，从教者层面来看就是善教，从学者层面来看就是自得，善教归于自得。只有自得，才能继志；也只有继志，才能称得上是善教。故此，我们可以得出一个命题：善教即自得之教。

二　以道自得：教学方法主旨的考辨（道与得）

我们通过对《学记》文本中“善喻之教”“长善救失之教”“继志之教”的学理分析，不难发现，古代教学方法就是在“以道自得”语境之下的“自得之教”。因此，“以道”与“自得”就构成了古代教学方法的主旨。我们试结合《近思录》之《教学》专章，来探寻古代教学方法中所蕴含的教学之旨。《近思录》既是学习《四书》的入门之书，更是体现宋明理学先哲的哲理之书，在宋明理学的学术体系中占有十分重要的学术地位。其对于宋明理学先哲关于教学方法的摘录，既体现了以周敦颐、张载、二程为代表的理学先贤对于教人之道的方法探索，又反映了编撰者朱熹和吕祖谦对于理学教学方法的学理体认。

叶采在《近思录集解》、茅星来在《近思录集注》中分别对《教学》篇章之主旨进行了注解：

> 此卷论教人之道。盖君子进则推斯道以觉天下，退则明斯道以淑其徒。所谓得英才而教育之，即新民之事也。（叶采）
>
> 此则教人为学之道也。盖学优而仕固可出而见之事，业如不得已则惟有明斯道以淑其徒而已。小学大学皆有之，亦新民之事也。凡二十一条。朱子曰："古人初入小学，止是教之以事，如礼乐射御及孝弟忠信之事。自十六七入大学，然后教之以理，如致知格物及所以为忠信孝弟者"。（茅星来）

可见，《教学》篇就是关于教人之道的专论，就是君子"达"以觉天下与"不达"以淑其徒的教人之道。此教人之道，既适用于教之以事的小学阶段，又适用于教之以理的大学阶段。《教学》篇共收录二十一条，其中周敦颐一条，张载四条，二程合一十六条。我们试在摘录和总结各条主旨的基础上，来整体呈现《教学》篇中的教人之道，如表3－7所示。

表3－7　**《教学》篇中的教人之道**

第一条：故圣人立教，俾人自易其恶，自至其中而止矣。
第二条：大学之法，以豫为先。
第三条：君子虽不在位，然以人观其德，用为仪法，故当慎省。
第四条：故圣人之教，常俯而就之。
第五条：只教以经学念书，不得令作文字。
第六条：胡安定在湖州置治道斋，学者有欲明治道者，讲之于中，如治民、治兵、水利、算数之类。
第七条：凡立言欲涵蓄意思，不使知德者厌，无德者惑。
第八条：教人未见意趣，必不乐学。
第九条：子厚以礼教学者最善，使学者先有所据守。
第十条：语学者以所见未到之理，不惟所闻不深彻，反将理看低了。
第十一条：古之教人，莫非使之成己。
第十二条：自"幼子常视无诳"以上，便是教以圣人之事。

续表

第十三条：君子教人有序，先传以小者近者，而后教以大者远者。
第十四条：学者须是潜心积虑，优游涵养，使之自得。
第十五条：须去趋善，便自此成德。后之人，自童稚间已有汲汲趋利之意，何由得向善？
第十六条：古人有歌咏以养其性情，声音以养其耳目，舞蹈以养其血脉，今皆无之，是不得“成于乐”也。
第十七条：盖不待愤悱而发，则知之不固；待愤、悱而后发，则沛然矣。学者须是深思之，思而不得，然后为他说便好。初学者须是且为他说，不然，非独他不晓，亦止人好问之心也。
第十八条：已不勉明，则人无从倡，道无从弘，教无从成矣。
第十九条：不尽材，不顾安，不由诚，皆是施之妄也。教人至难，必尽人之材，乃不误人。
第二十条：故教小儿，且先安详恭敬。
第二十一条：惟整理其心，使归之正，岂小补哉？

我们对以上所摘录和总结的文本内容进行分析，可以看出：

第一，教人之道以中和为基。《教学》第一条就指出“中”为圣人立教之本。正如《中庸》所言：“中也者，天下之大本也；和也者，天下之达道也”，圣人立教守中和之“大本”和“达道”，其教学宏道之旨明已。理学先哲们在论述《教学》之时，将《中庸》之道作为圣人立教的最高行为准则，既体现了理学家们对于《中庸》及其哲学体系的弘扬，又表明了理学家们重视中庸之道对于教学方法的终极价值。

第二，教人之道以成己为本①。《教学》篇从对学者自身内在品行的论述入手，探讨了教学使学者趋善、成德的教育价值。如“以经

① 程、朱将《四书》视为重建个体道德之最佳教材，而特重“为己之学”。《论语·宪问》载孔子之言曰：“古之学者为己，今之学者为人。”《论语集注》卷7注引程子曰：“为己，欲得之于己也。为人，欲见知于人也。”又自加按云：“圣贤论学者用心得失之际，其说多矣，然未有如此言之切而要者。于此明辨而日省之，则庶乎其不昧于所从矣。”朱子将此语视为孔子论学最为“切而要”之言，正是因为朱子视为学，先成己，后成物，其于为政，先修己，后治人，故将政治社会之改良，世道人心之挽救，全系于个人道德的重建之上，而发明《四书》大义，也是为了重建新的道德。也就是说，要培养一个好人，必须去读经，去做事。［参见陈璧生《朱熹的〈四书〉与“五经”》，《中山大学学报（社会科学版）》2014年第2期。］

学念书”为本、倡导趋善反对“汲汲趋利”行为；注重慎省、有所据守、无诳、勉明、安详恭敬、整理其心等道德修养，无不是为了说明教学就是以养成学习者自身道德品行为要务，以此为立己成己之根本。可见，教学就在于学者内在品行的修养，而不在于外在“汲汲趋利之意”。

第三，教人之道以自得为旨。教学之妙在于使学者“潜心积虑，优游涵养”而自得，这就要求教者以“常俯而就之”的态度，让自己的教学充满“意趣”，“先传以小者近者，而后教人以大者远者”，能尽人之材，做到愤悱而发，然后能“使之自得”。尤其注重“成于乐”之乐对于学者“优游涵养”的价值，“歌咏以养其性情，声音以养其耳目，舞蹈以养其血脉”，由此性情、耳目、血脉都能得其养，然后道可得以宏，教可得以成。

由此可见，中和—成己—自得构成了《教学》篇的内在逻辑主线，体现了以周敦颐、张载、二程为代表的理学先哲们所倡导“学者须是潜心积虑，优游涵养，使之自得”的教学主旨。从体现“学教之义”的《学记》到论述“教人之道”的《教学》都倡导自得，以道自得就是古代教学方法的主旨所在。正如朱熹所言：“书用你自己去读，道理用你自己去究索，某只是做得个引路底人，做得个证明底人，有疑难处同商量而已”（《朱子语类》卷十三）。教者就是那个“引路底人”“证明底人”，“引路”之“路”在学者脚下，学者正是那个“走路底人”。路在脚下，得道在己。也正如《孟子·告子章句上》所言：

> 孟子曰：“仁，人心也；义，人路也。舍其路而弗由，放其心而不知求，哀哉！人有鸡犬放，则知求之；有放心而不知求。学问之道无他，求其放心而已矣。”

学问之道，无他，求放心而已。正如梁漱溟所言：“儒家之学只是个‘修己’”，“就是修己尽伦之学”。①

① 梁漱溟：《东方学术概观》，江苏文艺出版社2008年版，第70、73页。

［结语］

仁智双修的教学目的、文道合一的教学内容，促成了以道自得为特质的教学方法的形成。“以道”既包括造道之法又包括修道之法，造道之法就是为学之序，为学之序就是博学、审问、慎思、明辨、力行之次序，为学依此次序就是以道；修道之法就是为仁之序，克己复礼为仁，修道能克己复礼就是以道。“自得”就是“以道深造”的目的，教学活动中教者以造道之法和修道之法而教，学者就“能以道而为之不已，造之愈深，则自然而得之”，可见，学者“自然而得之”正是缘于教者“以道”。

其一，造道之法。《中庸》中所提出的“博学之，审问之，慎思之，明辨之，笃行之”的学、问、思、辨、行的为学模式，就是对以孔子为首的先秦诸子关于为学思想的系统化总结，经朱熹在《白鹿洞书院揭示》中首次提出并加以阐释，进而发展成为后世学者为学之序的经典模式。学是学圣人之道，问是问圣人之学，思是思圣人之所以为圣，辨是辨圣与非圣之别从而更加明确如何至圣，最后以行为落脚点，就是为了突出学者主体的自我修养（践行）之于学为圣人的实践价值，“行之笃则凡所学问思辨而得之者，又皆践于实而不为空言矣”（《中庸或问》），学至于行而止。

其二，修道之法。如果说造道之法在于从学习的逻辑规范方面来说明“怎样做”的问题，那么修道之法则是在于从行为的价值规范层面来规定“应该怎样做”的问题。克己复礼为仁，正是从行为价值规范层面的规定。克己复礼中包括两对范畴，一是克己与复礼，一是由己与由人。克己是复礼的基本条件，注重通过约束和克制自己的言行以使之符合礼、仁的规范；由己的反面就是由人，为仁由己而非由人，克己复礼重在要求自己而非责怪他人，“躬自厚而薄责于人”（《论语·卫灵公》）。

其三，学贵自得。在成己成人的为学语境中，教者就是一个“引路的人”，以道而教的目的就在于引导学者自求、自得、自化，“自去理会，自去体察，自去涵养”。之所以强调教“以道”，一是为了说明为学在于道，为道而学；二是为了体现教者“引而不发，跃如也。中道而立，能者从之”的为教为学态度。正如孔子所言：“不怨天，不尤人，下学而上达，知我者其天乎！”（《论语·宪问》），“下学而上达”正是求学为学应有的态度，教者以道而教最终就是为了引导学者在自我探索、自我体验的过程中，实现“下学人事，上达天理”[①] 的为学为教志向。

① 二程在注解孔子“下学而上达”时指出：“学者须守下学上达之语，乃学之要。盖凡下学人事，便是上达天理。然习而不察，则亦不能以上达矣。”（朱熹：《论语集注·宪问》）“下学人事，上达天理”由此而来。“上达”就是道德自觉的心灵状态，“下学”就是格物致知，克己复礼的积累工夫。

第四章

教学境界：中国教学哲学的追求

[**题解**] 颜渊喟然叹曰："仰之弥高，钻之弥坚；瞻之在前，忽焉在后。夫子循循然善诱人，博我以文，约我以礼。欲罢不能，既竭吾才。如有所立卓尔。虽欲从之，末由也已。"（《论语·子罕》）

依据程树德《论语集释》中摘录《论语集解》对语段的注解：

[**集解**] 循循，次序貌。诱，进也。言夫子以此道劝进人，有次序也。孔曰："言夫子既以文章开导我，又以礼节节约我，使我欲罢而不能，已竭我才矣。其有所立，则又卓然不可及，言已虽蒙夫子之善诱，犹不能及夫子之所立也"。

《集解》中包含达到"欲罢不能"教学境界的三要素：

第一，好教师。在颜回所感慨的话语里，孔子本人正是好教师的代表，既有"仰之弥高，钻之弥坚"的学识，又有"循循然善诱人"的能力，故能引导颜回达到"欲罢不能"之学习状态和境界①。

第二，好学生。在《论语》的话语语境中，颜回不仅是"好学"的好学生，更是知行合一、德行高尚的好学生，可以被看作儒家君子理想人格的典型代表。好学生颜回正是在好教师夫子的善诱之下，而愿竭尽其才并终生追随夫子之学。

第三，好教学。颜回对自我学习历程的言语表述，既是其本人对于夫子之道、夫子之教的推崇和赞许，更是通过对自我成长历程的反思和

---

① 正如《扬子法言·学行》所言：或问"世言铸金，金可铸欤？"曰："吾闻觌君子者，问铸人，不问铸金。"或曰："人可铸欤？"曰："孔子铸颜渊矣。"或人踧尔曰："旨哉！问铸金，得铸人。"

回顾[①]，表达了自己“虽欲从之，末由也已”的学道与践道的人生志向。正如《学记》所言：善教继志，“欲罢不能，既竭吾才。如有所立卓尔。虽欲从之，末由也已”正是继志的生动体现。

由此，颜回言语中表达了理想的儒家教学，有如孔子一样的好教师，有如颜回一样的好学生，进而实现弘道继志的理想境界。此种理想境界，正是好教学的典型表征。

第一节　好教学：循循善诱

好教学的发生源于“夫子循循然善诱人，博我以文，约我以礼”，我们试回溯到夫子教人的话语语境之中，从历代学者的代表性注释中体悟“欲罢不能”的韵味。

《论语集释》（程树德）中的代表性注释为[②]：

［**集注**］循循，有次序貌。诱，引进也。博文约礼，教之序也。言夫子道虽高妙，而教人有序也。侯氏曰：“博我以文，致知格物也。约我以礼，克己复礼也。”程子曰：“此颜子称圣人最切当处，圣人教人惟此二事而已。卓，立貌。末，无也。此颜子自言其学之所至也。盖悦之深而力之尽，所见益亲，而又无所用其力也。”吴氏曰：“所谓卓尔，亦在日用行事之间，非所谓窈冥昏默者。”程子曰：“到此地位功夫尤难，直是峻绝，又大假着力不得。”杨氏曰：“自可欲之谓善，充而至于大，力行之积也；大而化之，则非力行所及矣，此颜子所以未达一间也。”程子曰：“此颜子所以为深知孔子而善学之者也。”胡氏曰：“无上事而喟然叹，此颜子学既有得，故述其先难之故，后得之由，而归功于圣人也。高坚前后，语道体也。仰钻瞻忽，未领其要也。惟夫子循循善诱，先博我以文，使我知古今，达事变；然后约我以礼，使我尊所

① 据《石渠意见》：颜子领夫子博约之教，有得之后，追述在前未领圣教之时，以圣道为高也。仰之则弥高，而不可见，以为坚也。钻之则弥坚，而不可入。瞻之若在前，忽焉若在后，盖言己无定见，非圣道之有高坚前后也。由此可见，此语段为颜子“有得之后”的学习体验。

② 程树德：《论语集释》，中华书局2013年版，第689—691页。

闻，行所知。如行者之赴家，食者之求饱，是以欲罢而不能，尽心尽力，不少休废，然后见夫子所立之卓然，虽欲从之，末由也已。是盖不怠所从，必欲至乎卓立之地也。抑斯叹也，其在请事斯语之后，三月不违之时乎？”

［余论］ 黄幹《论语注义问答通释》：颜子之见，固非后学所可窥测。然以其不可窥测也，故言之者往往流于恍惚无所依据也。敢于为言者反借佛老之说以议圣人。其不敢者，则委之于虚无不可测论之域。惟吴氏以为亦在日用行事之间最为切实。夫圣人之道，固高明广大不可几及，然亦不过情性之间，动容之际，饮食起居交际应酬之务，君臣父子兄弟夫妇之常，出处去就辞受取舍，以至政事设施之间，无非道之寓。其所谓高坚前后者，他人于此，或未能无丝毫之私，或未能达义理之正，或未能通权变之宜，或未能及从容之妙，故仰之但见其高，钻之但见其坚，或前或后而无定所也。颜子用力，亦不过于博文约礼之间而竭其力，则见益精，行益熟，而于圣人性情动容，以至政事设施之类，皆有以见其当然之则，卓然立乎其间耳，初非有深远不可穷诘之事也。

［发明］《反身录》：问：颖悟如颜子，学夫子之道，犹仰钻瞻忽，叹其高坚前后之难入，今学者既无颜子之颖悟，而欲学夫子，其难尤将何如耶？曰：谓颜子从夫子学道则可，谓为学夫子之道，非惟不知道，并不知颜子矣。夫道为人人当由之道，存心尽性之谓也。颜子存己心，尽己性，而由己所当由之道。由之而初未得其方，不是过便是不及，出入无时，莫知其乡，潜天而天，潜地而地，是以有高坚前后之疑。若谓学夫子之道，是舍己而学人，乃后世徇迹摹仿者之所为。即一学而成，不高不坚，不前不后，亦与自己心性有何干涉？而循循之诱，则是夫子诱其博文约礼以学夫子。他日颜子问仁，夫子答以为仁由己。而颜子之请事不待、请事四勿，惟直请事夫子便为仁矣。颜子幸亲炙夫子，得以学夫子。而夫子之前，未有夫子；夫子之后，再无夫子，学者抑将学谁耶？曰：颜子非学夫子，胡为而依依夫子耶？曰：依依夫子，正所以亲承指点入道之方，博文约礼是也。问：博我以文，说者以为使我知古今达事变，然屿？曰：以博文为知古今达事变，则稍知读书者皆可能，颜子乃反见不及此，必待夫子之诱而始知从事于此，何以为颜子？夫博文而止于知古今达事变，亦何关于身心性命之急，乃欲罢不能，博之约

之，而至于如有所立卓尔耶？然则所谓文者，果何所指？必何如而后为博文为约礼耶？曰：身心性命之道，灿然见于语默动作人伦日用之常，及先觉之所发明，皆文也；莫不有当然之则焉，皆礼也。从而潜心默会，一一晰其当然之谓博；随所博而反躬实践之谓约。博即虞廷之惟精，大学之格物。约即虞廷之惟一，大学之诚正修。知行并进，无非在身心性命上做工夫，岂区区知古今达事变所可同日而语耶？又云：颜子惟其知性，是以藉博约工夫尽性分之当然，进不能自已。用力之久，至于聪明才智俱无可用，不觉恍然有会，跃如在前，实非畔援歆羡之私所可拟议。虽欲从之，果何所从？有从则有二矣，有二便非道。陈白沙先生亦谓，静坐久之，见此心之体隐然呈露，常若有物。日用间种种应酬，随吾所欲，如马之御衔勒，水之有源委。于是焕然自信曰："作圣之功，其在兹乎？"今吾人为学，自书册之外，多玩因循，实未尝鞭辟著里，竭才以进；而欲其有所见，难矣。即或自谓有见，亦无异汉武帝之见李大人，非惑即妄。

《论语集释》辑录的代表性诠释内容，呈现了达到"欲罢不能"境界的进程。

第一，博文约礼为始基。博文为致知格物，约礼为克己复礼，致知格物在于智，克己复礼在于仁，博文与约礼之教就是智仁合一之教。夫子教人就是以博文与约礼为主，圣人之道就蕴含在博文与约礼之中。同样，"博我以文，使我知古今，达事变；然后约我以礼，使我尊所闻，行所知"，博文与约礼就是知与行的结合，就是知行合一的过程。

第二，日用行事为中介。圣人之道存在于日用行事之间，"圣人之道，固高明广大不可几及，然亦不过情性之间，动容之际，饮食起居交际应酬之务，君臣父子兄弟夫妇之常，出处去就辞受取舍，以至政事设施之间，无非道之寓"，由此，学者可以通过日用行事体悟圣人之道，教者可以通过日用行事来传授圣人之道。

第三，存心尽性为根本。学者对于圣人之道的学习不仅仅限于日用行事之间，"夫博文而止于知古今达事变，亦何关于身心性命之急，乃欲罢不能，博之约之，而至于如有所立卓尔耶？"，更需要在身心性命上做工夫。只有在身心性命上做工夫，才能体悟圣人之道的本真所在。既然圣人之道在于工夫上的体悟，那么“欲罢不能”就是一种基于学习者自我体验的心理状态。

既然“欲罢不能”之教学境界是一种基于循循善诱基础之上的工夫之境，那么“有序”“善诱”的教学工夫就是实现“无尽”教学境界的关键所在。我们以《学记》文本的相关语段为中心，来阐释好教学发生的教学之序和善诱之机。教学之序中的“序”既包括时间（如季节、年龄等）的顺序，也包括内容（《诗》《书》《礼》《易》《乐》《春秋》）的顺序，甚至还包括长幼乃至先学后学的顺序等，并体现在教学对象、教学目的、教学内容、教学进程等各个环节之中。

《学记》就是围绕教学之序来阐释和构建教学活动过程的，具体内容如下。

其一，比年入学，中年考校：一年视离经辨志，三年视敬业乐群，五年视博习亲师，七年视论学取友，谓之小成。九年知类通达，强立而不反，谓之大成。

“比年入学”中就包含“入学之序”。《大戴礼记·保傅篇》云：“古者年八岁而出就外舍，学小艺焉，履小节焉。束发而就大学，学大艺焉，履大节焉”。卢辨注释云：《白虎通》曰：“八岁入小学，十五入大学”是也。此太子之礼。《尚书大传》曰：“公卿之太子、大夫元士嫡子，年十三始入小学，见小节而践小义。年二十入大学，见大节而践大义。”此王子入学之期也。又曰“十五年入小学，十八入大学”者，谓诸子性晚成者，至十五入小学，其早成者十八入大学。《内则》曰“十年出就外傅，居宿于外，学书计”者，谓公卿以下教子于家也。按照卢注之注释：“八岁入小学，十五入大学，为王太子之礼”，在《保傅篇》中可得以明证——“帝入东学”“帝入南学”“帝入西学”“帝入北学”指的就是成王十五岁之时，入诸学观礼布政之事。而对于卢注据《内则》《书传》说十三入小学，二十入大学，为诸侯世子及卿大夫、士适子之礼。其或迟三年，十五入小学；或早二年，十八入大学，为世子以下晚成、早成之别制，则无具体的文献可以佐证。《大戴礼记·保傅篇》中“八岁入小学，十五入大学”的文本阐述，在古代相关文献之中的表述如表 4－1 所示。

表 4－1　　古代相关文献的表述

文献篇目	文本内容
《礼记·内则》	七年男女不同席，不共食。八年出入门户及即席饮食，必后长者，始教之让。九年教之数日。十年出就外傅，居宿于外，学书计，衣不帛襦裤，礼帅初，朝夕学幼仪，请肄简谅。十有三年学乐，诵《诗》，舞《勺》，成童舞《象》，学射御。二十而冠，始学礼，可以衣裘帛，舞《大夏》，惇行孝弟，博学不教，内而不出。
《尚书大传·略说》	王太子王子群后之子以至公卿大夫元士之适子，十有三年，始入小学，见小节焉，践小义焉；年二十，入大学，见大节焉，践大义焉；余子皆入学，十五始入小学，见小节，践小义；十八入大学，见大节，践大义焉①。
《白虎通·辟雍》	古者所以年十五入太学何？以为八岁毁齿，始有识知，入学学书计。七八十五，阴阳备，故十五成童志明，入太学，学经术。
《公羊传》	礼，诸侯之子八岁受之少傅，教之以小学，业小道焉，履小节焉；十五受之太傅，教之以大学，业大道焉，履大节焉。
《汉书·食货志》	余子亦在于序室。八岁入小学，学六甲、五计、书计之事，始知室家长幼之节；十五入大学，学先圣礼乐，而知朝廷君臣之礼。
《文献通考》	程子曰：古者八岁入小学，十五入大学；朱子《大学章句·序》曰：人生八岁，则自王公以下至于庶人之子弟，皆入小学，而教之以洒扫应对、进退之节，礼乐射御书数之文。及其十有五年，则自天子之元子、众子，以至公卿、大夫、元士之适子，与民之俊秀，皆入大学，而教之以穷理、正心、修己、治人之道。此又学校之教、大小之节所以分也。

① 《略说》注释之中指出：余子指庶子也，余子只有入学年龄上的不同，他们所接受的小学和大学的学业并无差异。

我们从对《大戴礼记·保傅篇》《礼记·内则》《尚书大传·略说》《白虎通·辟雍》《公羊传》《汉书·食货志》《文献通考》等相关文献资料的分析不难发现：第一，西周国学分为大学和小学，八岁入小学，十五岁入大学，为《大戴礼记·保傅篇》《白虎通》《汉书·食货志》之说，程、朱二子从之；十三岁入小学，二十岁入大学，为《尚书大传·略说》之说；第二，小学的学习时间可以推断为七年，大学的学习时间没有较为明确的表述①；第三，西周学校教育具有明显的等级性，入学年龄与入学身份有直接的关联。

“中年考校”中包含教学考核的时间节点及具体内容之序。教学考核分别为一年、三年、五年、七年及九年，孔颖达认为，中年考校制度的一年三年五年七年既是未入大学的乡遂大夫的考校制度，也是入大学的国家考校制度，而九年之考校制度就单独指国家考校制度；周谞、万斯大、方苞则认为中年考校就是十五岁升入大学之后的考校制度；吴澄则认为中年考校制度，应该理解为“七年以上皆小学之事，九年则十五入大学之次年，自始入小学之年而通数之为九年也”；张载则认为，九年考校制度是“言其大略”，“人性有迟敏，气有昏明，岂有齐也？”人性本不同，所以不可以统一标准来衡量。至于考核内容来说：离经辨志、敬业乐群、博习亲师、论学取友的小成阶段存在具体考核标准——学问与德行并重（先观其学业之浅深，徐察其德行之虚实），到知类通达乃至强立而不反的大成阶段，《学记》作者没有用“视”，在于“九年则不复言视者，知类通达，强立而不反，非教者所能程，惟学者之自致焉耳”。小成依具体学程可学而得，大成则是学者自我体悟所得。

其二，大学始教，皮弁祭菜，示敬道也。《宵雅》肄三，官其始也。入学鼓箧，孙其业也。夏楚二物，收其威也。未卜禘不视学，游其志也。时观而弗语，存其心也。幼者听而弗问，学不躐等也。此七者，教之大伦也。《记》曰：“凡学，官先事，士先志”，其此之谓乎！

大学教学始教之序。（1）皮弁祭菜：《文王世子》凡学，春官释奠

① 黄绍箕、柳诒徵在《中国教育史》一书中就曾指出：“大学之学年，诸书未言，惟《学记》曰……是大学学年凡九年也”。（黄绍箕、柳诒徵：《中国教育史》，福建教育出版社2011年版，第73页。）

于先师，秋冬亦如之。《周官》大胥掌学士之版，春入学舍菜合舞。盖学者之于先圣先师，大有释奠，小有释菜。释奠以饮为主，而其礼隆；释菜以食为主，而其礼薄。故大学始教，皮弁祭菜，所以示敬而已矣。皮弁，顺物性而制之，则文质具焉。祭菜，芼芹藻而羞之，则诚礼著焉。（2）入学鼓箧：入学时，大胥之官击鼓以召学士，学士至，则发箧以出其书籍等物，警之以鼓声，使之逊顺之心进其业也。

大学视学之序。未卜禘不视学：君丧毕之明年，然后卜禘。未卜禘，则不视学。不以凶礼干吉礼也，卜禘犹卜郊于上中下辛之类也。未卜禘，犹所谓寡君之未禘祀也。卜禘尊祖，所以崇本也；视学尊师，所以劝士也。先尊祖后劝士，其序然也。

大学教学中的长幼之序。其一，幼者听而弗问：教学之法，若有疑滞未晓，必须问师，则幼者但听长者解说，不得辄问。推长者谘问，幼者但听之耳。其二，学不躐等也者：学，教也。躐，逾越也。言教此学者，令其谦退，不敢逾越等差。若其幼者辄问，不推长者，则与长者抗行，常有骄矜。今唯使听而不问，故云“学不躐等”也。

大学不同教学对象的教学内容之序。官先事，士先志：谓有官者，先教之事；未官者，使正其志为先，理虽同而分则异，故一以尽其事为先，一以尚其志为先。先事者非忘志也，急先务而已。先志者非遗事也，特在所后而已。故《周官》考士之法，先功绪，而德行次之。孔子设科之序，先德行而政事次之。

大学教学观与语之序。时观而弗语，存其心也者：时观，谓教者时时观之，而不丁宁告语。所以然者，欲使学者存其心也。既不告语，学者则心愤愤，口悱悱，然后启之，学者则存其心也。由观至语，在于教者对于学者学习状态的把握，“心愤愤”与“口悱悱”之时，就是教者告语之时。

其三，大学之教也，时教必有正业，退息必有居学。

时教之正业与居学之序。朱子曰：时教，如春夏《礼》《乐》，秋冬《诗》《书》之类。居学，谓居其所学，如《易》之言居业，盖常时（习）所习，如下文操缦博依兴艺，藏脩息游之类，所以学者能安其学而信其道。

由此，《学记》文本中就包含：入学之序、教学考核之序、教学始教之序、大学视学之序、教学中的长幼之序、不同教学对象的教学内容之序、大学教学观与语之序、时教之正业与居学之序等。作为体现古代“学教之义”的《学记》，对古代教学（先秦诸子）之序进行较为系统的整理，生动再现了古代理想教学进程的次序安排。同样，正如荀子在《劝学》中所言：“学恶乎始？恶乎终？曰：其数则始乎诵经，终乎读礼；其义则始乎为士，终乎为圣人”，无论是为学还是教学都有始有终，从教学内容来看始于诵经（《诗经》）终乎读礼（《礼》），从教学目的来看始于士终极为圣人之理想人格。

在此基础之上，朱熹从小学和大学两个阶段对教学之序进行了更为系统的论述：

> 古之教者，有小学，有大学，其道则一而已。小学是事，如事君、事父兄等事。大学是发明此事之理，就上面讲究所以事君事父兄等事是如何。(《小学辑说》)
>
> 古人之学，固以致知为先，然其始也，必养之于小学，则在乎洒扫、应对、进退之节，礼乐射御书数之习而已。圣人开示后人进学门庭，先后次序，极为明备。(《小学辑说》)
>
> 小学之事，知之浅而行之小者也。大学之道，知之深而行之大者也。(《小学辑说》)
>
> 学之大小，固有不同，然其为道，则一而已。是以方其幼也，不习之于小学，则无以收其放心，养其德性，而为大学之基本。及其长也，不进之于大学，则无察其义理，措之事业而收小学之成功。是则学之大小所以不同，特以少长所习之异宜，而有高下、深浅、先后、缓急之殊，非若古今之辨，义利之分，判然如薰莸冰炭之相反而不可以相入也。今使幼学之士，必先有以自尽乎洒扫应对进退之间，礼乐射御书数之习，俟其既长，而后进乎明德亲民，以止于至善，是乃次第之当然，又何为不可哉！(《小学辑说》)
>
> 盖古人之教，自其孩幼而教之以孝弟诚敬之实，及其少长而博之以诗书礼乐之文，皆所以使之即夫一事一物之间，各有以知其义理之所在，而致涵养践履之功也。及其十五成童，学于大学，则其

洒扫应对之间，礼乐射御之际，所以涵养践履之者，略已小成矣，于是不离乎此，而教之以格物以致其知焉。致知云者，因其所已知者推而致之，以及其所未知者，而极其至也，是必至于举天地万物之理而一以贯之，然后为知之至，而所谓诚意、正心、修身、齐家、治国、平天下者，至是而无所不尽其道焉。(《答吴晦叔书》)

按照朱熹的理解：教学分为小学和大学两个阶段。小学以教事为主，大学以教发明此事之理为主；小学之事包括洒扫应对进退之节和礼乐射御书数之习，大学之理为明德亲民，以止于至善。教学除分小学和大学两个阶段之外，还有高下、深浅、先后、缓急之不同。教事与教理，就成为小学和大学教学的区分所在。

事实上，朱熹对于其所推崇的《四书》在学习和教学过程中也有先后之分：

读书先读《大学》，以定其规模；次读《论语》，以立其根本；次读《孟子》，以观其发越；次读《中庸》，以求古人之微妙处，《大学》一篇，有等级次第，总作一处易晓，宜先看《论语》却实，但言语散见，初看亦难，《孟子》有感激兴发人心处，《中庸》亦难读，看三书后，方宜读之。(《学规类编》卷五)

在朱熹看来，不仅要按照《大学》《论语》《孟子》《中庸》的顺序来读《四书》，而且对于首先要读的《大学》其内容也有先后次序，《大学章句》篇首即言：

子程子曰："《大学》，孔氏之遗书，而初学入德之门也。"于今可见古人为学次第者，独赖此篇之存，而《论》《孟》次之。学者必由是而学焉，则庶乎其不差矣。

朱熹在《序》中所言：

《大学》之书，古之大学所以教人之法也。

可见，《大学》既是古人为学次第，又是教人之法。正是在此基础之上，朱熹在对《大学》进行注解时将其分为经、传两大部分：

右经一章，盖孔子之言，而曾子述之。其传十章，则曾子之意而门人记之也。

凡传十章：前四章统论纲领旨趣，后六章细论条目功夫。其第五章乃明善之要，第六章乃诚身之本，在初学尤为当务之急，读者不可以其近而忽之也。

朱熹在《大学章句》中对十章的主题进行了说明，如表4－2所示。

表4－2　**《大学章句》对十章主题的说明**

第一章释明明德，第二章释新民，第三章释止于至善，第四章释本末，第五章释格物、致知之义，第六章释诚意，第七章释正心修身，第八章释修身齐家，第九章释齐家治国，第十章释治国平天下。

在此基础之上，朱熹对学习一本书的先后顺序进行了论述："以一书言之，其篇章、文句、首尾、次第，亦各有序，而不可乱也。量力所至，约其课程，而谨守之。字求其训，句索其旨；未得乎前，则不敢求其后；未通乎此，则不敢志乎彼。如是循序而渐进焉，则意定理明，而无疏易凌躐之患矣"（《学规类编》卷之五《诸儒读书法二》）。

总而言之，从小学、大学的教学顺序到学习《四书》每部著作的学理顺序，从《四书》每部著作的构成顺序到学习每部著作的逻辑顺序，都有详细的安排和说明。由此，朱熹将教学之序的划分更加系统化，真正让教学成为一种有序可循的过程。

如果说"序"是一种由矩可循的教学工夫，那么"善诱"之"时机"则是一种稍纵即逝的教学瞬间，所蕴含在内的是一种教者的教学智慧，需要教者在与学者的交流互动中转换和生成。正如《学记》所言：

大学之法，禁于未发之谓豫，当其可之谓时，不陵节而施之谓孙，相观而善之谓摩。

发然后禁，则杆格而不胜；时过然后学，则勤苦而难成；杂施而不孙，则坏乱而不脩；独学而无友，则孤陋而寡闻。

豫、时、孙、摩就在于未发、当其可、不陵节、相观的临界点处发生，如何把握教学方法“临界点”而不至于产生扞格而不胜、勤苦而难成、坏乱而不脩、孤陋而寡闻的结果，这就需要教者在与学者的互动、共通之中，依靠基于教学实践经验而形成的教学智慧来把握和揣摩，这就是一种教学境界，一种基于教者自我体验而“无法言说”的教学境界。我们试从历代学者对于《学记》原文的代表性注释文本中，来探寻这种“无法言说”的教学境界。

原文：大学之法，禁于未发之谓豫，当其可之谓时，不陵节而施之谓孙，相观而善之谓摩。

注释文本如表 4－3 所示。

表 4－3　**注释文本**

注释者	注释内容
（唐）孔颖达	禁于未发之谓豫者，发，谓情欲发也。豫，逆也。十五以前，情欲未发，则用意专一，学业易入。为教之道，当逆防未发之前而教之，故云禁于未发之谓豫。当其可之谓时者，可，谓年二十之时。言人年至二十，德业已成，言受教之端，是时最可也。不陵节而施之谓孙者，陵，犹越也。节，谓年才所堪。施，犹教也。孙，顺也。谓教人之法，当随其年才，若年长而聪明者，则教以大事而多与之；若年幼又顽钝者，当教以小事又与之少，是不越其节分而教之。所谓孙，顺也，从其人而设教也。相观而善之谓摩者，善，犹解也。受学之法，言人人竞问，则师思不专，故令弟子共推长者能者一人谘问，余小不能者，但观听长者之问答，而各得知解。此朋友琢磨之益，故谓之摩也。

续表

注释者	注释内容
（宋）陈祥道	邪不闲，则诚有所不存。回不释，则美有所不增。故禁于未发之谓豫，所以救失于未然之前。当其可之谓时，所以长善于可教之际。故当其可以学之之时而达之，可以习之之业易。所谓进德修业欲及时也，因时而不违，循理而不逆。不责其所不及，不强其所不能。优而柔之，使自求之。厌而饫之，使自趣之，岂不为孙乎？与夫骤而语之，喧德荡志者异矣。教者不陵节而施，则学者见贤思齐，见善相示。不必亲相与言，而同归于善矣，岂不为摩乎？与夫朋友已谮，不胥以谷者异矣。以《内则》推之，七年男女，不同席不共食，十五出就外傅，居宿于外，禁于未发之意也。八年始教之孙，以至二十，敦行孝弟，当其可之意也。学乐而后射御，射御而后学礼，舞勺而后舞象，舞象而后舞夏，不陵节而施之意也。三十博学无方，孙友视志，相观而善之意也。教之有由兴，本诸此而已。
（宋）方　悫	夫既发而后禁，则为无及矣。未发而先禁，乃为有备。幼子常视毋诳，亦可谓之豫矣。未可以教而教，则欲速而不达。可以教而不教，则虽悔而不可追。若十年学书计，十三年舞勺，成童舞象，则可谓之时矣。不陵节而施，则理顺而不悖，故谓之孙。若孔子言可与共学未可与适道，可与立未可与权，则可谓之孙矣。以此之善，而见彼之不善，以彼之不善，而见此之善，所谓相观也。有见于上，则知善之可慕。有见于下，则知不善之可戒。荀子所谓见善修然必以自存，见不善愀然必以自省，则可谓之摩矣。夫既有以防其情，又有以成其性；既有以因其才，又有以辅其仁，则教之道尽矣，故曰所由兴也。
（宋）朱　熹	禁于未发，但谓豫为之防。其事不一，不必皆谓十五时也。当其可，谓适当其可告之。时，亦不必以年为断。相观而善，但谓观人之能而于己有益，如以两物相摩而各得其助也。
（宋）张　载	当其可者，乘其间而施之，不待彼有求而后教之。又曰不待其问，当其可告之机即告之。如孟子曰时雨化之，如天之雨岂待望而后雨，但时可雨即雨。

续表

注释者	注释内容
（宋） 戴　溪	夫禁于未发之谓豫，当其可之谓时，疑若不可须臾缓也。然不陵节而施之谓孙，相观而善之谓摩，又何其甚缓也。夫君子进德修业欲及时也，过时非也，不及时亦非也。《乾》于九三论君子进德修业，其言曰：知至至之，可与几也；知终终之，可与存义也。知所终始，则无过不及之患矣。大抵学者为学始终，节目皆有次第，先传后倦不可诬也。若先后倒置，本末舛逆，学虽勤，无益也。禁于未发，不必谓十五时也。物欲未深，情伪尚浅，则犹可禁也。当其可，不必谓年二十成人时也，适当其机，因而导之，此之谓可。孙之为言，有优游巽入之意焉。摩之为言，有切磋动荡之意焉。人知豫与时之为教，而不知孙与摩之为教也益深。
（清） 王夫之	未发，谓不善之未有端，以礼约之，则莫之禁而自禁矣。可，谓恰可受教之时也。陵，越也。节者，教者浅深之次第。孙，顺也。相观，谓聚于学以亲友。摩，切近而使喻也。
（清） 姜兆锡	有先无后，曰豫。不先不后，曰时。孙，以相安言。摩，以相厉言。方氏曰：若《内则》言七年男女，不同席不共食。幼子常视毋诳，可谓之豫矣。若十年读书计，十三舞勺，成童舞象，可谓之时矣。若孔子言，可与共学未可与适道，可与立未可与权之类，可谓之孙矣。若荀子言，见善修然必以自存，见不善愀然必以自省，可谓之摩矣。

我们从上述代表性注释内容中，可以整理出体现豫、时、孙、摩的关键信息：

其一，何谓豫，如表 4－4 所示。

表 4－4　**何谓豫**

1.（孔）十五以前，情欲未发，则用意专一，学业易入。为教之道，当逆防未发之前而教之，故云禁于未发之谓豫。2.（陈）救失于未然之前；以《内则》推之，七年男女，不同席不共食，十五出就外傅，居宿于外，禁于未发之意也。3.（方）幼子常视毋诳，亦可谓之豫矣。4.（朱）禁于未发，但谓豫为之防。其事不一，不必皆谓十五时也。5.（戴）禁于未发，不必谓十五时也。物欲未深，情伪尚浅，则犹可禁也。6.（王）未发，谓不善之未有端，以礼约之，则莫之禁而自禁矣。7.（姜）有先无后，曰豫。

豫包括两个层面：一是以十五岁为界，指情欲未发之时，对情欲的预防；二是不以年龄为界，在物欲未深、情伪尚浅之际，对情欲的预防。无论是第一层面还是第二层面的豫，都指向于人的情欲，即防其情。

其二，何谓时，如表4－5所示。

表4－5　**何谓时**

1.（孔）可，谓年二十之时。言人年至二十，德业已成，言受教之端，是时最可也。2.（陈）当其可之谓时，所以长善于可教之际。故当其可以学之之时而达之，可以习之之业易。所谓进德修业欲及时也，因时而不违，循理而不逆。3.（方）未可以教而教，则欲速而不达。可以教而不教，则虽悔而不可追。若十年学书计，十三年舞勺，成童舞象，则可谓之时矣。4.（朱）当其可，谓适当其可告之。时，亦不必以年为断。5.（张）当其可者，乘其间而施之，不待彼有求而后教之。又曰不待其问，当其可告之机即告之。如孟子曰时雨化之，如天之雨岂待望而后雨，但时可雨即雨。6.（戴）夫君子进德修业欲及时也，过时非也，不及时亦非也。7.（王）可，谓恰可受教之时也。8.（姜）若十年读书计，十三舞勺，成童舞象，可谓之时矣。

时既指按照确定年龄来及时施教，又指乘合适的时机来施教，目的指向于进德修业。

其三，何谓孙，如表4－6所示。

表4－6　**何谓孙**

1.（孔）谓教人之法，当随其年才，若年长而聪明者，则教以大事而多与之；若年幼又顽钝者，当教以小事又与之少，是不越其节分而教之。所谓孙，顺也，从其人而设教也。2.（陈）不责其所不及，不强其所不能。优而柔之，使自求之。厌而饫之，使自趣之，岂不为孙乎？3.（方）不陵节而施，则理顺而不悖，故谓之孙。若孔子言可与共学未可与适道，可与立未可与权，则可谓之孙矣。4.（戴）孙之为言，有优游巽入之意焉。5.（王）陵，越也。节者，教者浅深之次第。孙，顺也。6.（姜）若孔子言，可与共学未可与适道，可与立未可与权之类，可谓之孙矣。

孙既指从其人而设教，又指根据教学内容的不同而教，以期达到“优而柔之，使自求之；厌而饫之，使自趣之”的理想境界。

其四，何谓摩，如表4-7所示。

表4-7　何谓摩

1.（孔）善，犹解也。受学之法，言人人竞问，则师思不专，故令弟子共推长者能者一人谘问，余小不能者，但观听长者之问答，而各得知解。此朋友琢磨之益，故谓之摩也。2.（陈）不必亲相与言，而同归于善矣，岂不为摩乎？与夫朋友已谮，不胥以谷者异矣。3.（方）以此之善，而见彼之不善，以彼之不善，而见此之善，所谓相观也。有见于上，则知善之可慕。有见于下，则之不善之可戒。荀子所谓见善修然必以自存，见不善愀然必以自省，则可谓之摩矣。4.（朱）相观而善，但谓观人之能而于己有益，如以两物相摩而各得其助也。5.（戴）摩之为言，有切磋动荡之意焉。6.（王）相观，谓聚於学以亲友。摩，切近而使喻也。7.（姜）若荀子言，见善修然必以自存，见不善愀然必以自省，可谓之摩矣。

摩既指幼者观摩长者问答而有所收获，又指学者之间的相互取长补短，正如荀子所谓“见善修然必以自存，见不善愀然必以自省”。

由此而来，豫、时、孙、摩所体现的教学之理为：防其情（豫）、成其性（时）、因其才（孙）、辅其仁（摩），从整体上构成了教学成功的主体要素，所以才有“此四者，教之所由兴也”的概括和总结。同时，又因情、性、才、仁会因人而异，所以教学既需要掌握学者外在的共性，更需要依据学者内在个性的不同而展开，并进而实现“优而柔之，使自求之；厌而饫之，使自趣之”的教学效果。无论是自求还是自趣，都是基于学者自我内心体验的学习过程，而如何使学者达到自求和自趣之境界，则需要教者在与学者的互动中转换和生成，并最终达到“若江海之浸，膏泽之润，涣然冰释，怡然理顺，然后为得也”的“贯通”之境。即从有序到时机、从师教到自得、从积累到贯通正是教学境界得以逐步升华的真实体现。

第二节　好学生：颜回之乐

> 哀公问："弟子孰为好学？"孔子对曰："有颜回者好学，不迁怒，不贰过。不幸短命死矣！今也则亡，未闻好学者也。"（《论语·雍也》）
>
> 季康子问："弟子孰为好学？"孔子对曰："有颜回者好学，不幸短命死矣！今也则亡。"（《论语·先进》）

从孔子"今也则亡"的感慨来看，颜回确实是孔子心目中的好学生。孔子曾称颜回为"明君子"（《荀子·子道》），"圣士"（《韩诗外传》卷七），"大士"（《韩诗外传》卷九），并认为"若回者，其至乎！虽上古圣人，亦如此而已"（《韩诗外传》卷十）。好教学就是要培养出好学生，颜回本人正是好学生的代表。

> 颜子好学不倦，合仁与知，具体圣人，独未至圣人之止尔。（《正蒙·中正篇》）
>
> 孟子才高，学之无可依据。学者当学颜子入圣人为近，有用力处。（《河南程氏遗书卷第二上》）
>
> 学者要学得不错，须是学颜子。（《河南程氏遗书卷第三》）
>
> 颜子好学，知者不逮也。伊尹知耻，勇者不逮也。志伊尹之志，学颜子之学，善用其天德矣。（《思问录·内篇》）

我们试以《论语》中记载颜回言行的文本材料为范本，从形（好学）和质（乐学）两个层面来揭示好学生的好形象。

一　好学：好学生之形

颜回作为孔子最为喜爱的学生，从汉代起进入孔庙配享孔子，并与曾子（宗圣）、子思（述圣）、孟子（亚圣）合称为儒家"四圣"。颜回从汉代进入孔庙配享孔子以来，其封号经历了一系列变化直至被称作

“复圣”，如表4-8所示。

表4-8 **颜回封号的变化**

汉高祖十二年（公元前195年）十一月至曲阜，以太牢之礼祀孔子，以颜回配享（《陋巷志》）； 东汉明帝十五年（72年），“祠仲尼”及颜回等弟子（《后汉书·明帝纪》）； 唐太宗贞观二年（628年），封颜回为“先师”； 唐高宗总章元年（668年）、睿宗太极元年（712年），皆封颜回为“太子少师”； 唐玄宗开元八年（720年），封颜回为“亚圣”； 唐玄宗开元二十七年（739年），封颜回为“亚圣兖国公”； 北宋真宗大中祥符二年（1009年）、神宗元丰七年（1084年）、南宋度宗咸淳三年（1267年），皆封颜回为“兖国公”； 元文宗至顺元年（1330年），封颜回为“兖国复圣公”； 明世宗嘉靖九年（1530年）、清乾隆二十一年（1756年），皆封颜回为“复圣”。

在历代学者心目之中，颜回就是文人士子的理想人格和道德楷模，其德行与学问直接继承孔子，并经过历代学者的历史构建几乎成为与孔子无差别（“复圣”）的儒家理想人格典范。“质以忠信为美，德以好学为极”（王夫之：《思问录·内篇》）。据王春华《颜回资料辑考》（曲阜师范大学，博士学位论文，2011年）考证，记载颜回言行的资料及文献总数如表4-9所示。

我们试以《论语》记载颜回言行的文本为范例，从中分析作为“复圣”颜回的外在形象，进而勾画出孔子心目中“好学生”的具体形象。《论语》涉及颜回言行的语段共21处，分别为：《为政》1条、《公冶长》2条、《雍也》3条、《述而》1条、《子罕》3条、《先进》9条、《颜渊》1条、《卫灵公》1条。具体内容如表4-10所示。

表 4－9　**记载颜回言行的资料及文献总数**

《论语》21 条、《孔子家语》25 条、《史记》11 条、《孔丛子》4 条、《孟子》3 条、《庄子》14 条、《荀子》3 条、《韩非子》1 条、《吕氏春秋》3 条、《晏子春秋》1 条、《易·系辞》1 条、竹书《儒家者言》1 条、《新语》2 条、《礼记》3 条、《中庸》1 条、《大戴礼记》2 条、《韩诗外传》7 条、《春秋公羊传》1 条、《淮南子》4 条、《春秋繁露》1 条、《尚书大传》2 条、《盐铁论》4 条、《新序》3 条、《说苑》8 条、《法言》15 条、《新论》2 条、《列子》5 条、《尸子》1 条、《易林》7 条、《论衡》35 条、《牟子理惑论》2 条、《汉书》12 条、《白虎通》3 条、《东观汉记》1 条、《潜夫论》7 条、《汉碑》3 条［其中《孟孝琚碑》《武斑碑》《衡方碑》各 1 条、《琴操》1 条、《越绝书》2 条、《古微书》6 条、《风俗通义》3 条、《正部论》1 条、《申鉴》2 条、《中论》6 条、《上海博物馆藏战国楚竹书》2 条（共计 252 条）］。

表 4－10　**《论语》涉及颜回言行的语段**

《为政》原文（1 条）	1. 子曰："吾与回言终日，不违如愚。退而省其私，亦足以发。回也不愚。" ［**集注**］不违者，意不相背，有所听受而无问难。私，谓燕居独处，非进见请问之时。发，谓发明所言之理。愚闻之师曰："颜子深潜纯粹，其于圣人体段已具，其闻夫子之言默识心融，触处洞然，自有条理，故终日言，但见其不违如愚人而已。及退省其私，则见其日用动静语默之间皆足以发明夫子之道，坦然由之而无疑，然后知其不愚也。"
《公冶长》原文（2 条）	2. 子谓子贡曰："女与回也孰愈？"对曰："赐也何敢望回。回也闻一以知十，赐也闻一以知二。"子曰："弗如也！吾与女，弗如也。" ［**集注**］愈，胜也。一，数之始。十，数之终。二者，一之对也。颜子明睿所照，即始而见终。子贡推测而知，因此而识彼。无所不说，告往知来，是其验矣。与，许也。 ［**余论**］胡氏泳曰："十者，数之终，以其究极之所至而言。二者，一之对，以其彼此之相形而言。"辅氏广曰："闻一知十，不是闻一件限定知得十件，只是知得周遍，始终无遗。闻一知二，亦不是闻一件知得二件，只是知得通达，无所拘泥。知得周遍，始终无遗，故无所不说。知得通达，无所拘泥，故告往知来也。" 3. 颜渊、季路侍。子曰："盍各言尔志？"子路曰："愿车马、衣轻裘，与朋友共。敝之而无憾。"颜渊曰："愿无伐善，无施劳。"子路曰："愿闻子志。"子曰："老者安之，朋友信之，少者怀之。"

续表

《公冶长》原文（2 条）	**[集注]** 程子曰："夫子安仁，颜渊不违仁，子路求仁。"又曰："子路、颜渊、孔子之志，皆与物共者也，但有大小之差尔。"又曰："子路勇于义者，观其志，岂可以势利拘之哉？亚于欲沂者也。颜子不自私己，故无伐善；知同于人，故无施劳。其志可谓大矣，然未免出于有意也。至于夫子，则如天地之化工，付与万物而已不劳焉，此圣人之所为也。今夫羁靮以御马而不以制牛，人皆知羁靮之作在乎人，而不知羁靮之生由于马，圣人之化，亦犹是也。先观二子之言，后观圣人之言，分明天地气象。凡看《论语》，非但欲理会文字，须要识得圣贤气象。"
《雍也》原文（3 条）	4. 哀公问："弟子孰为好学？"孔子对曰："有颜回者好学，不迁怒，不贰过。不幸短命死矣！今也则亡，未闻好学者也。" **[集注]** 迁，移也。贰，复也。怒于甲者，不移于乙；过于前者，不复于后。颜子克己之功至于此，可谓真好学矣。短命者，颜子三十二而卒也。既云今也则亡，又言未闻好学者，盖深惜之，又以见真好学者之难得也。程子曰："颜子之怒，在物不在己，故不迁。有不善未尝不知，知之未尝复行，不贰过也。"又曰："喜怒在事，则理之当喜怒者也，不在血气则不迁。若舜之诛四凶也，可怒在彼，己何与焉。如鉴之照物，妍媸在彼，随物应之而已，何迁之有？"又曰："如颜子地位，岂有不善？所谓不善，只是微有差失。才差失便能知之，才知之便更不萌作。"张子曰："慊于己者，不使萌于再。"或曰："《诗》《书》六艺，七十子非不习而通也，而夫子独称颜子为好学。颜子之所好，果何学屿？"程子曰："学以至乎圣人之道也。""学之道奈何？"曰："天地储精，得五行之秀者为人。其本也真而静。其未发也五性具焉，曰仁、义、礼、智、信。形既生矣，外物触其形而动于中矣。其中动而七情出焉，曰喜、怒、哀、惧、爱、恶、欲。情既炽而益荡，其性凿矣。故学者约其情使合于中，正其心，养其性而已。然必先明诸心，知所往，然后力行以求至焉。若颜子之非礼勿视、听、言、动，不迁怒贰过者，则其好之笃而学之得其道也。然其未至于圣人者，守之也，非化之也。假之以年，则不日而化矣。今人乃谓圣本生知，非学可至，而所以为学者，不过记诵文辞之间，其亦异乎颜子之学矣。"

续表

《雍也》 原文 （3 条）	5. 子曰："回也，其心三月不违仁，其余则日月至焉而已矣。" [**集注**] 三月，言其久。仁者，心之德。心不违仁者，无私欲而有其德也。日月至焉者，或日一至焉，或月一至焉，能造其域而不能久也。程子曰："三月，天道小变之节，言其久也，过此则圣人矣。不违仁，只是无纤毫私欲。少有私欲，便是不仁。"尹氏曰："此颜子于圣人，未达一间者也，若圣人则浑然无间断矣。"张子曰："始学之要，当知'三月不违'与'日月至焉'内外宾主之辨。使心意勉勉循循而不能已，过此几非在我者。" 6. 子曰："贤哉，回也！一箪食，一瓢饮，在陋巷。人不堪其忧，回也不改其乐。贤哉，回也！" [**集注**] 颜子之贫如此，而处之泰然，不以害其乐，故夫子再言"贤哉回也"以深叹美之。程子曰："颜子之乐，非乐箪瓢陋巷也，不以贫窭累其心而改期所乐也，故夫子称其贤。"又曰："箪瓢陋巷非可乐，盖自有其乐尔；其字当玩味，自有深意。"又曰："昔受学于周茂叔，每令寻仲尼、颜子乐处，所乐何事？"愚按：程子之言，引而不发，盖欲学者深思而自得之。今亦不敢妄为之说。学者但当从事于博文约礼之诲，以至于欲罢不能而竭其才，则庶乎有以得之矣。
《述而》 原文 （1 条）	7. 子谓颜渊曰："用之则行，舍之则藏，唯我与尔有是夫！"子路曰："子行三军，则谁与？"子曰："暴虎冯河，死而无悔者，吾不与也。必也临事而惧，好谋而成者也。" [**集注**] 谢氏曰："圣人于行藏之间，无意无必。其行非贪位，其藏非独善也。若有欲心，则不用而求行，舍之而不藏矣，是以惟颜子为可以与于此。子路虽非有欲心者，然未能无固必也，至以行三军为问，则其论益卑矣。夫子之言，盖因其失而救之。夫不谋无成，不惧必败，小事尚然，而况于行三军乎？"
《子罕》 原文 （3 条）	8. 颜渊喟然叹曰："仰之弥高，钻之弥坚；瞻之在前，忽焉在后。夫子循循然善诱人，博我以文，约我以礼。欲罢不能，既竭吾才，如有所立卓尔。虽欲从之，末由也已。"

续表

《子罕》原文（3条）	[集注] 程子曰："此颜子所以为深知孔子而善学者也。"胡氏曰："无上事而喟然叹，此颜子学既有得，故述其先难之故、后得之由，而归功于圣人也。高坚前后，语道体也。仰钻瞻忽，未领其要也。惟夫子循循善诱，先博我以文，使我知古今，达事变；然后约我以礼，使我尊所闻，行所知。如行者之赴家，食者之求饱，是以欲罢而不能，尽心尽力，不少休废。然后见夫子所立之卓然，虽欲从之，末由也已。是盖不怠所从，必欲至乎卓立之地也。仰斯叹也，其在请事斯语之后，三月不违之时乎？" 9. 子曰："语之而不惰者，其回也与！" [集注] 范氏曰："颜子闻夫子之言，而心解力行，造次颠沛未尝违之。如万物得时雨之润，发荣滋长，何有于惰，此群弟子所不及也。" 10. 子谓颜渊，曰："惜乎！吾见其进也，未见其止也。" [集注] 进、止二字，说见上章①。颜子既死而孔子惜之，言其方进而未已也。
《先进》原文（9条）	11. 子曰："从我于陈、蔡者，皆不及门也。"德行：颜渊，闵子骞，冉伯牛，仲弓。言语：宰我，子贡。政事：冉有，季路。文学：子游，子夏。 12. 子曰："回也非助我者也，于吾言无所不说。" [集注] 颜子于圣人之言，默识心通，无所疑问，故夫子云然。其辞若有憾焉，其实乃深喜之。 13. 季康子问："弟子孰为好学？"孔子对曰："有颜回者好学，不幸短命死矣！今也则亡。" 14. 颜渊死，颜路请子之车以为之椁。子曰："才不才，亦各言其子也。鲤也死，有棺而无椁。吾不徒行以为之椁。以吾从大夫之后，不可徒行也。" 15. 颜渊死。子曰："噫！天丧予！天丧予！" 16. 颜渊死，子哭之恸。从者曰："子恸矣。"曰："有恸乎？非夫人之为恸而谁为！"

① 子曰："譬如为山，未见一篑，止，吾止也；譬如平地，虽覆一篑，进，吾往也。"（盖学者自强不息，则积少成多；中道而止，则前功尽弃。其止其往，皆在我而不在人也。）

续表

《先进》 原文 （9条）	17. 颜渊死，门人欲厚葬之，子曰："不可。"门人厚葬之。子曰："回也视予犹父也，予不得视犹子也。非我也，夫二三子也。" 18. 子曰："回也其庶乎，屡空。赐不受命，而货殖焉，亿则屡中。" [**集注**] 庶，近也，言近道也。屡空，数至空匮也。不以贫屡而动心求富，故屡至于空匮也。言其近道，又能安贫也。 19. 子畏于匡，颜渊后。子曰："吾以女为死矣。"曰："子在，回何敢死？"
《颜渊》 原文 （1条）	20. 颜渊问仁。子曰："克己复礼为仁。一日克己复礼，天下归仁焉。为仁由己，而由人乎哉？"颜渊曰："请问其目。"子曰："非礼勿视，非礼勿听，非礼勿言，非礼勿动。"颜渊曰："回虽不敏，请事斯语矣。" [**集注**] 颜渊闻夫子之言，则于天理人欲之际，已判然矣，故不复有所疑问，而直请其条目也。非礼者，己之私也。勿者，禁止之辞。是人心之所以为主，而胜私复礼之机也。私胜，则动容周旋无不中礼，而日用之间，莫非天理之流行矣。事，如事事之事。请事斯语，颜子默识其理，又自知其力有以胜之，故直以为己任而不疑也。
《卫灵公》 原文 （1条）	21. 颜渊问为邦。子曰："行夏之时，乘殷之辂，服周之冕，乐则韶舞。放郑声，远佞人。郑声淫，佞人殆。"

我们可以从上述《论语》21条文献中提取与颜渊"好学生"品质相符合的关键词：（1）不违如愚；（2）闻一以知十；（3）无伐善，无施劳；（4）不迁怒，不贰过；（5）三月不违仁；（6）贤哉，回也；（7）用之则行，舍之则藏；（8）善学；（9）语之而不惰；（10）方进而未已；（11）德行：颜渊；（12）于吾言无所不说；（13）进道，安贫；（14）回虽不敏，请事斯语等。这些涉及颜渊的关键词体现了颜渊"好学生"的品质为：

其一，不违。颜回的不违体现在三个方面：一是不违如愚。颜渊对于夫子之言默识心融，触处洞然，自有条理，所以能够做到在日用动静语默之间皆足以发明夫子之道。二是三月不违仁。三月形容其久，仁为心之德，三月不违仁既表明了颜渊心无私欲而有其德，又体现了其具有仁人之德所以才不会违德。三是于吾言无所不说。说即悦也，孔子用遗憾的语气表达了对于颜渊的喜爱之情。颜渊之所以在三个方面都表现出不违之品质，主要是为了突出其已体悟圣人之道，故能在日常行事之间依道而行且不会出现违背圣人之道的情形。

其二，善学。闻一以知十就是善学的最好表现，体现了颜渊明睿所照，即始而见终的学习品质。同样，不迁怒贰过则体现了颜渊好之笃而学之得其道，方进而为未已则反映了颜回深知为学在我而不在人的善学之理。

其三，安贫。颜渊安贫的生动写照为“一箪食，一瓢饮，在陋巷。人不堪其忧，回也不改其乐”。颜渊为何安贫，孔子给予了一字解答——“乐”，那么为何而“乐”，所乐何事？虽然孔子没有给予正面的回答，但是从后儒的诠释中知其所乐是一种精神境界，一种追求成为圣人的精神境界。所以，此安贫非贫，颜渊在精神上是富有的。

其四，尚德。颜渊德行既有内在的自我体现，也有外在的自我修养。无伐善，无施劳，就是颜渊内在道德品质的体现；不迁怒于人，有过则改且止，勤勉践行仁德，则是其外在自我修养的体现。正如孔子所言：颜渊德行位于诸弟子之首。

总之，在《论语》文本中颜渊既是善学的好学生，又是深刻体悟圣人之道的好学生；既是孔子弟子之中内在德行修养最好的学生，又是日用行事中最符合圣人之道的好学生。概而言之，颜渊是既知事又懂礼，既有知又有行，一言一行、一举一动之中都能践行圣人之道，而又无丝毫违背圣人之道，表面若愚，实则大智的好学生。特别是在《论语》中，颜渊从一定程度上可被视作孔子的化身，颜渊身上的好学、乐学不正是孔子好学、乐学的生动体现吗？颜渊身上的安贫、乐道也不正是孔子安贫、乐道的生动反映吗？

> 知之者不如好之者，好之者不如乐之者。（《论语·雍也》）
> 敏而好学，不耻下问，是以谓之文也。（《论语·公冶长》）

君子食无求饱，居无求安，敏于事而慎于言，就有道而正焉，可谓好学也已。(《论语·学而》)

发愤忘食，乐以忘忧，不知老之将至云尔。(《论语·述而》)

朝闻道，夕死可矣。(《论语·里仁》)

饭疏食饮水，曲肱而枕之，乐亦在其中矣。不义而富且贵，于我如浮云。(《论语·述而》)

也许，颜渊被称作“复圣”之因就在于此。颜渊不幸短命而亡，孔子悲痛欲绝而称弟子中再无颜渊，孔子之哭既是哭短命的弟子更是哭圣人之道的悲凉。

好学如此之人，从此消失在孔子的世界之中。

二　乐学：好学生之质

《论语》文本依托孔子的言语描述了一个好学、乐学的好学生——颜渊，并对颜渊之所以成为好学生的言语行为进行了对话式的呈现，使得我们能够借助言语分析依稀感觉到不系统但充满生命活力的好学生。颜子之乐，所乐何事，就需要后代学者深思而自得。正如程子所言：箪瓢陋巷非可乐，盖自有其乐尔；其字当玩味，自有深意。同样，从孔子“学而时习之，不亦乐乎！有朋自远方来，不亦乐乎！”(《论语·学而》)、“其为人也，发愤忘食，乐以忘忧，不知老之将至云尔”(《论语·述而》)，到孟子“君子有三乐，而王天下不与存焉。父母俱存，兄弟无故，一乐也；仰不愧于天，俯不怍于地，二乐也；得天下英才而教育之，三乐也”(《孟子·梁惠王上》)，再到荀子“故人莫贵乎生，莫乐乎安；所以养生安乐者，莫大乎礼义。人知贵生乐安而弃礼义，辟之，是犹欲寿而刎颈也，愚莫大焉”(《荀子·强国篇》)，儒家一向有一种追求“乐”的传统，那么，到底所乐何事？直至宋代儒家学者在论述道学系统时提出“孔颜乐处”的教育命题，才使得对包括颜渊之乐在内的儒家之乐进行了哲学层面的理论构建，为后世呈现了一个系统的且具有理学特色的孔颜之乐。而这种哲学层面的孔颜之乐，恰恰正是颜渊所乐之本真所在。正如李泽厚在《宋明理学片论》中所言：“宋明理学家经常爱讲‘孔颜乐处’，把它看作人生最高境界，其实也就是指这种不怕艰苦而充满生意，属伦理又超伦理、准审美又超审美的目的论的精神境界"，"以这种'天人合一，物我同体'的主观目的论来标志人所能达到超伦理的本体境界，这被看作是人的最高存在"①。

孔颜乐处由周敦颐首次提出之后，经张载、二程及朱熹的阐发至王阳明提出"乐是心之本体"的哲学命题，从而形成了宋明理学家关于孔颜乐处的系统认识，并进而成为后世文人学者弘道继志的理想追求。

孔颜乐处的文献来源为：

> 昔受学于周茂叔，每令寻颜子、仲尼乐处，所乐何事。(《河南程氏遗书》卷二上)

此话虽出自程颢之口，但描述的是程颢、程颐兄弟二人受学于周敦颐之时的教育场景。其中："寻颜子、仲尼乐处"正是"孔颜乐处"的学术原型。周敦颐在《通书》中对何谓孔颜乐处展开了学术论述：

> 道德高厚，教化无穷，实与天地参而四时同，其惟孔子乎！(《孔子下第三十九章》)
>
> 圣希天，贤希圣，士希贤。伊尹、颜渊，大贤也。伊尹耻其君不为尧、舜，一夫不得其所，若挞于市。颜渊不迁怒，不贰过，三月不违仁。志伊尹之所志，学颜子之所学。过则圣，及则贤，不及则亦不失于令名。(《志学第十章》)
>
> 颜子一箪食，一瓢饮，在陋巷，人不堪其忧，而不改其乐。夫富贵，人所爱也。颜子不爱不求而乐乎贫者，独何心哉？天地间有至贵至爱可求而异乎彼者，见其大而忘其小焉尔。见其大则心泰，心泰则无不足，无不足则富贵贫贱，处之一也。处之一则能化而齐，故颜子亚圣。(《颜子第二十三章》)

正如周敦颐所言：圣希天、贤希圣、士希贤，士—贤—圣正是儒家理想人格实现的具体路径。孔子为圣，则道德高厚，教化无穷；伊尹、

① 李泽厚：《中国古代思想史论》，生活·读书·新知三联书店2008年版，第250页。

颜渊为大贤，志伊尹之志和学颜子之学就可以成为贤、圣。至于伊尹之志，就是致君尧舜而致力于国家治理，体现了儒家外王之道；颜渊之学，就是勤勉践行仁德而加强自我道德修养，体现了儒家内圣之学；合而言之，即内圣外王之道。故此，志伊尹之志与学颜渊之学正是儒家外王之道与内圣之学的志学所在，内圣外王之道就是圣人之道或圣人之学的内容。内圣之学就是孔颜乐处的根基所在，孔颜乐处正是儒家自我修养的榜样和典范。至于颜渊所追求圣人境界的乐，依据周敦颐的理解，这种乐的境界是“见其大而忘其小”的表现。富贵是“小”，超过富贵（至贵至富可爱可求）就是“大”。见此“大”则心泰，即心体安泰，意境高远。心泰也就无所谓富贵贫贱，而能处之如一。如果能至处之如一的人生境界，就能够在道德操守和精神境界上发生转变而齐于圣。由此，孔颜乐处就是一种精神境界，是一种经过道德修养而达到的超道德的精神境界，实质是道德和美的自我体验及自我评价。

程颢、程颐正是在周敦颐“见其大而忘其小”的引导下，而逐步体悟到“吟风弄月”“吾与点也”的愉悦精神境界。“吾与点也”源自《论语·先进》一文：

> 子路、曾皙、冉有、公西华侍坐。子曰：“以吾一日长乎尔，毋吾以也。居则曰：‘不吾知也。’如或知尔，则何以哉？”子路率尔而对曰：“千乘之国，摄乎大国之间，加之以师旅，因之以饥馑；由也为之，比及三年，可使有勇，且知方也。”夫子哂之。“求，尔何如？”对曰：“方六七十，如五六十，求也为之，比及三年，可使足民。如其礼乐，以俟君子。”“赤，尔何如？”对曰：“非曰能之，愿学焉。宗庙之事，如会同，端章甫，愿为小相焉。”“点，尔何如？”鼓瑟希，铿尔，舍瑟而作。对曰：“异乎三子者之撰。”子曰：“何伤乎？亦各言其志也！”曰：“莫春者，春服既成，冠者五六人，童子六七人，浴乎沂，风乎舞雩，咏而归。”夫子喟然叹曰：“吾与点也。”三子者出，曾皙后。曾皙曰：“夫三子者之言何如？”子曰：“亦各言其志也已矣！”曰：“夫子何哂由也？”曰：“为国以礼，其言不让，是故哂之。唯求则非邦也与？安见方六七十，如五六十而非邦也者？唯赤则非邦也与？宗庙会同，非诸侯而

何？赤也为之小，孰能为之大？”

朱熹在《集注》中对“吾与点也”注解为：

> 曾点之学，盖有以见夫人欲尽处，天理流行，随处充满，无少欠阙。故其动静之际，从容如此。而其言志，则又不过即其所居之位，乐其日用之常，初无舍己为人之意。而其胸次悠然，直与天地万物上下同流，各得其所之妙，隐然自见于言外。视三子之规规于事为之末者，其气象不侔矣，故夫子叹息而深许之。

“人欲尽处，天理流行”正是理学家对于宇宙人生的真实表述，曾子因能体悟宇宙人生之真谛故能“胸次悠然”，能“胸次悠然”则就能达到“与天地万物上下同流，各得其所之妙”的人生“气象”。孔子所赞成的正是“胸次悠然”的“气象”，一种因达到“与天地万物上下同流”境界而形成的“气象”。“孔子‘与点’，盖与圣人之志同，便是尧舜气象也”（朱熹：《论语章句先进第十一》），学圣贤首先得在“气象”上下力气。“学者不学圣人则已，欲学之，须是熟玩圣人气象。不可止于名上理会。如是，只是讲论文字”（《河南程氏外书》卷第十），“凡看文字，非只是要理会语言，要识得圣贤气象”（《河南程氏遗书》卷第二十二上）。圣人虽然已经远去，但可从他们遗留的语言文字中感受到他们的气象。正如从《论语》《孟子》中可感受孔子如同“天地”、颜子如同“和风庆云”、孟子“泰山岩岩之气象”，“熟玩圣人气象”就是北宋以来的儒家学者们所追求的最高精神境界和人生之乐。

正是在此基础之上，程颐在《颜子所好何学论》中表达了其对于“孔颜乐处”的体悟：

> 圣人之门，其徒三千，独称颜子为好学。夫《诗》、《书》、六艺，三千子非不习而通也，然则颜子所独好者，何学也？学以至圣人之道也。圣人可学而至与？曰：然。
>
> 学之道如何？曰：天地储精，得五行之秀者为人。其本也真而静，其未发也五性具焉，曰仁义礼智信。形既生矣，外物触其形而

于中矣，其中动而七情出焉，曰喜怒哀惧爱恶欲。情既炽而益荡，其性凿矣。是故觉者约其情使合于中，正其心，养其性，故曰“性其情”。愚者则不知制之，纵其情而至于邪僻，牿其性而亡之，故曰“情其性”。

凡学之道，正其心，养其性而已。中正而诚，则圣矣。君子之学，必先明诸心，知所养，然后力行以求至，所谓“自明而诚”也。故学必尽其心，尽其心则知其性。知其性，反而诚之，圣人也。故《洪范》曰：“思曰睿，睿作圣。”诚之之道，在乎信道笃。信道笃则行之果，行之果则守之固，仁义忠信不离乎心，造次必于是，颠沛必于是，出处语默必于是。久而弗失，则居之安，动容周旋中礼，而邪僻之心无自生矣。

故颜子所事，则曰“非礼勿视，非礼勿听，非礼勿言，非礼勿动”。仲尼称之，则曰“得一善则拳拳服膺，而弗失之矣”，又曰“不迁怒，不贰过”，“有不善未尝不知，知之未尝复行也”。此其好之笃，学之之道也。视听言动皆礼矣，所异于圣人者；圣人则不思而得，不勉而中，从容中道。颜子则必思而后得，必勉而后中。故曰：颜子之与圣人，相去一息。

孟子曰：“充实而有光辉之谓大，大而化之之谓圣，圣而不可知之谓神。”颜子之德，可谓充实而有光辉矣；所未至者，守之也，非化之也。以其好学之心，假之以年，则不日而化矣。故仲尼曰：“不幸短命死矣!”盖伤其不得至于圣人也。所谓化之者，入于神而自然，不思而得，不勉而中之谓也，孔子曰“七十而从心所欲，不逾矩”是也。

或曰：“圣人，生而知之者也。今谓可学而至，其有稽乎?”曰：“然。孟子曰：‘尧、舜，性之也；汤、武，反之也。’性之者，生而知之者也；反之者，学而知之者也。”又曰：“孔子则生而知也，孟子则学而知也。后人不达，以谓‘圣本生知，非学可至’，而为学之道遂失。不求诸己而求诸外，以博文强记、巧文丽辞为工，荣华其言，鲜有至于道者，则今之学与颜子所好异也。”

程颐《颜子所好何学论》一文为命题作文，是胡瑗任国子监直讲时以“颜子所好何学论”试国子监诸生的命题作文①，也可以看作对周敦颐“孔颜乐处，所乐何事”的回答。程颐首先在文中回答了颜子所好何学的问题，“颜子所独好者，何学也？学以至圣人之道也”，颜子所好之学就是成圣之学；而成圣之学也就是周敦颐所谓孔颜之学，而周敦颐所谓“孔颜乐处”正是要恢复传统儒家的圣人之学，并从中获取超越的道德精神境界和人生之乐，程颐正是沿着周敦颐的为学思路展开论述的。那么，如何实现“学以至圣人之道”？程颐指出：“凡学之道，正其心，养其性而已。中正而诚，则圣矣”。“正其心，养其性”，就是“性其情”而“约其情使合于中”，“中正而诚”就是圣人的境界。此种圣人境界就需要学者通过“自明而诚”得以实现。“诚之之道，在乎信道笃”，颜渊所践行之“非礼勿视，非礼勿听，非礼勿言，非礼勿动”“得一善则拳拳服膺，而弗失之矣”“不迁怒，不贰过”“有不善未尝不知，知之未尝复行也”正是“诚之之道”。由此可知，颜渊所秉持的正是“中正而诚”的圣人境界。颜渊所以“学以致圣人之道”，正是肃清不知务求道德而只崇尚文辞的学风流弊的关键所在。正如周敦颐在《通书》中所言：

> 文，所以载道也。轮辕饰而人弗庸，徒饰也，况虚车乎！文辞，艺也；道德，实也。笃其实而艺者书之，美则爱，爱则传焉。贤者得以学而至之，是为教。故曰：“言之无文，行之不远。”然不贤者，虽父兄临之，师保勉之，不学也；强之，不从也。不知务道德而第以文辞为能者，艺焉而已。噫！弊也久矣！（《文辞第二十八章》）

程颐在论述颜渊所学何事的基础之上，进一步来探求何谓孔颜乐处：

> 鲜于侁问曰：“颜子何以不能改其乐？”子曰：“知其所乐，则

① 先生始冠，游太学，胡安定以是试诸生，得此论，大惊异之，即请相见，遂以先生为学职。（先生即程颐，以是即颜子所好何学论）

知其不改。谓其所乐者何乐也?”曰：“乐道而已。”子曰：“使颜子以道为可乐而乐乎，则非颜子矣。”他日，侁以语邹浩，浩曰：“吾虽未识夫子，而知其心矣。”（《河南程氏粹言》卷二）

在程颐看来，颜子所乐并非“乐道”，是非对象性的乐。正如冯友兰所言，乐只是道德修养的“副产品”，是一种“受用”，而非人生的直接目的。那么，颜子究竟为何而乐呢?

古人言“乐循理之谓君子”，若勉强，只是知循理，非是乐也。才到乐时，便是循理为乐，不循理为不乐，何苦而不循理，自不须勉强也。（《河南程氏遗书》卷第十八）

由此，程颐提出“循理而乐”。即：学者在不需要勉强的情况下“循理”而得到的精神乐趣——孔颜乐处。

程颢则认为孔颜之乐是一种自得之乐，“学至于乐则成矣。笃信好学，未知自得之为乐。好之者，如游佗人园圃；乐之者，则己物尔”（《河南程氏遗书》卷第十一）。好学之好具有对象性，指向所学之内容，有所好则有物我、人己之分，故如游他人之园圃，并非己所有；乐则是学习过程中学习者的主观体验，不须以我求彼，舍己而从物，而是一种通过自我学习所达到的顿悟之乐。恰如程颢所描述的状态：“每中夜以思，不知手之舞之，足之蹈之也”（《河南程氏遗书》卷第十一），乐在其中，这就是自得之乐。“这种境界既是道德的，又是美学的；既是客观的，又是主观的；既是理性的，又是直观体验的。它融理性与情感为一体，以主观体验为主要特征，审美主体和美感对象合而为一，进入物我一体、内外无别的美感境界，超出了形体的限制，深入到美的本质，因此，才有最大的精神愉快”①。程颢在《秋日偶成》中所表达的意境正是自得之乐，一种与四时变化融为一体的美感体验：

闲来无事不从容，睡觉东窗日已红。

---

① 蒙培元：《理学范畴系统》，人民出版社1989年版，第512页。

万物静观皆自得，四时佳兴与人同。
道通天地有形外，思入风云变态中。
富贵不淫贫贱乐，男儿到此是豪雄。

在阐述孔颜乐处是一种自得之乐的基础上，程颢进一步指出它更是一种物我同体之上的莺飞鱼跃之乐。

> “莺飞戾天，鱼跃于渊，言其上下察也。”此一段子思吃紧为人处，与“必有事焉而勿正心”之意同，活泼泼地。会得时，活泼泼地；不会得时，只是弄精神。(《河南程氏遗书》卷第三)

在物无我之累的前提下，“我”“觉”到它活泼泼的，心之“觉”去切身体会到“与物同体”之乐，在此境界之中人与天地万物和谐统一的画面就跃然纸上，从而产生一种精神上的愉悦与快乐。

朱熹同样倡导孔颜乐处，只是更加强调把乐的直观体验和认识结合起来，从而使得乐有了更为坚实的认知基础，即孔颜乐处为天理流行之乐。

> 程子谓：“将这身来放在万物中一例看，大小大快活!”又谓：“人于天地间并无窒碍，大小大快活!”此便是颜子乐处。这道理在天地间，须是直穷到底，至纤至悉，十分透彻，无有不尽，则于万物为一无所窒碍，胸中泰然，岂有不乐!(《朱子语类》卷三十一)

乐虽还是从心中流出，但是必须通过对天地万物的理性认识，只有在这种理性认识的基础之上，才能最终进入美感体验。“凡天地万物之理，皆具足于吾身，则乐莫大焉”(《朱子语类》卷三十二)，乐就是体验心中之理而获得的情感体验。因此，以朱熹为代表的理学家所追求的美学境界，究其实质就是一种道德境界，一种主客体完全合一的、对理的情感体验。正是因为有了理才使得乐有了认知基础，从而避免“不就事上学，只要便如曾点样快活，将来却恐诳了人去也”的虚无飘渺的乐，也就是为了单纯乐的体验而乐。

王阳明则提出“乐是心之本体”的命题，主要体现在《王阳明全书》卷三《答陆元静书》（又）一文中：

> 来书云：“昔周茂叔每令伯淳寻孔子、颜于乐处。敢问是乐也，与七情之乐同乎？否乎？若同，则常人之一遂所欲，皆能乐矣，何必圣贤？若别有真乐，则圣贤之遇大忧、大怒、大惊、大惧之事，则此乐亦在乎？且君子之心长存戒惧，是盖终身之忧也，恶得乐？澄平生多闷，未常见真乐之趣，今且愿寻之。”
>
> 乐是心之本体，虽不同于七情之乐，而亦不外于七情之乐。虽则圣贤别有真乐，而亦常人之所同有。但常人有之而不自知，反自求许多忧苦，自己迷弃。虽在忧苦迷弃之中，而此乐又未尝不存。但一念开明，反身而诚，则即此而在矣。

正如刘宗周所言：“茂叔教人，每令寻孔颜乐处，所乐何事？此个疑案，后人鲜开销的，一似指空话，蹈幻影，无有是处”[①]，究竟孔颜为何而乐，所乐何事，经周敦颐提出、程朱阐释之后尚无定论。王阳明在《答陆元静书》中把孔颜乐处之乐，看成心之本体（即本体境界[②]），乐统摄七情，即体即用，并同致良知合而为一，从而形成了心学系统[③]中的孔颜乐处。“良知是从总体上说，以其为‘实理’，故叫作‘诚’；以其为‘生理’，故叫作‘仁’；以其为‘情理’，故叫作‘乐’”[④]，诚、仁、乐就成为相互联系的逻辑体系，这样乐从认识论层面就获得了内在提升，获得了本体论的认识意义，从而具有体用二重属性与内涵，由此，寻孔颜乐处也就是回复到心的本来状态。“‘知’本来是一个知性功能的范畴，阳明通过改造把它规定为心之本体。‘乐’是一个情感

① 刘宗周：《刘宗周全集》（第一册），浙江古籍出版社 2002 年版，第 346 页。

② 王阳明提出诸多关于心之本体的命题：至善者心之本体，心之本体即天理、诚是心之本体、定是心之本体、良知者心之本体。

③ 即由其心性本体论、良知学说、知行合一论、致良知等核心思想命题所建构的心学思想体系。

④ 蒙培元：《理学范畴系统》，人民出版社 1989 年版，第 519 页。

体验的范畴，阳明也通过改造把它规定为心之本体。'乐'是一种高级的精神境界之乐，与人在日常生活中经验的感性快乐（包括生理快乐与审美愉悦）是完全不同的。在这个意义上，乐不是作为感情范畴，而是作为境界范畴被规定为心体的。阳明认为，这种'真乐'实际上也是人的本然状态，求孔颜乐处，也就是回复到心的本然状态"①。

总而言之，从周敦颐首次提出孔颜乐处这一命题，经二程、朱熹及王阳明等儒家学者之阐发，孔颜乐处成为儒家圣贤境界的标志。以程朱为代表的理学家，认为孔颜乐处之"乐"既不是本体也不是工夫，而是一种境界，一种基于自我内心体验的对于圣贤德行工夫之体验；以王阳明为代表的心学家，在致良知的整体系统中，把乐作为心之本体从而获得了即体即用的哲学内涵，进而使乐取得了儒学本体论层面上的内涵与价值。"乐是心之本体"命题的阐发，使得孔颜乐处成为一种儒学本体论范畴，体现了从"无我"到"有我"的思想转型，从而使其成为出于情感又超越情感、达到理性又超越理性的本体论境遇。即本体、工夫、境界的同一。"由上所述，孔颜乐处在整个宋明理学都是一个重大课题，宋明儒所追寻的最高境界莫不与孔颜乐处有关，或竟可以孔颜乐处作为最高境界的一个范式"②。

第三节　好教师：孔子之教

子曰："默而识之，学而不厌，诲人不倦，何有于我哉？"（《论语·述而》）

子曰："若圣与仁，则吾岂敢？抑为之不厌，诲人不倦，则可谓云尔已矣。"公西华曰："正唯弟子不能学也。"（《论语·述而》）

昔者子贡问于孔子曰："夫子圣矣乎？"孔子曰："圣则吾不能，我学不厌而教不倦也。"子贡曰："学不厌，智也。教不倦，

① 陈来：《有无之境——王阳明哲学的精神》，北京大学出版社2013年版，第72页。

② 杨柱才：《孔颜乐处与天地境界》，《南昌大学学报（人文社会科学版）》2000年第2期。

仁也。仁且智，夫子既圣矣。”①（《孟子·公孙丑上》）

周敦颐提出“孔颜乐处”命题所隐含的学术判断为：其一，颜渊与孔子可以并称为儒家好学、乐学的代表；其二，颜渊与孔子可以被视作儒家理想人格的典范；其三，颜渊是好学生的代表，孔子则是好教师的代表，万世师表。作为好教师典范的孔子，用“学不厌、教不倦”表达了其对于为学和为教的整体认识。故此，“学不厌、教不倦”中就包含了成为好教师的精神法则。

一　至圣：好教师之形

孔子作为好教师的典范，“师者，人之模范”（《扬子法言·学行》），不仅存在于包括颜渊在内的孔子弟子心中，还存在于包括孟子在内的孔门后学者们心中，并伴随着儒学地位的提升而逐渐发展成为全社会好教师形象的代表。特别是在历代统治者的推崇和追封之下，孔子本人成为一个符号化的形象表征，成为一个民族尊师重教的仪式性存在。我们试在回溯历代统治者仪式性的追封过程中，体悟孔子由弟子们心中的好教师向民族师者楷模的演变历程。

圣人，百世之师也。（《孟子·尽心下》）

此圣人就是孔子，在孟子言语表述中孔子就是百世之师。从西汉开始，历代统治者对孔子追封的简要历程为：

褒成宣尼公：西汉平帝元始元年（公元1年）；

文圣尼父：北魏孝文帝太和十六年（492年）；

邹国公：北周静帝大象二年（580年）；

先师尼父：隋文帝开皇元年（581年）；

先圣：唐太宗贞观二年（628年）；

---

① 《吕氏春秋·尊师》篇也有类似的表述：子贡问孔子曰：“后世将何以称夫子?”孔子曰：“吾何足以称哉？勿已者，则好学而不厌，好教而不倦，其惟此耶！”同样，“学不厌、教不倦”正是先秦诸子对师者形象的学术共识和经典表述：“学问不厌，好士不倦，是天府也”（《荀子·大略》），“学不倦，所以治己也。教不厌，所以治人也”（《尸子·劝学》）。

宣父：唐太宗贞观十一年（637 年）；
复尊为先圣：唐高宗显庆二年（657 年）；
太师：唐高宗乾封元年（666 年）；
隆道公：武后天授元年（670 年）；
文宣王：唐玄宗开元二十七年（739 年）；
玄圣文宣王：宋真宗大中祥符元年（1008 年）；
圣文宣王：宋真宗大中祥符五年（1012 年）；
文宣帝：西夏仁宗三年（1146 年）；
大成至圣文宣王：元武宗大德十一年（1307 年）；
至圣先师：明嘉靖九年（1530 年）；
大成至圣文宣先师：清顺治二年（1645 年）；
至圣先师：清顺治十四年（1657 年）

从西汉至清朝，孔子被追封封号及释奠于国子学、太庙，由师至圣，即圣即师。虽孔子一生自谦不以圣人相称，“若圣与贤，则吾岂敢?”（《论语・述而》），但是孔子逝后却成为历代文人士子心目中圣人的化身，吴道子《孔子行教图》中所传递的正是圣人形象的仪表特质。与孔子圣人形象相比，作为“自行束修以上，吾未尝无诲焉”（《论语・述而》）的师者形象却是早已深入人心。我们试结合《论语》文本中的相关内容，从孔子自述和弟子及时人的他评中来阐述孔子作为好教师的外在之形，如表 4－11 所示。

表 4－11　**《论语》文本中孔子作为好教师的外在之形**

孔子自述	1. 子曰：“吾十有五而志于学，三十而立，四十而不惑，五十而知天命，六十而耳顺，七十而从心所欲，不逾矩。”（《论语・为政》） 2. 子曰：“起予者商也！始可与言诗已矣。”（《论语・八佾》） 3. 子曰：“十室之邑，必有忠信如丘者焉，不如丘之好学也。”（《论语・雍也》） 4. 子曰：“述而不作，信而好古，窃比于我老彭。”（《论语・述而》） 5. 子曰：“默而识之，学而不厌，诲人不倦，何有于我哉?”（《论语・述而》） 6. 子曰：“德之不修，学之不讲，闻义不能徙，不善不能改，是吾忧也。”（《论语・述而》）

续表

孔子自述	7. 子曰："自行束脩以上，吾未尝无诲焉。"（《论语·述而》） 8. 子曰："饭疏食饮水，曲肱而枕之，乐亦在其中矣。不义而富且贵，于我如浮云。"（《论语·述而》） 9. 子曰："女奚不曰，其为人也，发愤忘食，乐以忘忧，不知老之将至云尔。"（《论语·述而》） 10. 子曰："我非生而知之者，好古，敏以求之者也。"（《论语·述而》） 11. 子曰："三人行，必有我师焉。择其善者而从之，其不善者而改之。"（《论语·述而》） 12. 子曰："二三子以为我隐乎？吾无隐乎尔。吾无行而不与二三子者，是丘也。"（《论语·述而》） 13. 子曰："盖有不知而作之者，我无是也。多闻择其善者而从之，多见而识之，知之次也。"（《论语·述而》） 14. 子曰："若圣与仁，则吾岂敢？抑为之不厌，诲人不倦，则可谓云尔已矣。"公西华曰："正唯弟子不能学也。"（《论语·述而》） 15. 子曰："吾有知乎哉？无知也。有鄙夫问于我，空空如也，我叩其两端而竭焉。"（《论语·子罕》） 16. 子曰："君子道者三，我无能焉：仁者不忧，知者不惑，勇者不惧。"子贡曰："夫子自道也。"（《论语·宪问》） 17. 子曰："莫我知也夫！"子贡曰："何为其莫知子也？"子曰："不怨天，不尤人。下学而上达。知我者其天乎！"（《论语·宪问》） 18. 子曰："吾尝终日不食，终夜不寝，以思，无益，不如学也。"（《论语·卫灵公》）
弟子及时人的他评	1. 子入大庙，每事问。或曰："孰谓鄹人之子知礼乎？入大庙，每事问。"子闻之曰："是礼也"。（《论语·八佾》） 2. 达巷党人曰："大哉孔子！博学而无所成名。"子闻之，谓门弟子曰："吾何执？执御乎？执射乎？吾执御矣。"（《论语·子罕》） 3. 大宰问于子贡曰："夫子圣者与？何其多能也？"子贡曰："固天纵之将圣，又多能也。"子闻之，曰："大宰知我乎！吾少也贱，故多能鄙事。君子多乎哉？不多也。"牢曰："子云，'吾不试，故艺'。"（《论语·子罕》） 4. 颜渊喟然叹曰："仰之弥高，钻之弥坚；瞻之在前，忽焉在后。夫子循循然善诱人，博我以文，约我以礼。欲罢不能，既竭吾才。如有所立卓尔。虽欲从之，末由也已。"（《论语·子罕》）

续表

弟子及时人的他评	5. 子路宿于石门。晨门曰："奚自？"子路曰："自孔氏。"曰："是知其不可而为之者与？"（《论语·宪问》） 6. 陈亢退而喜曰："问一得三，闻诗，闻礼，又闻君子之远其子也。"（《论语·季氏》） 7. 卫公孙朝问于子贡曰："仲尼焉学？"子贡曰："文、武之道，未坠于地，在人。贤者识其大者，不贤者识其小者，莫不有文、武之道焉。夫子焉不学？而亦何常师之有？"（《论语·子张》） 8. 叔孙武叔毁仲尼。子贡曰："无以为也，仲尼不可毁也。他人之贤者，丘陵也，犹可逾也；仲尼，日月也，无得而逾焉。人虽欲自绝，其何伤于日月乎？多见其不知量也！"（《论语·宪问》）

我们试结合朱熹《论语集注》中关于上述语段的诠释，从中概括出能体现语段特征的关键术语，以此来整体上描绘《论语》文本中的孔子。

首先，孔子自述中的关键术语如表4－12所示。

表4－12　**孔子自述中的关键术语**

其一，进德之序（1）。"十有五而志于学，三十而立，四十而不惑，五十而知天命，六十而耳顺，七十而从心所欲"。程子曰："孔子自言其进德之序如此者，圣人未必然，但为学者立法，使之盈科而后进，成章而后达。"即：一以示学者当优游涵泳，不可躐等而进；二以示学者当日就月将，不可半途而废也。
其二，教学相长（2）。"起予者商也"，所谓起予，则亦相长之义也。
其三，学至圣人（3）。忠信如圣人，生质之美者也。言美质易得，至道难闻，学之至则可以为圣人，不学则不免为乡人而已。
其四，述而不作，信而好古（4）。老彭，商贤大夫，盖信古而传述者也。孔子删诗、书，定礼、乐，赞周易，修春秋，皆传先王之旧，而未尝有所作也，故其自言如此。盖不惟不敢当作者之圣，而亦不敢显然自附于古之贤人；盖其德愈盛而心愈下，不自知其辞之谦也。然当是时，作者略备，夫子盖集群圣之大成而折衷之。其事虽述，而功则倍于作矣，此又不可不知也。
其五，学不厌、诲不倦（5、7、14）。苟以礼来，则无不有以教之也。晁氏曰："当时有称夫子圣且仁者，以故夫子辞之。苟辞之而已焉，则无以进天下之材，率天下之善，将使圣与仁为虚器，而人终莫能至矣。故夫子虽不居仁圣，而必以为之不厌、诲人不倦自处也。"

续表

其六，日新之要（6）。尹氏曰："德必修而后成，学必将而后明，见善能徙，改过不吝，此四者日新之要也。苟未能之，圣人犹忧，况学者乎？"
其七，孔颜乐处（8）。孔子颜子都乐学，故有孔颜乐处。
其八，好学之笃（9）。未得，则发愤而忘食；已得，则乐之而忘忧。以是二者俛焉日有孳孳，而不知年数之不足，但自言其好学之笃耳。
其九，好古敏求（10）。尹氏曰："孔子以生知之圣，每云好学者，非惟勉人也。盖生而可知者，义理尔。若夫礼乐名物古今事变，亦必待学而后有以验其实也"。
其十，思齐内省（或择善从之）（11、13）。三人同行，其一我也。彼二人者，一善一恶，则我从其善而改其恶焉，是二人皆我师也。尹氏曰："见贤思齐，见不贤而内自省，则善恶皆我之师，进善其有穷乎？"
其十一，圣人无隐（12）。吕氏曰："圣人体道无隐，与天象昭然，莫非至教。常以示人，而人自不察。"
其十二，叩其两端（15）。尹氏曰："圣人之言，上下兼尽。即其近，众人皆可与知；极其至，则虽圣人亦无以加焉，是之谓两端。如答樊迟之问仁知，两端竭尽，无余蕴矣。若夫语上而遗下，语理而遗物，则岂圣人之言哉？"
其十三，成德进学之序（16）。尹氏曰："成德以仁为先，进学以知为先。故夫子之言，其序有不同者以此。"
其十四，下学上达（17）。程子曰："不怨天，不尤人，在理当如此。"又曰："下学上达，意在言表。"又曰："学者须守下学上达之语，乃学之要。盖凡下学人事，便是上达天理。然习而不察，则亦不能以上达矣。"
其十五，学思结合（18）。此为思而不学者言之。

其次，弟子及时人他评中的关键术语如表 4－13 所示。

表 4－13　**弟子及时人他评中的关键术语**

其一，敬谨之至（1）。尹氏曰："礼者，敬而已矣。虽知亦问，谨之至也，其为敬莫大于此。谓之不知礼者，岂足以知孔子哉？"每事问，即知礼敬礼的缘故。
其二，道全德备（博学而无所成名）（2）。尹氏曰："圣人道全而德备，不可以偏长目之也。达巷党人见孔子之大，意其所学之博，而惜其不以一善得名于世，盖慕圣人而不知者也。"
其三，不当多能（3）。君子从物应物，道达则务简，务简则不多能也。
其四，循循善诱、博文约礼（4）。循循，有次序貌。诱，引进也。博文约礼，教之序也。言夫子道虽高妙，而教人有序也。侯氏曰："博我以文，致知格物也。约我以礼，克己复礼也。"程子曰："此颜子称圣人最切当处，圣人教人，惟此二事而已。"

续表

其五，不可而为（5）。胡氏曰："晨门知世之不可而不为，故以是讥孔子。然不知圣人之视天下，无不可为之时也。" 其六，君子远其子（6）。尹氏曰："孔子之教其子，无异于门人，故陈亢以为远其子。" 其七，日月仲尼（7、8）。日月，喻其至高。

最后，《论语》文本中孔子的好教师形象可总结概括为：

（1）作为好教师的整体形象：学而不厌、诲人不倦；

（2）作为好教师的为教形象：博文约礼、循循善诱；

（3）作为好教师的为学形象：发愤忘食、乐以忘忧。

由此，学而不厌、诲人不倦的好教师形象得以建构，并通过《论语》文本中孔子自述及孔子与弟子对话，或时人他评中得以认同和强化，最终使孔子好教师形象的人格特征从模糊变为清晰、从具体走向抽象，并最终成为一个好教师的化身。《论语》文本更让我们触摸到了一个"教其子无异于门人"且"无隐"的师德高尚的人，感受到了一个"叩其两端"引导学生"下学而上达"以至于"学至圣人"的师术高明的人，体悟到了一个"述而不作、信而好古"且"思齐内省"而"道全德备"的师品卓越的人。这就是一个真实的孔子，一个让学生"欲罢不能"而愿从师信道的师者，一个与"日月同辉"秉"文武之道"且"知其不可为而为"的圣人！

二　仁智：好教师之神

既然"学而不厌、诲人不倦"（孔子自称）、"学不厌、教不倦"（孟子之语）代表了孔子好教师形象的整体特征，那么"学不厌、教不倦"所内含的好教师品质就需得以阐明。事实上，从汉孔安国注释《论语》始，《论语》注释者就试图从不同方面来诠释"学不厌、教不倦"的内涵。我们试以程树德《论语集释》中的注释内容为范本①，来

① 参见程树德《论语集释》，中华书局2013年版，第505—508、577—579页。

阐释何谓“学不厌、教不倦”。首先，孔子“学不厌、教不倦”话语对象有二，一是《论语》中的公西华，一是《孟子》中的子贡。其次，从郑玄认为孔子的言论是在于表明“人无有是行于我，我独有之也”①开始，《论语》注释者对孔子发表“何有于我哉？”感慨的用意存在争论，虽然大多数注释者认为是夫子自谦之辞，但是关于如何更恰当地理解还是存在争议。朱熹在《朱子语类》中指出，《论语》中的记载可能是因文字的丢失而造成理解的疑义，“此必因人称圣人有此，圣人以谦辞承之，后来记者却失上面一节，只做圣人自话记耳”。如果同《孟子·公孙丑上》中加上“夫子圣矣乎？”的设问，则“何有于我哉？”就是言“二者之外（学不厌、教不倦）我无所有也”的自谦之辞。最后，《论语》注释者结合“智与仁”来解读“学不厌、教不倦”。一是“圣与仁”可理解为“智与仁”，“圣”与“智”古通称。二是“为之不厌，诲人不倦”中的“为（学）之，谓为仁圣之道”、“诲人，亦谓以此教人也”，而“圣仁者”即“明德而新民，成己而成物者也”，“学不厌、教不倦，亦学为圣仁教为圣仁，以仁心及物而进于圣已矣”，所以“学不厌、教不倦”就内含“内圣外王，总以仁及万物”的成己成物之道。三是从“默识”来理解“不厌”和“不倦”，“默识是入道第一义。默则不尚言说，识则体认本面。识得本面，原无声无臭，原于穆不已，自然无容拟议，自然终日乾乾，操存罔解，何厌之有？以此自励，即以此励人，视人犹己，何倦之有？此方是鞭辟著里、尽性至命之圣学”，既然是学圣学与教圣学，那何来“厌”与“倦”。

圣人理想人格的特征就是仁智统一，仁属于伦理学的范畴，智属于认识论的范畴，仁智统一就是伦理学与知识论二者之间的统一。孔子对于仁与智关系的论述，从道德内容上是仁、智、勇三德的合一；从道德主体上关涉仁者、智者、勇者之间的递进；从道德对象上既指向自己又指向他人，既是道德主体自身的道德与知识之间的统一，又是道德主体成己与成物的统一。“仁向内以显露道德主体，智向外以成就知识才能。仁虽为孔学的骨干，但孔子对于智，实已付与以一个与仁相平行的地

① 按刘氏《正义》云：“注有讹文，当以‘行’字句绝，‘我’字重衍。郑谓他人无是行，夫子乃独有之”。（程树德：《论语集释》，中华书局2013年版，第505页。）

位，以成就其‘内外兼管’‘体用赅备’的文化建构”。[①] 同样，从仁与智之间的先后关系来看，仁以智为支持，“未知，焉得仁?”（《论语·公冶长》），智中涵仁，“博学而笃志，切问而近思，仁在其中矣”（《论语·子张》）；智以仁为归属，仁中蕴智，“仁者安仁，知者利仁”（《论语·里仁》），“知及之，仁不能守之，虽得之，必失之”（《论语·卫灵公》）。

从孟子以来的古代学者虽然对于包含“学不厌、教不倦”语段的整体诠释存在争议，但是对于从智与仁两个层面来理解“为之不厌，诲人不倦”却取得了共识，并且从孔子生活之时就称孔子为“圣与仁”，“圣”与“智”古通称，由此看来，孔子正是智与仁的化身。同样，最能体现孔子之教、圣人之道的“博文约礼”，同样正是智与仁的结合。

《孟子·公孙丑上》之中：

> 子贡曰：“学不厌，智也；教不倦，仁也。仁且智，夫子既圣矣。”

子贡是用仁智合一来诠释孔子“学不厌教不倦”的“成己—成物”之学，仁智合一就是儒家学者所倡导的“成己—成物”之学。《中庸》之中对此有更为深入的阐释：

> 诚者，自成也；而道，自道也。诚者物之终始，不诚无物。是故君子诚之为贵。诚者，非自成己而已也，所以成物也。成己，仁也；成物，知也。性之德也，合内外之道，故时措之宜也。

《中庸》尚诚亦即尚仁，故以仁为体，以智为用。学属成己之事，教属成人之事；学是体，是本；教是末，是用，故成己方能成人。

正是在此基础之上，董仲舒在《春秋繁露》的《必仁且智篇》中对仁与智之间关系的经典表述，标志着儒家形成了关于仁与智之间关系

---

① 徐复观：《中国学术精神》，华东师范大学出版社 2014 年版，第 17 页。

的系统认识①：

莫近于仁，莫急于智。不仁而有勇力材能，则狂而操利兵也；不智而辩慧狷给，则迷而乘良马也。故不仁不智而有材能，将以其材能，以辅其邪狂之心，而赞其僻违之行，适足以大其非，而甚其恶耳。其强足以覆过，其御足以犯诈，其慧足以惑愚，其辨足以饰非，其坚足以断辟，其严足以拒谏，此非无材能也，其施之不当而处之不义也。有否心者，不可藉便埶，其质愚者不与利器。《论》之所谓“不知人”也者，恐不知别此等也。仁而不智，则爱而不别也；智而不仁，则知而不为也。故仁者所爱人类也，智者所以除其害也。

董仲舒是从仁与智分离（不仁不智、仁而不智、智而不仁）所带来的危害入手，来阐释二者之间的相互关系，如表 4 – 14 所示。

表 4 – 14　　**董仲舒阐释仁与智的相互关系**

不仁不智	大其非，而甚其恶
仁而不智	爱而不别
智而不仁	知而不为

正是基于上述认识，董仲舒用“必”字来突出仁且智（即仁智统一）的合理性和必要性，同样，正是一个“必”字将儒家对于仁智统一的认识推向了新高度。正如张岱年所言：“爱人为仁，有先见之明为智。惟仁而无智，则虽爱人，而不能明辨祸福利害，其行为之结果，或反足以伤人。仅智而不仁，则虽能深识祸福利害，而漠然无动于心，不肯实际拯济他人。所以仁与智，两皆必需。董子此说，实亦是孔子思想

① 仁智统一思想在程朱理学中表现为“致知”与“用敬”的相统一，“涵养须用敬，进学则在致知”（《河南程氏遗书卷第十八》）。程朱理学与陆王心学虽然对“格物致知”的解释上有所不同，进而表现为对“尊德性”与“道问学”的“致知”路径的侧重上各不相同，但是都以仁智统一为认识论的基本格局。

之推衍”[①]。知人是爱人的必要前提，而爱人是知人的必然结果。由此而知，仁且智就是追求道德情感与道德理性的内在统一，就是成圣的必由之径——“仁且智，夫子既圣矣”。

仁智统一的学不厌与教不倦，从其形式上表现为好学和善教，而究其实质就是学为圣仁而不“厌”与教为圣仁而不“倦”。好学和善教正是好教师形象的外在表征和体现：

学不厌表现为好学。孔子一生自称好学，“其为人也，发愤忘食，乐以忘忧，不知老之将至云尔”（《论语·述而》）。《论语集释》引《集注》曰：“未得则发愤而忘食，已得则乐之而忘忧，以是二者俛焉日有孳孳而不知年数之不足，但自言其好学之笃耳。然深味之，则见其全体至极纯亦不已之妙，有非圣人不能及者。盖凡夫子之自言类如此，学者宜致思焉”[②]，圣人好学到如此地步，一般学者当自勉努力前行。孔子不仅好学而且乐学，“学而时习之，不亦说乎？有朋自远方来，不亦乐乎？人不知而不愠，不亦君子乎？”（《论语·学而》），“《论语》一书，首言为学，即曰悦、曰乐、曰君子。此圣人最善诱人处，盖知人皆惮于学而畏其苦也。是以鼓之以心意之舒适，动之以至美之嘉名，令人有欣慕之意，而不得不勉力于此也。此圣人所谓为万世师”[③]，悦、乐、君子既可以看作圣人善诱之方，又可以视作孔子一生好学和乐学精神的浓缩。

教不倦表现为善教。孔子最为得意的学生颜渊一生服膺孔子之教，“仰之弥高，钻之弥坚；瞻之在前，忽焉在后。夫子循循然善诱人，博我以文，约我以礼。欲罢不能，既竭吾才。如有所立卓尔。虽欲从之，末由也已”（《论语·子罕》）。《论语集释》引《集注》指出，“博文约礼，教之序也。言夫子道虽高妙，而教人有序也。侯氏曰：‘博我以文，致知格物也。约我以礼，克己复礼也。’程子曰：‘此颜子称圣人最恰当处，圣人教人惟此二事而已’”[④]，循循善诱体现了孔子“教人有序”的善教之法。“致知格物”为“智”德，“克己复礼”为“仁”德，循

① 张岱年：《中国哲学大纲》，中华书局 2017 年版，第 355 页。

② 程树德：《论语集释》，中华书局 2013 年版，第 554 页。

③ 程树德：《论语集释》，中华书局 2013 年版，第 11 页。

④ 程树德：《论语集释》，中华书局 2013 年版，第 689 页。

循善诱之中内涵“智”德与“仁”德。

总而言之，无论是好学（学不厌）还是善教（教不倦），究其实质，都是对智德与仁德的追寻和践行；同样，正因为有好学和善教行为的发生，智德与仁德才能在现实生活之中寻找到落脚点和归宿处。

儒家师者的仁智统一就是要实现道德情感与道德理性的统一，从其实质上来说就是一个推己及人的自我修养过程，就是以忠与恕为法则、以博文与约礼为载体的不断自我提升的过程。

仁智统一以忠与恕为法则①。“夫仁者已欲立而立人，已欲达而达人；能近取譬，可谓仁之方也已”（《论语·雍也》），“譬”是比喻，“方”是方法，求仁的方法就是从近处自身来比喻，由自己能推想到别人，即能够将心比心。具体来说，仁之法则可以表述为：“夫子之道，忠怒而已矣”（《论语·里仁》），“尽已之谓忠，推已之谓恕”（朱熹：《论语集注》），“尽已”之“忠”与“推已”之“恕”就是“已欲立而立人，已欲达而达人”与“已所不欲，勿施于人”（《论语·颜渊》），就是用推已及人的修养方式去实现仁。“‘忠’和‘恕’的做人原则也就是‘仁’的原则。因此，一个人按‘忠’‘恕’行事为人，也就是‘仁’的实践”②。“爱之，能勿劳乎？忠焉，能勿诲乎？”（《论语·宪问》），诲人不倦正是仁的表现及对忠恕之道的贯彻。

仁智统一以博文与约礼为载体。“夫子循循然善诱人，博我以文，约我以礼”（《论语·子罕》），博文约礼是夫子教人之序也。《论语集释》引《集注》指出，“侯氏曰：‘博我以文，致知格物也。约我以礼，克己复礼也。’程子曰：‘此颜子称圣人最恰当处，圣人教人惟此二事而已’”③。致知格物“智”也，克已复礼“仁”也，“博文”与“约礼”就是“智”与“仁”的现实形态和具体内容，体现了儒家师者求真与向善的内在统一。“道德以明善为目的，知识以求真为目的，将求真与致善的目的统一起来，既真又善，美在其中。知识之美谓之真，人

① 忠与恕是孔子所提出的行仁之方（推行仁道之途径方式），而二者的基本前提便是仁与知的统一。（参见杨国荣《善的历程——儒家价值体系的历史衍化及其现代转换》，上海人民出版社1994年版，第41页。）

② 冯友兰：《中国哲学简史》，中华书局2015年版，第62页。

③ 程树德：《论语集释》，中华书局2013年版，第689页。

性之美谓之善，仁即善，善即美”①。“质胜文则野，文胜质则史。文质彬彬，然后君子”（《论语·雍也》），“文质彬彬”的君子，就是集知识之美与人性之美为一体的人，就是真与善达到完美统一的人。

好教师正是集真、善、美于一身，并致力于探求和追寻真、善、美的人。

这就是孔子，一个集真、善、美于一身的好教师。

一个圣人！

［**结语**］

好教学、好学生、好教师，共同构成了中国教学哲学的精神境界。为己之学的教学哲学话语语境，使得三者成为一种相互联系、相互生成的内生性过程。作为好教师代表的孔子，所追求的“学而不厌，诲人不倦”精神中，就内含为学和为教的成己成人精神。如果说为学在于成己，那么为教则在于成人，但是从君子人格的整体修养来看，为教是另一层面的为学，并与为学一起构成君子完善自身人格的不可或缺的两方面。同样，好学生颜渊身上所体现的好学、乐学精神，又何尝不是孔子本人一生为学乐道的真实写照。换句话来说，正是因为好教师孔子有好学、乐学精神，才能经循循善诱、博文约礼而培养出好学、乐学的好学生颜渊。

为己之学 { 为学（学而不厌）——成己 / 好学——乐学 / 为教（诲人不倦）——成人 } 成己成人

孔子之“饭疏食饮水，曲肱而枕之，乐亦在其中矣。不义而富且贵，于我如浮云”与颜渊之“一箪食，一瓢饮，在陋巷。人不堪其忧，回也不改其乐”，其中所蕴含的“乐”之境界，正是教者、学者互促共生境界的理想状态。“朝闻道，夕死可矣！”，生命质量的高低不在于外在物质条件而在于内在的精神追求，安贫乐道，为道而生，为道而死，“须尽得这道理无欠阙，到那死时，乃是生理已尽，安于死而无愧！”（《朱子语类》卷三十九）

---

① 段尊群：《“仁智统一”的哲学意蕴与现代启示》，《湖南科技大学学报（社会科学版）》2014 年第 6 期。

第五章

从学到教：中国教学哲学的流变

［**题解**］复其本然之善，全其性德之真，方是成己成物。尽己之性，尽人之性，方是圣人之盛德大业。（《泰和宜山会语》）

《泰和宜山会语》的作者是马一浮，梁漱溟先生称其为“千年国粹，一代儒宗”，贺麟推崇其为“兼有中国正统儒者所应具有之诗教、礼教、理学三种素养，可谓代表中国文化的仅存的硕果”。1938 年马一浮应浙江大学校长竺可桢之聘，打破“平生杜门”的准则，莅临江西泰和[①]与广西宜山为浙江大学学生讲学，《泰和会语》《宜山会语》正是讲学成果之作。马一浮在《泰和会语》中首次提出“六艺该摄一切学术”的命题。他指出：六艺是孔子之教，“吾国二千来普遍承认一切学术之原皆出于此，其余都是六艺之支流。故六艺可以该摄诸学，诸学不能该摄六艺。今楷定国学者，即是六艺之学，用此代表一切固有学术，广大精微，无所不备”[②]。按照作者的理解，“六艺该摄一切学术”中的学术包括两个部分：一是六艺统诸子，二是六艺统四部。在此基础之上，作者进一步指出：“六艺不唯统摄中土一切学术，亦可统摄现在西来一切学术”，并且“西方哲人所说的真、美、善，皆包含于六艺之中，《诗》《书》是至善，《礼》《乐》是至美，《易》《春秋》是至真。

① 马一浮在《泰和会语·引端》谈道：“今因避难来泰和，得与浙江大学诸君相聚一堂，此为最难得之缘会。竺校长与全校诸君不以某为迂谬，设此国学讲座，使之参预讲论。其意义在使诸生于吾国固有之学术得一明了之认识，然后可以发扬天赋之知，能不受环境之陷溺，对自己完成人格，对国家社会乃可以担当大事”。这就是《泰和会语》《宜山会语》的由来。

② 马一浮：《泰和宜山会语》，辽宁教育出版社 1998 年版，第 7 页。

《诗》教主仁，《书》教主智，合仁与智，岂不是至善么？《礼》是大序，《乐》是大和，合序与和，岂不是至美么？《易》穷神知化，显天道之常，《春秋》正名拨乱，示人道之正，合正与常，岂不是至真么？诸生若于六艺之道深造有得，真是左右逢源，万物皆备”[①]。由此看来，六艺即国学，既可以统摄诸子及四部之学，又可统摄西来一切学术，也就是西方学术，六艺之学就是所有学术之原。

正是基于上述认识，马一浮提出“故今日欲弘六艺之道，并不是狭义的保存国粹，单独的发挥自己民族精神而止，是要使此种文化普遍的及于全人类，革新全人类习气上之流失，而复其本然之善，全其性德之真，方是成己成物。尽己之性，尽人之性，方是圣人之盛德大业”[②]的学术论断。马一浮作为新儒学的代表性人物，本着“革新全人类习气上之流失”而倡导“弘六艺之道”，具有正本归源以回归人类真、善、美本性之学术宏愿；提出六艺统摄现在西来一切学术的命题，其隐含的学术判断：一是六艺之学和西学是两种不同的学术；二是六艺之学可以被视作西学之原，原有本之意，西学本出于六艺之学。马一浮为西学寻找本原的学术论断之中，无论其关于六艺之学的诠释是否合理、准确，事实上体现了从儒家学术源头来探寻解决现实问题的学术尝试，折射了以六经为主体的传统学术在近现代所遭遇到的合法性挑战，反映了试图通过重释儒学经典来达到为儒家重新立法的学术目的。这种学术努力正是新儒学倡导者的共同心声，但是不可否认的是，六艺之学所遇到的挑战不是仅仅通过重释经典的方式就可以挽救的，其所面对的西来一切学术，终归不是发源于六艺之学，况且，六艺之学终归不能统摄西来一切学术。“夫以诸子之学，而与西来之学，其相因缘而并兴者，是盖有故焉。一则诸子之书其所含之义理，于西人心理、伦理、名学、社会、历史、政法，一切声、光、化、电之学，无所不包，任举一端，而皆有冥合之处，互观参考，而所得良多。故治西学者，无不兼治诸子之学。一则我国自汉以来，以儒教定一尊，传之千余年。一旦而一新种族挟一新宗教以入吾国，其始未尝不大怪之，及久而察其所奉之教，行之其国，

① 马一浮：《泰和宜山会语》，辽宁教育出版社1998年版，第17—18页。

② 马一浮：《泰和宜山会语》，辽宁教育出版社1998年版，第17页。

未尝不治，且其治或大过于吾国，于是而恍然于儒教之外复有他教，《六经》之外复有诸子，而一尊之说破矣”[①]。随着“一尊之说”的破灭，中国学术逐渐进入“后经学时代”：“其一，在社会政治层次上，经学失去其合法性依据的地位，中国社会形式上走向法理化的时代；其二，在学术文化的层次上，对经的研究不必站在宗经的立场上”[②]。再加上，从章太炎的“以史为本”转向胡适的“以史料为本”[③]，以西方分科学术的全面移植为平台，以六经为根基的中国古代学术开始走向瓦解，直至经学开始瓦解，以六艺之学为根基的古代学术开始瓦解，建立在古代学术基础之上的古代教育生活也开始瓦解。

第一节　道学观的流变

> 道之大原出于天，天不变，道亦不变，是以禹继舜，舜继尧，三圣相受而守一道，亡救弊之政也，故不言其所损益也。繇是观之，继治世者其道同，继乱世者其道变。今汉继大乱之后，若宜少损周之文致，用夏之忠者。《春秋》大一统者，天地之常经，古今之通谊也。今师异道，人异论，百家殊方，指意不同，是以上亡以持一统；法制数变，下不知所守。臣愚以为诸不在六艺之科孔子之术者，皆绝其道，勿使并进。邪辟之说灭息，然后统纪可一而法度可明，民知所从矣。（董仲舒：《天人三策》）

“天不变，道亦不变”，三圣相受而守一道，学此道，教此道，学圣学教圣学，道即此道，学即此学，一切都在六艺之学。正因为有此道

① 邓实：《古学复兴论》，《国粹学报》1905年第9期。

② 陈少明：《走向后经学时代》，《汉宋学术与现代思想》，广东人民出版社1995年版，第128页。

③ 章太炎在《论经的大意》一文中指出：“六经都是古史”，“经外并没有史，经就是古人的史，史就是后世的经”（《教育今语杂志》1910年第2期）；胡适认为：“直接回到可靠的史料，依据史料重新寻出古代思想的渊源变化”（《中国古代哲学史导言》），“六经”由历史典籍转向历史史料，逐步实现从古代原典向历史文献的时代转变。

才有此学才有此教，如果道发生改变，必然会带来学和教的变化。正如康有为在《教学通议·原教》中指出的："礼教伦理立，事物制作备，二者人道所由立也。礼教伦理，德行也；事物制作，道义也。后圣所谓教，教此也；所谓学，学此也"①。

一 "道"之动：《原道》之天道、政道与人道

从刘勰《原道》始至韩愈《原道》与章学诚《原道》，虽然标题相同但是所论述的道却各异，从天道到政道再到人道的"道"的内涵演变，生动再现了儒家之道的流变历程。诚如《学记》文本所言："玉不琢，不成器。人不学，不知道"，"道"为学之根本，学为了道，道变则学变。

（一）天道：刘勰与《原道》

中国古代思想上以"原道"为题的论著有四：《淮南子·原道训》、刘勰《文心雕龙·原道》、韩愈《原道》、章学诚《文史通义·原道》。在四篇以"原道"为题的论著之中，除《淮南子·原道训》之外，其余三篇论著所"原"之"道"均为儒家之道。

原道之说始于先秦荀子，其后汉人扬雄又有所祖述发挥，但荀子、扬雄所谓之道，专就儒家学说而言。刘勰之原道，当与《淮南子·原道训》关系密切，高秀注曰："原，本也，本道根真，包裹天地，以历万物，故曰原道，用以题篇。"《淮南子·原道训》所原之道②乃具有本体论性质的道家"自然之道"：

> 夫道者，覆天载地，廓四方，柝八极，高不可际，深不可测，包裹天地，禀授无形；原流泉浡，冲而徐盈，混混滑滑，浊而徐清。
>
> 泰古二皇，得道之柄，立于中央。神与化游，以抚四方。

---

① 刘梦溪：《中国现代学术经典·康有为卷》，河北教育出版社1996年版，第33页。

② 庞朴认为《淮南子·原道训》的"原道"应该叫作"道原"，因为这个"原"乃本源之原。（庞朴：《一分为三——中国传统思想考释》，海天出版社1995年版，第240页。）

自然之道渊含万物的形态化育其中，而人立于天地之间，远古圣王掌握“道”的枢机，依此立教以抚化四方。《淮南子》出入儒、道，调和两家学说，作者本着老庄哲学本体的道，同时又把儒家圣人伏羲、神农放在接通人神的地位上来阐述社会人文的产生，这和刘勰的“原道”“征圣”论同一主旨。

在《原道》篇中，刘勰用《周易》和道家思想来重构儒家的思想体系[①]。刘勰在《原道》中指出：“人文之元，肇自太极”，此“太极”既是《周易》中的“太极”，也等同于《老子》中“道生一”中的“一”。刘勰对“道”与“太极”之间的关系论证如下。

> 文之为德也大矣，与天地并生者何哉？夫玄黄色杂，方圆体分，日月叠璧，以垂丽天之象；山川焕琦，以铺地理之形，此盖道之文也。仰观吐曜，俯察含章高卑定位，故两仪既生矣，惟人参之，性灵所钟，是为三才，为五行之秀，实天地之心。心生而言立，言立而文明，自然之道也。

故此，道与太极之间的关系可作如下表述。

道→太极→阴、阳→天、地、人（天、地→天文、人→人文）

那么，刘勰所倡导的“自然之道”究竟是何道？

> 爰自风姓，暨乎孔氏，玄圣创典，素王述训，莫不原道以心敷章，研神理而设教。取象乎《河》《洛》，问数乎蓍龟，观天文以极变，察人文以成化；然后能经纬区宇，弥纶彝宪，发挥事业，彪炳辞义。故知道沿圣以垂文，圣因文而明道，旁通而无涯，日用而不匮。

由此，刘勰原道的目的就在于宣扬儒家政治教化之人道，并最终实现儒家修、齐、治、平的政治理想。那么，刘勰又为何用道家的自然之

① 学界认为刘勰《原道》中所原之道乃道家自然之道。本文认为，刘勰所论述之道非道家一家之道，乃兼综儒道，出入玄理，另有蕴意。

道和儒家之道相结合的方式来原道呢？或者说是为何要采用道家的自然之道来找寻儒家之道的立论根据呢？

原因在于：汉儒的“天人感应”神学体系已经不能成为儒家之道的立论根据。刘勰原自然之道以明儒家之道，从其思想来源来看是受到魏晋玄学思想的影响。汤用彤曾指出魏晋玄学的特征为，“王弼为玄宗之始，然其立义实取汉代儒学阴阳家之精神，并杂以校练名理之学说，探求汉学蕴摄之原理，廓清其虚妄，而折中之于老氏。于是汉代经学衰，而魏晋玄学起”①。魏晋玄学从起初就是儒、道相结合的产物，刘勰借用此思想在《原道》中认为，“人文”就是古代圣人根据自然之道创造出来的，儒家的经典正是宣扬儒家名教的典籍，而此典籍正是圣人“原道心以敷章”的结果。原道、宗经、征圣之间的逻辑关系就此建立：太极之道——自然物文——儒家圣文——广义的文章，由此，儒家人伦之道就变成了自然而然、符合天道的规律法则。

（二）政道：韩愈与《原道》

韩愈在《原道》之中引用《大学》进行论证时指出：

> 传曰：“古之欲明明德于天下者，先治其国；欲治其国者，先齐其家；欲齐其家者，先修其身；欲修其身者，先正其心；欲正其心者，先诚其意。”然则古之所谓正心而诚意者，将以有为也。

陈来针对韩愈援引《大学》“明明德”语句而不及“致知格物”评论道：“韩愈对《大学》的重视主要是把《大学》作为政治伦理哲学来考虑的。《大学》维护社会的宗法秩序与伦理纲常，强调齐家治国平天下的社会义务，这对任何要在中国社会立足的宗教出世主义体系都是一种有力的、具有实在压力的思想。韩愈正是利用《大学》的这种特质作为排击佛教的有力武器。由于韩愈所注意的是政治社会问题，他在印证《大学》的条目时没有列举‘格物’‘致知’，而‘格物’‘致知’恰恰是宋明理学诠释《大学》时最为注意的观念。这显然是由于，在儒学复兴运动的初期，主要的任务是首先在政治上抨击佛教，恢复儒学

① 汤用彤：《魏晋玄学论稿》，上海古籍出版社 2001 年版，第 23 页。

在政治社会结构中的地位，还未能深入到如何发展儒学内部的精神课题”①。正如陈来所言，韩愈《原道》篇的主要任务在于政治上抨击佛教，恢复儒学在政治社会结构中的地位，故韩愈所原之道就是维护政道的儒家之道，故曰“政道”。这既是韩愈儒道的终点，亦是他反佛老的起点。

韩愈在《原道》中提出儒道的新主张——“道统说”：

> 斯吾所谓道也，非向所谓老与佛之道也。尧以是传之禹，禹以是传之汤，汤以是传之文、武、周公。文、武、周公传之孔子，孔子传之孟轲，轲之死，不得其传焉。

韩愈的这段话，清晰地勾勒出从尧舜到孟子的儒学道统传承顺序，并俨然以继承孟子的儒学传承者自许。韩愈的儒学贡献主要在于此。诚如陈寅恪在《论韩愈》一文中认为，韩愈六点成就之首就是“建立道统，证明传授之渊源”②，韩愈《原道》中明确了从孔子以来的儒家道统的传承顺序。由此，“韩愈《原道》道统说的全幅意义，即是：第一，中国之所以为中国，在于中国文化，而不在于君主。第二，中国文化传统，只能由道统来保证，而决不能由君统来保证。质而言之，只有道统能够保证中国成其为中国，而君统不能保证。因此之故，第三，道统学说的真精神，就是文化高于君权，道统高于君统”③。韩愈的道统说在客观上提高了圣人和圣人典籍的权威和地位，也正是在此基础上才产生了宋明“理学”④，从而使儒家伦理思想获得了比较完备的理论形态，使儒学以新的形态重新获得了“独尊”的地位。韩愈本人也由此获得了“道统”之传人的学术声誉和儒学地位。

（三）人道：章学诚与《原道》

正如叶瑛在《文史通义校注》中指出的，《原道》上中下三篇为

---

① 陈来：《宋明理学》，华东师范大学出版社2004年版，第21页。

② 陈寅恪：《金明馆丛稿初编》，上海古籍出版社1980年版，第285页。

③ 邓小军：《唐代的中国文化宣言——韩愈〈原道〉论考》，《孔子研究》1991年第4期。

④ 正如钱穆指出：“治宋学必始于唐，而以昌黎韩氏为之率”。（钱穆：《中国近三百年学术史》，中华书局1987年版，第1页。）

《文史通义》之总纲：

> 盖清儒自顾亭林以来，以为道在六经，通经即所以明道。实斋则谓道在事物，初不出人伦日用之间。学者明道，应即事物而求其所以然，六经固不足以尽之。《文史通义》本为救当时经学之流弊而作，此三篇实为全书总汇。[1]

“道在事物，初不出人伦日用之间”“学者明道，应即事物而求其所以然”“六经固不足以尽之”，正是章学诚《原道》篇中论述儒家之道的重要观点。同样，钱穆在《中国近三百年学术史》一书中论证戴震和章学诚之间的学术传承关系时认为，“实斋谓道不外人伦日用，此在东原《绪言》《疏证》两书中，主之甚力，即《原善》亦本此旨，惟发之未畅耳。实斋所谓‘道之自然’与‘不得不然’者，亦即《原善》‘自然’与‘必然’之辨。故主求道与人伦日用，乃两氏之所同。惟东原谓归于必然，适全其自然，必然乃自然之极致，而尽此必然者为圣人，圣人之遗言存于经，故六经乃道之所寄。实斋则谓圣人不得不然乃所以合乎道，而非可即为道。自然变，则圣人之不得不然者亦将随而变，故时会不同，则所以为圣人者亦不同。故曰圣人学于众人，又曰‘六经皆史’，则六经固不足以尽夫道也”[2]。章学诚认为六经合乎道而并非等同于道，自然变则圣人之不得不然之亦将随而变，就是其与戴震之间学术思想的最为根本性的区别。

章学诚在《原道》中论述道的主要语段为：

> 天地生人，斯有道矣，而未形也。三人居室，而道形矣，犹未著也。人有什伍而至百千，一室所不能容，部别班分，而道著矣。仁义忠孝之名，刑政礼乐之制，皆其不得已而后起者也。（《原道上》）
>
> 故道者，非圣人智力之所能为，皆其事势自然，渐形渐著，不

① 叶瑛：《文史通义校注》，中华书局1985年版，第124页。
② 钱穆：《中国近三百年学术史》，商务印书馆1997年版，第423页。

得以而出之，故曰天也。（《原道上》）

道有自然，圣人有不得不然，其事同乎？曰：不同。道无所为而自然，圣人有所见而不得不然也。故言圣人体道可也，言圣人与道同体不可也。圣人有所见，故不得不然；众人无所见，则不知其然而然。孰为近道？曰：不知其然而然，即道也。非无所见也，不可见也。不得不然者，圣人所以合乎道，非可即以为道也。（《原道上》）

学于圣人，斯为贤人。学于贤人，斯为君子。学于众人，斯为圣人。（《原道上》）

《易》曰："形而上者谓之道，形而下者谓之器。"道不离器，犹影不离形。后世服夫子之教者自六经，以谓六经载道之书也，而不知六经皆器也。（《原道中》）

而儒家者流，守其六籍，以谓是特载道之书耳。夫天下岂有离器言道，离形存影者哉？彼舍天下事物、人伦日用，而守六籍以言道，则固不可与言夫道矣。（《原道中》）

夫道备于六经，义蕴之匿于前者，章句训诂足以发明之。事变之出于后者，固贵约六经之旨而随时撰述以究大道也。太上立德，其次立功，其次立言，立言与立功相准。盖必有所需而后从而给之，有所郁而后从而宣之，有所弊而后从而救之，而非徒夸声音采色，以为一己之名也。（《原道下》）

"道起三人居室""事势自然，渐形渐著，不得以而出之""不知其然而然，即道也""学于众人，斯为圣人""六经皆器也"等主要学术观点，体现了章学诚在朴素唯物论的哲学思想上实现对"人道"的回归。这种回归就是重新把"道"融入百姓日用人伦举止之中。

总而言之，刘勰论天道、韩愈论政道、章学诚论人道生动再现了儒家之道的历史流变，同样也见证了儒道从天本位到政本位再到人本位的本位意识的历史转变。特别是章学诚从百姓日用人伦之中探寻道之源起，从六经皆器之中得出六经皆史之论断，更是对儒家之道产生了较为深远和重大的学术影响。儒家经典由回归历史而回归日常，圣人之道由日常而起而因事势而变，对中国近代社会学术文化的发展产生了深刻的学术影响。

二 “学”之变：《劝学篇》中的新旧学

古有荀子《劝学》，近有张之洞《劝学篇》，两篇论著之中“学”字虽相同，但内容和实质却大不相同。虽然在荀子与张之洞的论述中，以儒学为本体的学之本相同，但是张之洞《劝学篇》中却出现了不同于“中学”的“西学”。无论张之洞从体与用的层面如何对中学与西学进行区分，但是不可否认的是西学以用的名义得以存在于近代知识体系之中而成为中国近代话语体系的重要组成部分，并通过近代学校教育的各级体系得以传播和不断得到认同。

我们试选取张之洞《劝学篇·序言》来对《劝学》和《劝学篇》进行比较分析：

> 昔楚庄王之霸也，以民生在勤箴其民，以日讨军实儆其军，以祸至无日训其国人。夫楚当春秋鲁文、宣之际，土方辟，兵方强，国势方张，齐、晋、秦、宋无敢抗颜行，谁能祸楚者？何为而急迫震惧，如是之皇皇耶？君子曰：“不知其祸，则辱至矣；知其祸，则福至矣。”
>
> 今日之世变，岂特春秋所未有，抑秦、汉以至元、明所未有也。语其祸，则共工之狂、辛有之痛，不足喻也。庙堂旰食，乾惕震厉，方将改弦以调琴瑟，异等以储将相，学堂建，特科设，海内志士，发愤搤捥。于是图救时者言新学，虑害道者守旧学，莫衷于一。旧者因噎而食废，新者歧多而羊亡。旧者不知通，新者不知本。不知通，则无应敌制变之术；不知本，则有非薄名教之心。夫如是则旧者愈病新，新者愈厌旧，交相为愈，而恢诡倾危、乱名改作之流，遂杂出其说，以荡众心。学者摇摇，中无所主，邪说暴行，横流天下。敌既至，无与战，敌未至，无与安。吾恐中国之祸，不在四海之外，而在九州之内矣。
>
> 窃惟古来世运之明晦、人才之盛衰，其表在政，其里在学。不佞承乏两湖，与有教士化民之责，夙夜兢兢，思有所以裨助之者。乃规时势，综本末，著论二十四篇，以告两湖之士，海内君子与我

同志，亦所不隐。《内篇》务本以正人心，《外篇》务通以开风气。《内篇》九：曰《同心》，明保国、保教、保种为一义，手足利则头目康，血气盛则心志刚，贤才众多，国势自昌也。曰《教忠》，陈述本朝德泽深厚，使溥海臣民咸怀忠良，以保国也。曰《明纲》，三纲为中国神圣相传之至教，礼政之原本，人禽之大防，以保教也。曰《知类》，闵神明之胄裔，无沦胥以亡，以保种也。曰《宗经》，周、秦诸子，瑜不掩瑕，取节则可，破道勿听，必折衷於圣也。曰《正权》，辨上下，定民志，斥民权之乱政也。曰《循序》，先入者为主，讲西学必先通中学，乃不忘其祖也。曰《守约》，喜新者甘，好古者苦，欲存中学，宜治要而约取也。曰《去毒》，洋药涤染我民，斯活绝之，使无萌柹也。《外篇》十五：曰《益智》，昧者来攻，迷者有凶也。曰《游学》，明时势，长志气，扩见闻，增才智，非游历外国不为功也。曰《设学》，广立学堂，储为时用，为习帖括者击蒙也。曰《学制》，西国之强，强以学校，师有定程，弟有适从，授方任能，皆出其中，我宜择善而从也。曰《广译》，从西师之益有限，译西书之益无方也。曰《阅报》，眉睫难见，苦药难尝，知内弊而速去，知外患而豫防也。曰《变法》，专已袭常，不能自存也。曰《变科举》，所习所用，事必相因也。曰《农工商学》，保民在养，养民在教，教农工商，利乃可兴也。曰《兵学》，教士卒不如教将领，教兵易练，教将难成也。曰《矿学》，兴地利也。曰《铁路》，通血气也。曰《会通》，知西学之精意，通于中学，以晓固蔽也。曰《非弭兵》，恶教逸欲而自毙也。曰《非攻教》，恶逞小忿而败大计也。

二十四篇之义，括之以五知：

一、知耻。耻不如日本，耻不如土耳其，耻不如暹罗，耻不如古巴。二、知惧。惧为印度，惧为越南、缅甸、朝鲜，惧为埃及，惧为波兰。三、知变。不变其习，不能变法。不变其法，不能变器。四、知要。中学考古非要，致用为要。西学亦有别，西艺非要，西政为要。五、知本。在海外不忘国，见异俗不忘亲，多智巧不忘圣。

凡此所说，窃尝考诸《中庸》而有合焉。鲁，弱国也。哀公问政，而孔子告之曰："好学近乎知，力行近乎仁，知耻近乎勇。"终之曰："果能此道矣，虽愚必明，虽柔必强。"兹《内篇》所言，皆求仁之事也，《外篇》所言，皆求智求勇之事也。夫《中庸》之书，岂特原心杪忽、校理分寸而已哉？孔子以鲁秉礼而积弱，齐、邾、吴、越皆得以兵侮之，故为此言。以破鲁国臣民之聋聩，起鲁国诸懦之废疾，望鲁国幡然有为，以复文、武之盛。然则无学无力无耻，则愚且柔，有学有力有耻，则明且强。在鲁且然，况以七十万方里之广，四百兆人民之众者哉？

吾恐海内士大夫狃于晏安而不知祸之将及也，故举楚事。吾又恐甘于暴弃而不复求强也，故举鲁事。《易》曰："其亡其亡，系于苞桑。"惟知亡，则知强矣。

张之洞《劝学篇》是"中体西用"思想的代表作①。中体西用思想的渊源由来已久，如表5－1所示。

表5－1　**中体西用思想渊源**

观　点	提出者	论　述	出　处
中本西辅	冯桂芬	以中国之伦常名教为原本，辅以诸国富强之术。［咸丰十一年（1861年）十月］	《采西学议——冯桂芬马建忠集》（郑大华，辽宁人民出版社1994年版，第84页。）
中本西末	郑观应	中学其本也，西学其末也。主以中学，辅以西学。［光绪二十年（1894年）二月］	《郑观应集》（夏东元，上海人民出版社1982年版，第276页。）

① 张之洞精心策划的《劝学篇》作为维新教科书，广泛地传播到全国各地，从而促进了"中体西用"思想的传播，形成了梁启超所说的那种局面："甲午丧师，举国震动，年少气盛之士，疾首扼腕言'维新变法'，而疆吏若李鸿章、张之洞辈，亦稍稍和之。而其流行语，则有所谓'中学为体，西学为用'者，张之洞最乐道之，而举国以为至言"（梁启超：《清代学术概论》，上海古籍出版社1998年版，第97页。）"中体西用"成为那个时代的流行语，成为那个时代的主流思潮。

续表

观　点	提出者	论　述	出　处
中体西用	沈毓桂	夫中西学问，本自互有得失。为华人计，宜以中学为体，西学为用。［光绪二十一年（1895 年）三月］	《万国公报》第七十五册《救时策》
	孙家鼐	中学有未备者，以西学补之；中学其失传者，以西学还之。以中学包罗西学，不能以西学凌驾中学，此是立学宗旨。［光绪二十二年（1896 年）七月］	《议覆开办京师大学堂折》

“中体西用是那个时代文化精英们的普遍思考，然而对这一命题进行比较系统的阐发和发挥的还是张之洞。他提出向西方学习的主张，并做出有实效的贡献。他坚持以中国传统文化为主体，吸收外来文化，重新构建民族文化体系。中体西用的思路是 19 世纪下半叶中国社会和学术发展的方向和可行道路”①。张之洞明确地指出了写作《劝学篇》的历史背景及其现实原因。张之洞本人所面临的时代是一个“今日之世变，岂特春秋所未有，抑秦、汉以至元、明所未有也”的时代，正如李鸿章所言处于一个“此三千年一大变局”的时代。张之洞认为要解时代之困境，“窃惟古来世运之明晦、人才之盛衰，其表在政，其里在学”，足见立学在国家社会中的重要地位。那么究竟立何学？“于是图救时者言新学，虑害道者守旧学，莫衷于一。旧者因噎而食废，新者歧多而羊亡。旧者不知通，新者不知本。不知通，则无应敌制变之术；不知本，则有非薄名教之心。夫如是，则旧者愈病新，新者愈厌旧，交相为愈，而恢诡倾危、乱名改作之流，遂杂出其说，以荡众心。学者摇摇，中无所主，邪说暴行，横流天下。敌既至，无与战，敌未至，无与

① 张岂之：《中国学术思想编年》（明清卷），陕西师范大学出版社 2006 年版，（序言）第 17 页。

安。吾恐中国之祸，不在四海之外，而在九州之内矣”，足见“图救时者言新学，虑害道者守旧学”，新学与旧学混杂在一起，言新与守旧之士鱼龙混杂、毫无章法。那么，如何确立旧学与新学之间的内在顺序，以及如何确定立学之宗旨，张之洞在《劝学篇》中给予了明确的回答。

张之洞在《劝学篇》中分《内篇》和《外篇》来对新学和旧学以及二者之间的关系进行梳理和论证。张之洞依据《中庸》中孔子论述“好学近乎知，力行近乎仁，知耻近乎勇”，认为“《内篇》所言，皆求仁之事也，《外篇》所言，皆求智求勇之事也”，可见《内篇》中所论述为“仁”方面的内容，《外篇》中所论述为“智”和“勇”方面的内容。

依据张之洞的论述，《内篇》中主要涉及《同心》《教忠》《明纲》《知类》《宗经》《正权》《循序》《守约》《去毒》九个方面的内容。《同心》篇论述保国、保教、保种之义，《教忠》篇为陈述本朝德泽深厚，《明纲》篇阐述三纲五常，《知类》篇以保种，《宗经》阐述周、秦诸子，《正权》篇斥民权之乱政，《循序》篇在于讲西学必先通中学，《守约》篇则治要而守约，《去毒》篇劝戒烟而明耻教化天下，以上九个方面的内容主要以旧学为主。

《外篇》中主要涉及《益智》《游学》《设学》《学制》《广译》《阅报》《变法》《变科举》《农工商学》《兵学》《矿学》《铁路》《会通》《非弭兵》《非攻教》十五个方面的内容。《益智》篇讲智生于学，《游学》篇在于扩见识长见闻，《设学》篇为广立学堂新旧兼学，《学制》篇仿西学而师有定程，《广译》篇倡导翻译西书增知识，《阅报》篇立报馆而知内弊和外患，《变法》篇知可变之法制、器械与工艺及不可变之伦纪、圣道和心术，《变科举》篇主张所习与所用、事必相因，《农工商学》篇教民农工商而利乃可兴，《兵学》篇论兵将之养成，《矿学》篇则兴地利，其学兼地学、化学和工程学，《铁路》篇为修筑铁路以通血脉，《会通》篇在于除自塞者、自欺者与自扰者，《非弭兵》篇欲弭兵则莫如练兵，《非攻教》篇讲异教相攻自然而然，以上十五个方面的内容主要以新学为主。

《劝学篇》虽分为二十四篇有《内篇》和《外篇》之说，但是究其内容却是中西杂糅、新旧兼采。如在《外篇》的《会通》篇中认为，

“中学为内学，西学为外学，中学治身心，西学应世事”，“如其心圣人之心，行圣人之行，以孝弟忠信为德，以尊主庇民为政，虽朝运汽机，夕驰铁路，无害为圣人之徒也”。同样在《内篇》的《同心》篇中也采新学内容，“政教相维者，古今之常经，中西之通义”。由此可知，张之洞是本着务本和务通两个层面，来从整体上系统构建“中体西用”思想，其基本精神就在于“知耻、知惧、知变、知要、知本”。这就是张之洞《劝学篇》的精髓所在。

与此同时，荀子的《劝学》与张之洞《劝学篇》相比，其中的差异显而易见。

本书在第二章结合《劝学》对荀子的积伪思想进行了分析，主要从为什么学、学什么、怎么学、学的结果如何的整体思路进行了分析，如表 5 –2 所示。

表 5 –2　　**对荀子积伪思想的分析**

致思路径	致思结果
为什么学？	第一：“干、越、夷、貉之子，生而同声，长而异俗，教使之然也”；第二：“君子博学而日参省乎己，则知明而行无过矣”；第三：“君子之学也，入乎耳，着乎心，布乎四体，形乎动静，端而言，蝡而动，一可以为法则。小人之学也，入乎耳，出乎口。口耳之间，则四寸耳，曷足以美七尺之躯哉！古之学者为己，今之学者为人。君子之学也，以美其身；小人之学也，以为禽犊”；第四：“上不能好其人，下不能隆礼，安特将学杂识志，顺《诗》《书》而已耳。则末世穷年，不免为陋儒而已”。
学什么？	学习的内容包括两个层面：“学恶乎始？恶乎终？曰：其数则始乎诵经，终乎读礼；其义则始乎为士，终乎为圣人”。第一个层面为“数”，第二个层面为“义”。何谓“数”，“故《书》者，政事之纪也；《诗》者，中声之所止也；《礼》者，法之大分，类之纲纪也。故学至乎礼而止矣”，即从诵经开始到读礼结束。何谓“义”，“始乎为士，终乎为圣人”，从为士开始，到成为圣人结束。

续表

致思路径	致思结果
怎么学？	学习的过程就是一个“积”的过程，是一个“积善成德，而神明自得，圣心备焉”的过程。
学的结果如何？	学习的终极目的是成为圣人，荀子在《劝学》之中称其为具有“全之尽之”状态的“成人”，即大成之人。

荀子《劝学》与张之洞《劝学篇》之间的最大区别就在于“学”之变，即学习内容的改变。如果说荀子《劝学》中所学习的内容为“旧学”[①] 的话，那么张之洞《劝学篇》中所学内容则是包容“旧学”和“新学”的，既不同于“旧学”也不同于“新学”的中西杂糅之学。虽然张之洞从本义上来说在于维护中学的核心地位，但是不可否认的是其在《劝学篇》中为新学的传入提供了合法的路径，这也就在无形之中削弱了中学的学术地位。此外，《劝学篇》倡导中学与西学的会通，从一定程度上加快了近代知识分子学习西学的步伐，推动了中国近代学术向前发展。但是，“中体西用”作为“一种文化整合方案和教育宗旨，是粗糙的。它是在没有克服中、西学之间固有的内在矛盾的情况下的直接嫁接，必然会引起两者之间的排异性反应”[②]。“到了 19 世纪 80 年代，中法战争和甲午战争又都以中国的失败而告终，引起人们对中体西用思路的怀疑。在这种情况下，在学术界和社会政治领域，出现了康有为以公羊三世说和托古改制为主的新思路”[③]。1902 年严复在《与外交报主人论教育书》中就曾指出，“中学有中学之体用，西学有西学之

① 荀子《劝学》中所提到的“学”虽然从构成学的主体内容上同张之洞所论述的“旧学”相同，都是以《六经》为中心的儒家经典，但是从荀子开始历经汉唐经学、宋明理学、明清实学及近代西学东渐的时代变迁，无论是在对待经文文本的态度还是在对经文的诠释方面都发生了重大的变化。在张之洞本人生活的年代，晚清经学就形成了今文经学和古文经学共同崛起的局面，同样，无论是注重考据训诂的古文经学还是讲微言大义的今文经学，都遭遇着如何面对西学东渐的理论困境和现实挑战，都需要从中国文明系统化的理论高度来重新整理经学，进而实现从经学内部出发为近现代学术发展寻找正统源头的学术宗旨。

② 孙培青、杜成宪：《中国教育史》，华东师范大学出版社 2009 年版，第 327 页。

③ 张岂之：《中国学术思想编年》（明清卷），陕西师范大学出版社 2006 年版，（序言）第 17 页。

体用，分之则两立，合之则两亡”，“体用一致”的文化教育观就是对“中体西用”思想的抨击和批判。

三　“道—学”体系的瓦解

从中体西用到学术分科，中学和西学在新式学堂教育内部之间的相互博弈，最终以分科之学取代四部之学而告终。以经学为主体的中国传统教育中的“道—学”思想，随着经学从整体上被分科之学所肢解而面临着被重新诠释和重新塑造的历史命运。从张之洞在《劝学篇》中本着“中体西用”的宗旨对中学和西学进行划分开始，以经学为主体的中学在学术分科的前提下逐渐面临着被碎片化和被边缘化的风险，直至民国初年教育部通令停止中小学读经，大学以上的经学课程只是作为纯学问的课程形式存在，标志着经学正式退出了历史舞台。之后，1927年，国民政府通令废止祭祀孔子，将每年八月二十七日定为孔子纪念日，由学校集中纪念，孔子作为国家层面的文化形象符号也退出了历史舞台。

（一）中体西用之中学

张之洞《劝学篇》共二十四篇，“内篇务本，以正人心；外篇务通，以开风气”。所谓“本”就是指有关世道人心的纲常名教，所谓“通”就是指工商学校报馆诸事，“中学为内学，西学为外学；中学治身心，西学应世事”。

张之洞在《劝学篇》中既提出中学和西学，又提出“旧学为体，新学为用”的旧学和新学，并在《设学》[①] 中对何谓新学和旧学，何谓西政和西艺作了说明。“一曰新旧兼学。‘四书’、‘五经’、中国史事、政书、地图为旧学，西政、西艺、西史为新学。旧学为体，新学为用，不使偏废”，“一曰政、艺兼学。学校、地理、度支、赋税、武备、律例、劝工、通商，西政也；算、绘、矿、医、声、光、电，西艺也。才识远大而年长者宜西政，心思精敏而年少者宜西艺。小学堂先艺而后政，大中学堂先政而后艺。”对于旧学和新学的学习顺序，张之洞也给出了一个大致的说明，如表 5－3 所示。

① 冯天瑜、姜海龙：《劝学篇》，中华书局 2016 年版，第 189—200 页。

表 5－3　旧学和新学的学习顺序

小学堂	习“四书”，通中国地理、中国史事之大略，算数、绘图、格致之粗浅者
中学堂	较小学堂加深，而益以习“五经”、习《通鉴》、习政治之学、习外国语言文字
大学堂	又加博焉

（二）文学科中之经学

为推进改书院为学堂的新教育发展，以官学大臣张百熙为首开始着手制定各级学堂的系统学制。1902 年 8 月 15 日，张百熙上奏《钦定学堂章程》，包括：《钦定京师大学堂章程》《钦定考选入学章程》《钦定高等学堂章程》《钦定中学堂章程》《钦定小学堂章程》《钦定蒙学堂章程》在内的六部章程。

在《钦定京师大学堂章程》中，略仿日本例，定为大纲，将大学学科分为七大类，如表 5－4 所示。

表 5－4　《钦定京师大学堂章程》中的大学学科

政治科第一，文学科第二，格致科第三，农业科第四，工艺科第五，商务科第六，医术科第七。 其中，文学科之目七：一曰经学，二曰史学，三曰理学，四曰诸子学，五曰掌故学，六曰词章学，七曰外国语言文字学。

按照大学学科的分类，居于传统“四部之学”首位的经学仅被列于文学科所下属的七门科目之一，由经、史、子、集的“四部之学”向以政治科为第一的“七部之学”的嬗变，是中国传统学术形态向近代学术形态转型的风向标，也体现了清政府所倡导的“端正趋向，造就通才”的全学纲领。

在《钦定中学堂章程》《钦定小学堂章程》的课程门目表中，都列修身第一，读经第二，并对修身、读经的具体内容进行了详细的说明。中学堂“修身”的分年课程以《论语》《孝经》为主，“读经”的分年课程以《书经》《周礼》《仪礼》《周易》为主；寻常小学堂“修身”的分年课程以《曲礼》、朱子《小学》为主，“读经”的分年课程以《诗经》《礼记》为主；高等小学堂“修身”的分年课程无指定固定书目，“读经”的分年课程以《尔雅》《春秋·左传》《春秋·公羊传》《春秋·穀梁传》为主。

《钦定学堂章程》之中，无论经学被列于文学科目之下，还是在中学堂和小学堂以修身和读经的科目形式存在，都是第一次以国家学制的方式来处理和面对中学和西学如何融合的问题。从各类章程文本来看，四部之学的分类方式彻底被分科之学所取代，在章程文本之中不再存在类似于《劝学篇》中的中学、西学或旧学、新学的学术表达。

（三）八科分学之经学科

《钦定学堂章程》将经学列于文学科目之下，遭到了包括张之洞在内的多位权威人士的反对。他们认为《钦定学堂章程》按照西方知识分类系统进行科目分类，格外强调西学之“用”而没有凸现儒家经学之“体”的地位，于是就有了《奏定学堂章程》的颁布。《奏定学堂章程》以《奏定学务纲要》为总纲，包括《奏定初等小学堂章程》、《奏定高等小学堂章程》、《奏定中学堂章程》、《奏定高等学堂章程》、《奏定大学堂章程》（《附通儒院章程》）等在内的二十二部章程。

在《奏定大学堂章程》中，张之洞依据“中体西用”的教育宗旨，提出了“八科分学”方案：经学科、政法科、文学科、医科、格致科、农科、工科、商科，经学科位列八科之首位。经学科共分为十一门，如表5－5所示。

表5－5　**经学科分为十一门**

一、周易学门，二、尚书学门，三、毛诗学门，四、春秋左传学门，五、春秋三传学门，六、周礼学门，七、仪礼学门，八、礼记学门，九、论语学门，十、孟子学门，十一、理学门

各分科大学以三年为限，章程中对经学科各门讲授的内容、讲授方法以及每星期各科目的讲授时间要求进行了细化说明。

《奏定初等小学堂章程》《奏定高等小学堂章程》《奏定中学堂章

程》中位列教授科目前两位的科目为：一、修身，二、读经讲经。初等小学堂五年、高等小学堂四年、中学堂五年之中，各级章程对于修身和读经讲经的程度和每星期钟点都作了详细的说明。如在初等小学堂中的具体情形如表 5 –6 所示。

表 5 –6　　修身和读经讲经在初等小学堂中的具体情形

	修　身	读经讲经
第一年	程度：摘讲朱子《小学》，刘忠介《人谱》，各种蒙养图说，有益风化之极短诗歌	程度：读《孝经》《论语》，每日约四十字，兼讲其浅近之义
	每星期钟点：2	每星期钟点：12
第二年	程度：同前学年	程度：《论语》《学》《庸》每日约六十字，兼讲其浅近之义
	每星期钟点：2	每星期钟点：12
第三年	程度：同前学年	程度：《孟子》每日约读一百字，兼讲其浅近之义
	每星期钟点：2	每星期钟点：12
第四年	程度：同前学年	程度：《孟子》及《礼记》节本，每日约读一百字，兼讲其浅近之义
	每星期钟点：2	每星期钟点：12
第五年	程度：同前学年	程度：《礼记》节本，每日约读一百二十字，兼讲其浅近之义
	每星期钟点：2	每星期钟点：12

在《奏定初等小学堂章程》中，各年每星期教授钟点都为 30 钟点，修身和读经讲经共 14 钟点，几乎占到小学科目的一半。随着学堂层级渐高，西学课程比重相应提高，以至超出中学课程，经学在“以西方学术之分类衡量”的路上越走越远。各级章程中“变成一科的经学，很难担负维系圣教和支撑中学的重任”，“一方面分科太多，减少了学生修习经学的精力”，“另一方面，学堂重西学而轻中学”，“经学在学

堂中普遍成为最无聊、最不受欢迎的课程，非但起不到维系中体的作用，反而成为人们厌倦中学的口实，再度引发对于经学消亡的忧虑。于是人们开始重新思考保存旧学的办学”①。张之洞在湖北省设立存古学堂的本义就在于保存旧学，虽然随后江苏、湖南、贵州、陕西等省相继奏办存古学堂，但是在经学教育实践过程中并没有挽回经学衰退的命运。

（四）经学科之废除

中华民国临时政府教育部颁布的《大学令》（1912 年 10 月 24 日）和《大学规程》（1913 年 1 月 12 日）中，大学分为文科②、理科、法科、商科、医科、农科、工科七科，大学分科之中从此再无经学科。“从表面上考虑，将经学科并入文科，是因为《易》《论语》《孟子》的教学已进入哲学系；《诗》《尔雅》的教学列为文学系的内容；《尚书》《大戴记》《春秋》三传、三礼归为史学系的教学任务。但从更深层次的因素考察，将独立设置的经学科从体制建构的层面予以消除，不仅宣告了晚清忠君尊孔教育宗旨的消亡，更是试图将维护中国两千年封建结构与传统价值观的理论基础进行根除。这些改革标志着近代中国大学在学科建设上，开始摆脱传统经学的束缚，奠定了近代学科体系和知识系统的基本框架，开始了从传统向现代的迈进”③。《教育部公布小学校令》（1912 年 9 月 28 日）、《教育部公布中学校令》（1912 年 9 月 28 日）中同样也无读经讲经科目。民初教育部通令停止中小学读经，大学以上的经学课程，只是作为纯粹学问。自此以后，经学科彻底退出历史舞台，学堂之中再无经学科可言。

民国章程之中再无经学科，契合蔡元培关于“忠君与共和政体不合，尊孔与信教自由相违”的教育观念，切中晚清经学教育的宗旨要害——“中国之经书，即是中国之宗教。若学堂不读经书，则是尧舜禹汤文武周公孔子之道，所谓三纲五常尽行废绝，中国必不能立国矣”。范文澜曾指出：“五四运动以前二千多年里，所谓学问，几乎专指经学

① 桑兵：《科举、学校到学堂与中西学之争》，《学术研究》2012 年第 3 期。

② 文科分为哲学、文学、历史学、地理学四门。

③ 周谷平、张雁：《中国近代大学理念的转型》，《高等教育研究》2007 年第 10 期。

而言”[①]，经学从无须自我辩护的天理存在，到依靠设置经学科而寻找自我存在的价值和理由再到被废除的过程，就是伴随着中国近代学术体系由无到有的创生过程。既然经学不复存在，那么依附于经学文本本身的“道—学”思想就更难寻觅其存在的理由和价值。正如陈壁生在《经学的瓦解》中所言[②]：

民国十六年（1927 年），康有为从上海移居青岛不久，离开人世；

民国二十一年（1932 年），今文经学大师廖平学经六变，在四川与世长辞；

民国二十五年（1936 年），章太炎在苏州寓所去世；

1953 年，前清朴学殿军曹元弼，留着前清的辫子，在苏州寓所黯然谢世；

1968 年，廖平高足蒙文通，在饱受凌辱中走到了生命的尽头……

经学自此绝矣！

虽然经学在近现代学校课程设置中被取消，但是以经学为主体的古代学校教育及在此基础上所生成的古代教育智慧，不应随着经学科的取消而被遗弃。古代先贤们的教育智慧，是我们走进古代教育生活，理解古代教育生活的思想源头和学术依据。同样，我们只有理解古人的教育生活，才能深层次地认识教育历史，才能从教育历史中寻找未来教育发展的方向。

走进经学、走进古代教育生活的意义和价值就在于此。

第二节　教学观的流变

《学记》一篇，乃专标诲人之术，以告天下之为人师者。（梁启超：《变法通议·论师范》）

师必出于师范，师范之教授管理，其法往往可以证通《学记》；我中国二千年前教育与各国师范义法近者，独《礼记·学

① 范文澜：《范文澜历史论文选集》，中国社会科学出版社 1979 年版，第 265 页。

② 陈壁生：《经学的瓦解》，华东师范大学出版社 2014 年版，第 166 页。

记》一篇。[张謇：《张季子九录（教育录）》]

余非谓西洋哲学之必胜于中国，然吾国古书大率繁散而无纪，缺残而不完，虽有真理，不易寻绎，以视西洋哲学之系统灿然，步伐严整者，其形式上之孰优孰劣，固自不可掩也。且今之言教育学者，将用《论语》《学记》作课本乎？抑将博采西洋之教育以充之也？于教育然，于哲学何独不然？且欲通中国哲学，又非通西洋之哲学不易明也；异日昌大吾国固有之哲学者，必在深通西洋哲学之人，无疑也。（王国维：《哲学辨惑》）

从春秋到清末林林总总的著作、学说，哪一部可称之为教育学之书呢？《论语》《学记》常被人提及，但它们毕竟是教育现象的零散的、片段的认识，而难以与作为一门学科的教育学相提并论。处此情景，大概除抄之外，别无他途。大量译介日人著作，将日人所论的赫尔巴特教育学奉为宝典，是教育学在中国立足的一条有效的途径或者说捷径。（郑金洲、瞿葆奎：《中国教育学百年》）

无论是从创办师范学堂还是从创建教育学科的目的，近代学者们致力于重新诠释和挖掘以《学记》为代表的古代教育经典文本的学术价值，并试图从古代教育经典文本中寻找到建构近代教育的原动力。可正如王国维所言："异日昌大吾国固有之哲学者，必在深通西洋哲学之人"，同样，昌大吾国固有之教育者必在深通教育学之人。《学记》无论如何是难以与作为一门学科的教育学相提并论的，故此，如何建构符合近代教育话语体系的教学观，就成为实现古代教育向近现代教育转变的关键所在。

一　教学相长：教学关系的重新诠释

在以梁启超、张謇为代表的近代学者视野中，《学记》是古代教育经典文本中最吻合近代师范教育"诲人之术"的教育著作。《学记》作为体现中国古代教育思维专门化的学术成果，在中国古代教学理论上的重大贡献就在于一定程度上揭示了教与学之间的辩证关系，尤其以"教学相长"命题的提出最具代表性。近代学者对"教学相长"命题的重新诠释，从一定程度上体现了他们对于教学关系的重新理解和认识。我们试选取关于“教学相长”命题诠释的代表性观点[①]，来呈现以对“教学相长”命题诠释为中心的教学关系认识的变迁历程。

（一）《学记笺证》中的教学相长

王树楠的《学记笺证》最早刊登于《中国学报》（1913 年），1914 年集辑成书为《学记笺证》（见《陶庐丛刻》）。《学记笺证·序》由宋育仁撰写；正文由四卷组成，每卷对《学记》语段的诠释都分“笺”和“证”两部分，“笺”为注释，“证”为考证（考证部分主要探求古代文献所载的“先王教民之大略”，并与当时各国学校的“教育之法”相证）。宋育仁在《序》文中指出：“今《礼记》出淹中，汉称为淹中古记。刘子政考订谓七十子后学所记也。《学记》《乐记》《坊记》《表记》特题为记，其为七十子后学所记尤明。四记皆条理该备，博而有要。《学记》其称首彰，彰矣。新城王晋卿推学教之原，合以今教科师范之本”[②]，王树楠因“推学教之原，合以今教科师范之本”而编纂《学记笺证》。王树楠在《学记笺证卷一》开篇中指出：“笺曰：孔疏引郑目录云，《学记》者以其记人学教之义。案：此记为三代圣王教科之书，盖周秦以来儒者所述其中小学大学之规模，入学之年限，教学之方法，具载于篇。犹可据此以考见先王教民之大略。证之今日东西各国学校教育之法多相合，盖讲求师范者必要之书也”[③]。《学记笺证》之中对教学相长的笺证如表 5－7 所示。

王树楠对教学相长进行笺证时，首先文本的书写方式就折射了时代特征。《学记笺证》文本中，无论是《学记》原文还是“笺证”部分，都用大字顶格写下来，这同此前经典原文用大字，学者诠释用小字低一格的成文书写方式完全不同[④]。《学记笺证》中引用古人的话，也用小

① 《学记笺证》为民国时期最早的一本关于《学记》的研究专著；《学记研究》是新中国成立以来《学记》研究专著方面的代表性著作；《〈礼记〉新读》是陈元晖先生《中国教育学史遗稿》中的一篇论著，也是陈元晖先生倡导开展教育学史研究的开篇之作。

② 宋育仁：《学记笺证·序》，王树楠：《学记笺证》，陶庐丛刻本 1914 年版，第 1 页。

③ 王树楠：《学记笺证》，陶庐丛刻本 1914 年版，第 1 页。

④ 冯友兰评价胡适《中国哲学史大纲》（卷上）时指出：“胡适的这部书，把自己的话作为正文，用大字顶格写下来，而把引用古人的话，用小字低一格写下来。这表明，封建时代的著作，是以古人为主。而五四时期的著作是以自己为主。这也是五四时代的革命精神在无意中的流露”。（冯友兰：《三松堂自序》，人民出版社 2008 年版，第 205 页。）

表 5－7　　《学记笺证》中对教学相关的笺证

王树楠	虽有嘉肴，弗食不知其旨也［笺曰］】《孟子》云“义理之悦我心，犹刍豢之悦我口”。虽有至道，弗学不知其善也［笺曰］】《论语》云“君子学以致其道”，道者统心理事理物理，而无不贯者也。孟子所谓万物皆备于我是也。［证曰］学者德育智育体育三端而已。德育者，教国民之品行；智育者，教国民之艺能。德育之学愈研愈深，智育之学愈推愈广，二者皆教育中之要事，缺其一则道未备而学不完。然人之力学恃乎？精神血气未有，精神不旺，血气不充，而能任重致远，自强不息者？故体育尤为学中最要之端。说者谓此泰西教育诸家之创论也，不知《周礼》之六艺，礼乐者，德育也；书数者，智育也；射御者，体育也。《夏书》之三事，正德者，德育也；利用者，智育也；厚生者，体育也。《大戴·保傅篇》云：傅傅其德义（《礼·文王世子》云：立太傅少傅以养之，欲其知父子君臣之道也），师导之教顺（《文王世子》云：师也者，教以事而喻诸德也），保保其身体（《文王世子》云：保也者，慎其身以辅翼之，而归诸道者也），此古者先王教太子之法之可证者。《管子·中匡篇》云：道血气以求长年、长心、长德，此皆先王教民之成法。管子用之以强齐而霸天下者，降及后世，智育不讲，体育之教更阙焉无闻，即德育一端亦有空名而鲜实行。以不竞为让，以不校为高，以顽钝为老成，以暴弃为安分。不知道为何物，不知学为何事，不知国为何国，不知民为何民。日守此混沌之识，奄奄待尽之身。荀子所谓偷儒而罔，无廉耻而忍，謑诟，是学者之嵬也。《诗》曰：天之方懠，无为夸毗。傅云：夸毗谓柔脆无骨之人也。夫以肉脆无骨之人，而处此文明竞争之世，致使疵我鄙我者，谓中国之学为无用，圣人之教为无方，此可为太息而流涕者也。是故，学然后知不足［笺曰］】荀子云：不登高山不知天之高也，不临深溪不知地之厚也，不闻先生之遗道不知学问之大也。故曰：学至乎没而后止，言无足之一日也。（西人牛顿曰：余之学问如海中浅潜，拾一螺一蛤而已，此真学者之言也）教然后知困［笺曰］】教者以其所知，教其所不知，以其所能，教其所不能者也。然学无穷而知能有限，有所不知有所不能则困矣。《礼·曾子立事篇》云：说而不能穷也，穷即困也。知不足然后能自反也［笺曰］】《礼·中庸》云：有弗学，学之弗能弗措也；有弗问，问之弗知弗措也；有弗思，思之弗得弗措也；有弗辨，辨之弗明弗措也；有弗行，性之弗笃弗措也。人一能之已百之，人十能之已千之，此之谓自反。知困然后能自强也［笺曰］】《易系辞传》云：困，德之辨也。辨者，所以求其通者也。故曰：困穷而通，强勉也。董仲舒云：强勉学问，则闻见博而知益明。孔子曰：不强不远（《说苑·杂言篇》）故曰：教学相长也［笺曰］】相长者，若回之博我，商之启予之类是也。《兑命》曰：学学半，其此之谓乎［笺曰］】今伪《尚书》作斅学半。《说文》云：斅，觉悟也。學，篆文斅，省斅即教之借字。师弟，讲学交相益也。故曰：學學半。

字低一格写下来（注：表格之中括号里的引文），这也是不同于以往的文本书写方式。其次，引证西方德育、智育、体育三育来论证学“道”之本质，并认为《周礼》之“六艺”、《夏书》之“三事”、《管子·中匡篇》之“三长”都内含德育、智育、体育三事，以此来笺证《学记》之近代教育价值。最后，对“学学半”进行诠释时，突出了“教”这一近代学术话语，标志着中国古代教育话语体系向近代教育话语体系的转变。但是，《学记笺证》对教学相长诠释话语体系仍是以中国古代话语体系为主，“相长者，若回之博我，商之启予之类是也”，从其本义上并没有完全突破古代教育话语体系下的教学相长研究，存在以“后来的经验忖度以前的事物”的研究弊端。正如宋育仁在《学记笺证·序》中指出，“晋卿此书，有忧世之心，复古之志。备古今中外学校之掌故，可谓明备。而育仁窃古今中外学校之原委又有异同，微此书无以发吾因”①，对《学记笺证》中西互证存在的诠释弊端可谓一语中的。

（二）《学记研究》② 中的教学相长

高时良首先在《中国古代教育史纲》中认为，《学记》“总结了先秦官学，尤其私学教育和教学的经验，对教育的作用、目的和任务，教育和教学制度、内容、原则和方法，教师的地位和职责，师生之间、同学之间在教育、教学过程中的相互关系等，作了简赅的论述，揭示了教育和教学的普遍规律。它是我国乃至世界上最早从哲学分离出来、体系十分完整的一部教育专著”③。《学记研究》是在《学记评注》的基础之上修订补充而成，全书包括《学记》思想考释、《学记》章句训义（上、下）、《学记》的历史评估四个主体部分以及附录。《学记》章句训义（上、下）分二十二章来注解《学记》全文内容，依据章句、注音、释义、译意、评说的体例展开研究。教学相长位于《学记》章句训义（上）的第三章（本章的标题就是“教学相长”），在校文、注音、

① 宋育仁：《学记笺证·序》，王树楠：《学记笺证》，陶庐丛刻本 1914 年版，第 6 页。

② 新中国成立以来，关于《学记》研究的论著：顾树森《学记今译》（1957）、傅任敢《〈学记〉译述》（1957）、许椿生《学习祖国珍贵的教育遗产——〈学记〉》（1981）、高时良《学记评注》（1982）、刘震《〈学记〉释义》（1984）、高时良《学记研究》（2006），其中以高时良《学记研究》最有代表性。

③ 高时良：《中国古代教育史纲》，人民教育出版社 2003 年版，第 121 页。

释义的基础上进行译意，如表 5－8 所示。

表 5－8　　　　　　　　**教学相长的译意**

高时良	虽然烧好了菜，不经过品尝就领会不到它的美味；虽然有深远的道理，不经过学习研究就领会不到它的奥秘。所以说，只有经过学习实践，才会发现自己知识不够；只有经过教学实践，才会发现自己教学质量不高。懂得不够，便能督促自己去加紧学习；懂得不多，便能鞭策自己去努力进修；所以说，教与学是相辅相成的。《兑命》篇说："教与学一方面有区别，另一方面又有联系"，就是这个意思吧。

我们从教学相长语段的译意内容不难发现，由于古今之间语言表达方式的差异，体现在文本内容表达方式上文言文和白话文之间是有差异的。《学记研究》在释义部分仍采用古代的诠释方式，即对教学相长范畴的关键词语进行训诂注释——"嘉肴""旨""至道""自反""自强""学学半"。并在评说部分诠释教学相长的教育价值，"教与学的对立统一，形成教学的全过程。揭示这条规律，是《学记》对教育学史的重大贡献"①。据此，我们可以看到《学记研究》对于"教"与"学"关系认识的进一步发展，即以"教"为核心的教育话语体系的形成，"教与学在其运作过程中构成一对矛盾，教是矛盾的主要方面，它规定了教师必须起主导作用"②。《学记研究》对教学相长中"教"与"学"之间的相辅相成关系，做了专门的评说：从教的方面来看，教师的教学积极性是内因，学生学习的自觉性是外因，内因和外因共同构成了教师"知困"的动力；从学的方面来看，学生学习的自觉性是内因，教师的教学积极性是外因，内因和外因共同构成了学生"知不足"的动力。故此，教学相长就是教师和学生在双边交往活动中不断相互促进、相互学习的过程。

（三）《〈礼记〉新读》中的教学相长

《中国教育学史遗稿·序言》中曾指出，"80 年代末，他（陈元晖

① 高时良：《学记研究》，人民教育出版社 2006 年版，第 66 页。

② 高时良：《学记研究》，人民教育出版社 2006 年版，第 66 页。

先生）又不断地讲，要写一部《中国教育学史》。他说：教育学要提高不能单靠借鉴外国人，要善于总结自己的优秀遗产，教育学也不是只有西方人搞的一种模式。写《中国教育学史》不仅可以提高我国教育学的学术科学水平，而且具有世界意义，让更多的外国人了解中国，认识中国人的聪明才智"[①]，《中国教育学史》就是研究"自己的优秀遗产"的义理之作。那么陈元晖所理解的"义理"是什么？按照陈元晖的理解，"严格地说，教育史应该叫作'教育学史'，是教育理论（教育学）在各部门体现的历史"，"教育学史的研究应成为教育史研究的中心环节"，"研究教育史的目的，也就是为了观察教育理论发展过程中的胚胎和萌芽的形式"[②]。《中国教育学史遗稿》一书中的《〈礼记〉新读》，就是"介绍中国各个时代的教育名著"的中国教育学史研究案例。《〈礼记〉新读》分论一专门研究《学记》[③]，特别指出的是在《学记》研究第三部分专论教学相长（本部分的标题就是"《学记》论'教学相长'"），在释义关键词——"旨""至道""自反""自强""教学相长""学学半"的基础上来诠释教学相长，如表5－9所示。

表5－9　**教学相长的诠释**

陈元晖	虽然有好的菜肴，你不去尝它，就不知道它的美味；虽有至高的道理，你不去学它，就不知道它的好处；所以，学习了以后，才知道自己的不足；经过教学过程以后，才知道做教师的困难所在。知道自己的不足，才能反求诸己，努力进一步学习；知道有困难，才能努力进修。所以说，教学相长。《兑命》篇上说：教和学是相辅相成的两半，就是这个意思。

依据作者的理解，教学相长包含的"义理"为："从知识的传递方面来说，教师是立于'已知'的地位，学生是立于'未知'的地位；从道德行为方面来说，教师是处在以身作则的模范地位，学生则处在受

① 王炳照：《寻找把教育学托上天空的彩云——写在陈元晖先生〈中国教育学史遗稿〉出版之前》，陈元晖：《中国教育学史遗稿》，北京师范大学出版社2001年版，第2页。

② 陈元晖：《中国教育家评传》，上海教育出版社1988年版，（序）第3—5页。

③ 陈元晖在《中国教育学史遗稿》中以《礼记》为开端，而在对《礼记》篇章的选择中以《学记》为开端，足见其对《学记》文本价值的重视。

教导的地位"[①]。因此，从知识的传递方面来看，"教学相长"就是"已知"与"未知"的辩证统一，"教学是矛盾两方面的统一体，两方面是不断地向前推进的，学是从不知到知的推移，教是从知到不知的推移；'学'到了'知'，又会发现更高一层的'不知'。'教'到'不知'的时候又会去追求'新知'。知和不知，在教学过程中，在师生之间，地位会互相转换，这就是教与学的辩证关系，这就是教学论的辩证法"[②]；从道德行为方面来看，注重教师自身的修养，"教必须学，学以后必须不倦地教。'诲'（教）与'学'的结合，启发后人教与学须'相长'，这不仅是一个知识的传递的问题，而且是师德问题"[③]，故此教师既需要"乐教"更需要"乐学"，"只有教师有'乐学'的精神，学生也才能'乐学'；也只有在学生'乐学'的刺激和鼓励下，教师才会'乐教'，才诲人不倦，教学是相互促进的"[④]。故此，教学相长的理论根据就是："君子曰：学不可以已。青，取之于蓝，而青于蓝；冰，水为之，而寒于水"（《荀子·劝学》），此理论根据也是韩愈得出"弟子不必不如师"的认识来源。教学相长从其命题上来说，就是强调"弟子不必不如师"的师道观。因此，教学相长更加突出的是"教"对于教师"学"的促进作用，更加强调教师"乐学"的师德修养，同郑注孔疏所强调"教人乃是益己学之半"的主旨具有殊途同归之效，更加贴近中国古代教育语境下教学相长的本义。

（四）中国教育史代表性教材中的教学相长

自新中国成立至今的中国教育史教材中，在对《学记》教育思想进行研究的过程中，几乎都涉及对教学相长的研究。中国教育史教材主要是从教学原则和教师成长（或自我提高）规律两个方面来研究教学相长，我们试选取代表性的中国教育史教材，来呈现其中关于教学相长的研究情况，如表5－10所示。

---

① 陈元晖：《中国教育学史遗稿》，北京师范大学出版社2001年版，第137页。
② 陈元晖：《中国教育学史遗稿》，北京师范大学出版社2001年版，第138页。
③ 陈元晖：《中国教育学史遗稿》，北京师范大学出版社2001年版，第140页。
④ 陈元晖：《中国教育学史遗稿》，北京师范大学出版社2001年版，第143页。

表 5 – 10　　　　　代表性教材中教学相长的相关研究

代表性教材	教学相长的相关研究
沈灌群：《中国古代教育和教育思想》①	关于教师的问题，《学记》主张“教学相长”的思想。只有通过学习，才会感到不够、感到自己的水平低；只有通过教育教学工作的实践，才会晓得困难所在。感到不够，才会自我检查；遭遇困难，才会努力学习。也只有这样做，师生才能得到进步。在教学中不断地提高自己，还是我们今天的箴言。
毛礼锐、瞿菊农、邵鹤亭：《中国古代教育史》	《学记》首先提出了“教学相长”的重要原则。“教学相长”这条原则，包括两个方面。从教师方面来说，教的过程也是学习的过程，教与学互相促进，提高教的水平。从学生方面说，学生从教师教学中获得知识，但仍需要自己学习的努力，才能有所提高，不限于师云亦云，提倡这种原则的，即使在现代世界教育论著中亦属罕见。
毛礼锐、沈灌群：《中国教育通史》	在世界教育史上，《学记》首次提出教学相长这一光辉的命题，揭示了教与学之间的相互制约、相互渗透、相互促进的关系。教与学是相辅相成的，也是互相促进的。
张瑞璠：《中国教育史研究·先秦分卷》	《学记》总结实际经验，得出了一条教师自身提高的重要规律——“教学相长”。孔子说过：“学而不厌，诲人不倦。”他主要是就教育者的教学态度而言，还没有明确论及教与学的相互关系。《学记》的贡献是进一步揭示了教与学具有相互促进的作用。特别是关于教如何推动教师自身的学习，《学记》更有精到的论析。

① 沈灌群的《〈学记〉——中国古代学校的教育和教学经验总结》［《华东师范大学学报（人文科学版）》1956 年第 4 期］一文，是新中国成立以来第一篇研究《学记》的论文，与《中国古代教育和教育思想》一书一同开启了新中国《学记》研究的序幕。

续表

代表性教材	教学相长的相关研究
王炳照、阎国华：《中国教育思想通史》	《学记》在教育史上第一个提出了“教学相长”的命题，从宏观方面辩证地论述教与学的关系、教与学的地位，把教学这一具有普遍意义的问题，提高到了一个新的高度，作为教育科学中的一个理论的高度概括。教学相长反映了教师的教和学生的学之间的相辅相成、相互制约、相互渗透、相互促进、相互提高的关系。
郭齐家：《中国教育思想史》	“教学相长”的教育与教学的原则，深刻地阐述了“教”与“学”之间的矛盾，并要求“教”与“学”辩证的统一。明确地指出了“教”与“学”之间的相互依存、相互促进的关系，认为“教”与“学”是不断深入、不断发展的同一过程的两个方面。“教”因“学”而得益，“学”因“教”而日进。“教”能助长“学”，反过来“学”也能助长“教”。这就叫作“教学相长”。
孙培青、李国钧：《中国教育思想史》	《学记》概括了一条教师自我提高的规律——教学相长。教学相长的本意仅指教这一方的以教为学，它说明了教师本身的学习是一种学习，而教导他人的过程更是一种学习。正是这两种不同形式的学习相互推动，使教师不断进步。但后人作了引申，将其视为教学过程中教师、学生双方的互相促进、共同提高的过程，并将其也作为《学记》所提出的一条重要教学原则。“教学相长”有本义和引申义之分，但无论如何这条毕竟是《学记》对教育理论的一大贡献。

我们对教学相长进行历史性梳理之后不难发现：古代的教学相长研究主要是立足于“为己之学”，认为“教”和“学”统一于教者之“学”这一整体，即成己之学和成人之学的统一；近现代社会以来，以教为核心的话语体系的出现，教学相长引申为教师的“教”和学生的“学”之间的辩证统一，主要集中于对于教学过程之中教与学两个不同主体之间的相互依存和相互促进关系的讨论，教学相长被看作教育与教

学原则。教学相长作为教学原则和作为教师成长规律两方面的教育理解，就是当代教育学界对教学相长研究所形成的主要共识。然而，近现代以来教育学界围绕学校教育范畴来展开教学相长研究，存在用制度化的学校教育术语来解构教学相长的教育风险。“通过西学话语我们固然可以产生出新的问题意识，向中国教育提出新的问题，却丧失了我们原来的问题意识，丧失了基于自己的传统和现实生成自己问题之能力”，“于是，我们无法形成自己独立而又自主的教育学文本和学术话语，掌握不住教育思想的自在尺度，容易让思想之外的因素左右思想本身。它给中国教育研究所带来的致命问题，是理论话语同研究对象相互分离，研究主体同研究对象分离”[①]。

二　学科思维：教学关系的学科构建

正如陶行知在《教学合一》一文中指出的：

> 现在的人叫在学校里做先生的为教员，叫他所做的事体为教书，叫他所用的法子为教授法，好像先生是专门教学生些书本知识的人。他似乎除了教以外，便没有别的本领，除书之外，便没有别的事做，而在这种学校里的学生除了受教之外，也没有别的功课。先生只管教，学生只管受教，好像是学的事体，都被教的事体打消掉了。论起名字来，居然是学校；讲起实在来，却又像教校。这都是因为重教太过，所以不知不觉地就将教和学分离了。然而教学两者，实在是不能分离的，实在是应当合一的。[②]

陶行知是在阐述从“教授法”到“教学法”的过程中，对教和学分离的教育现象进行批判的基础上，提出“教学两者，实在是不能分离的，实在是应当合一”的“教学合一”观点，体现了其对于教与学之间关系的认识。

陶行知所论述的教与学之间的关系问题，是一个传统而又常新的问

① 于述胜：《探寻中国教育研究的民族话语》，《当代教育科学》2004 年第 23 期。

② 陶行知：《陶行知谈教育》，辽宁人民出版社 2005 年版，第 1 页。

题。之所以阐述陶行知《教学合一》一文，一是因为陶行知所提出的教学合一思想体现了近代以来对于教与学关系的新论述，“近代以来，在学习西方教育学思想的历程中，国内曾经一度普遍使用‘教授’的概念，而著名教育家陶行知先生则不遗余力，著书撰文，论证教学活动中‘教’与‘学’的相互关系，极力提倡用‘教学’的概念取而代之”①。二是受丁念金《学与教之关系的本体论分析》一文的启发。丁念金在《学与教之关系的本体论分析》一文中，将本体论层面关于学与教关系研究的变迁历程从整体上分为两大部分，一是西方和陶行知时代之前中国的看法——分，二是几十年来中国的流行看法——合，由此而来，从分到合就构成了对于教与学关系认识的总特征。在此基础之上，作者指出：“在中国古代教育史中，‘学’是一个显性范畴，而‘教’只是一个隐性范畴；到了19世纪末20世纪初，‘教’成为显性范畴，而‘学’成为隐性范畴；在近几十年的中国，‘学’与‘教’都成为隐性范畴，只有‘教学’才是显性范畴；而在现代英语国家，‘学’与‘教’都是显性范畴”②，由此而得出关于教与学关系的新命题——“分中合”。所谓的“分中合”，就是从根本上讲教与学是分开的，是两种本质上不同的活动，但相互之间又是密切关联的，有时在时空上存在重合的情形。究其实质，为了明确界定“教”和“学”是两个不同的范畴，教与学是本质上不同的两种活动。

从立新在《教学概念的形成及意义》一文中针对教学关系之“分中合”命题，提出了自己的看法：

> 这种意见有着相当的代表性，如果查阅一下近20年来有关文献一定可以看到，关于分别理解和处理“教”与“学”的主张，几乎每隔一段时间总会出现。而这种现象告诉我们：科学的教学概念在理论上的确立并不意味着它在实践中亦能够得到正确运用。就如上文所说，注意到教与学的相对独立，毫无疑问是正确的，但却

① 从立新：《教学概念的形成及意义》，《北京师范大学学报（社会科学版）》2007年第5期。

② 丁念金：《学与教之关系的本体论分析》，《教育学报》2006年第1期。

> 将这种相对独立夸大了，以至于失去了合理性。姑且承认，离开教的学是存在的，但那种所谓的“学”却不是教学中的学。严格地说，彻底脱离“教”的“学”是不存在的，因为任何“学”总是指向超越于学习者现实的对象，指向某种期望达成的状态，无论这种对象或状态是精神的还是物质的，是社会化的还是纯自然的，总是会以某种方式规范和限定着“学”。同样，离开学的教，或者“教”没有以“学”为对象，它如何存在？事实上，每每为人所忽视的就是，在教学条件下（注意：特定在教学条件下），“教”与“学”绝不是“可分”“可合”，而是永远统一，永远互相依存，永远不可分割的。只有理论研究或实践中着力有所侧重的问题，不存在“分”或“合”的问题。一旦真的“分开”，则教学就消失，就不复存在。完全不针对学生学的“教”是不可设想的，脱离学生实际的教师独白或表演，已经不是教。[①]

正是在此基础之上，从立新重申了对于教与学关系的主张——教学概念的核心精神即在“教学”中“教”与“学”是统一的，不能分开。作者还进一步指出，国内学者在承认教与学统一性基础之上所形成的关于“教学”的概念，经历了从中国古代到西方到苏联再回到中国的“一条国际化的道路”，被国内教育工作者广泛接受并运用至今。王策三在《教学论稿》中对于教学概念的定义就具有代表性，即“所谓教学，乃是教师教、学生学的统一活动；在这个活动中，学生掌握一定的知识和技能，同时，身心获得一定的发展，形成一定的思想品德”[②]。这正是对于教学活动中教与学关系辩证统一、相互联系的理论回答。

无论是教与学关系的“分中合”还是“辩证统一”，学者们对于教与学关系的理论探讨，是为了从更深层次来揭示教学活动中的教与学之间的相互关系，“任何学术上的‘完美’，都意味着新的课题，都愿意

---

① 从立新：《教学概念的形成及意义》，《北京师范大学学报（社会科学版）》2007 年第 5 期。

② 王策三：《教学论稿》（第二版），人民教育出版社 2005 年版，第 87 页。

被‘超越’，愿意过时。每一位愿意献身学术的人，都必须接受这个事实”①。我们在承认教与学共同存在于教学活动之中的基础上，借用刘庆昌教授关于教与学关系的阐述，认为“教学是教的学”并以此来理解教与学之间的关系。刘庆昌教授在《教育哲学新论》中从“有和无”的维度，对教与学之间的关系进行了阐释②，如表5－11所示。

表5－11　　**《教育哲学新论》中对教与学关系的阐释**

教	学	组合结果	理论判断
无	无	无教无学	不存在
无	有	无教的学	存在；自学而非教学
有	无	无学的教	不存在
有	有	有教的学	存在，即教学
		有学的教	存在，没有认识论意义

根据历史和逻辑的推论而知，有教的学是继无教的学之后出现的特殊形态的学习。教学，即有教的学，是一种特殊的学习形式。其特殊性就表现在学生学习过程中有教师及其教的参与。由此可知，教和学仅在“有教的学”中相互依存和统一，即仅在教学过程中教和学相互依存、对立统一。

从“有教的学”的立场来看待教与学之间的关系，学就成为一种本体性的存在，教成为一种条件性的存在。即教存在于“有教的学”这一特殊的学习活动之中，教的存在必须以学习活动为其存在的前提。此种情景中的教，既是教师的行为也是教育行为，从总体上来看是作用于学生的多种教育行为的统一。“教学是有教的学，意味着一定性质和方式的教，要求学具有与它相匹配的性质和方式；同样地，一定性质和方式的学，也要求教必须具有与它相匹配的性质和方式。这就是教和学相互依存、相互统一的实质。教和学的相互依存和统一，使得教学成为

① ［德］韦伯：《韦伯文集（上）》，韩水法编，中国广播电视出版社1999年版，第82页。

② 刘庆昌：《教育哲学新论》，科学出版社2018年版，第57页。

现实的存在”[①]。由此可知，“学，是在教之下的学；教，是为学而教”[②]。事实上，在中国古代教学思想中已经包含此种教与学关系的论述。《学记》关于“长善救失”的论述就可见其端倪：

> 学者有四失，教者必知之。人之学也，或失则多，或失则寡，或失则易，或失则止。此四者，心之莫同也。知其心，然后能救其失也。教也者，长善而救其失者也。

教者长善救失是在学者四失的情况下展开的（教是为学而教），同样，教者就是针对学者的四失而长善救失的（学是在教之下的学）。教和学在四失的情境之下展开，最终是为了达到长善救失的教学目的。同样，《学记》也论述了关于教与学关系的另一面：

> 力不能问，然后语之，语之而不知，虽舍之可也。

同《论语》中“举一隅不以三隅反，则不复也”有异曲同工之妙，即“不教之教”。“一定性质和方式的学，也要求教必须具有与它相匹配的性质和方式”，既然学“不知”“不反”，那么教自然“舍之”“不复”。同样，“善待问者如撞钟，叩之以小者则小鸣，叩之以大者则大鸣，待其从容，然后尽其声”，教者以“叩”之小、大的情况不同而做出不同的应答，此教正是依学而教，也是为学而教。

“教学是有教的学”，为我们重新走进古代教学生活提供了思想启发和理论依据，中国古代教学哲学的历史考察就是从此而开始的。

［结语］

从教学即有教的学且是一种特殊的学习形式的思维立场来看待教与学关系，就为我们重新理解教学活动中的教与学之间的关系提供了新思路。既然教学是一种特殊的学习形式，从其本质上来讲，教学指向于学并服务于学，学就作为衡量教学成功与否的标准。换句话来说，教学就

① 刘庆昌：《教育哲学新论》，科学出版社 2018 年版，第 62 页。

② 王策三：《教学论稿》（第二版），人民教育出版社 2005 年版，第 121 页。

是以促进学生身心发展为旨归。同样，中国古代教学哲学无论是从教学理念还是从教学目的、教学内容、教学方法来看，就是以成己成人为旨归的仁智统一之学。成己成人正是指向学生的自我完善，就是在成己的基础之上成人，又通过成人来成己。而进学与成德正是实现成己成人的途径所在，成德以仁为先，进学以知（智）为先，仁智统一就是成德与进学的本真所在。儒家教学就是围绕仁智统一的教学目的、教学内容、教学方法而展开，并最终由仁智统一的教师来引导学生达到完美的人生境界。故此，“教学即有教的学”对于教与学关系的新阐释，与仁智统一的为己之学具有内在学理的同构性，为我们立足于古代教学哲学思想来思考如何构建现代教学哲学体系提供了新思路。或许，我们可以从仁智统一的为己之学中寻找到未来教学哲学发展的新空间，这也正是我们对中国教学哲学展开历史考察的主旨所在。

结 语

仁智统一的为己之学

正如牟宗三先生所言："中国的文化系统是仁智合一而以仁为笼罩者的系统"[①]。儒家仁智统一学说，"是从教学实践中总结出来的。在孔子和儒家看来，仁且智是理想人格（圣人）的主要特征，而如何通过教育来培养这样理想的人格，则是儒家的理论和实践所要解决的主要问题"[②]。以孔子、孟子、荀子为代表的儒家学者所推崇的仁智统一的教育精神，不仅是中国古代社会教师理想人格的主要特征，而且是自古及今理想教师人格的终极标准。"爱和智是教育的灵魂，是教育的基本追求和原则"，"只有兼具爱智的人，才能从事统一爱智的教育事业。教育是爱者和智者的事业，无爱的智者无心搞教育，无智的爱者无力搞教育，这是由其职业特点决定的，实践的要求比理论的说明更有力量。举凡成功的教育者是兼具爱智的。教育者成功的经验，完全可以用爱和智加以概括，其余的铺排总是多余的"[③]。仁者爱人，爱智的人，就是仁智统一的人，只有仁智统一的人才能成为真正热爱教育的教师，同样，只有仁智统一的教师才能塑造人类完整的灵魂，才能把人培养成为全面和谐发展的人。

作为一个教育家，"孔子的目标就是要培养仁智统一的理想人格。他自己以'学而不厌、诲人不倦'的品德为学生树立了榜样"[④]。孟子同样把仁智统一看作成为圣人的内在根据，体现了孔孟思想的一脉相

① 牟宗三：《道德理想主义的重建》，中国广播电视出版社1992年版，第34页。

② 冯契：《中国古代哲学的逻辑发展》，华东师范大学出版社2016年版，第72页。

③ 刘庆昌：《初论爱和智在教育中的统一》，《教育理论与实践》1997年第3期。

④ 冯契：《中国古代哲学的逻辑发展》，华东师范大学出版社2016年版，第78页。

承，“在仁、义、礼、智四者之中，基本品格是仁与智。所谓羞恶之心与恭敬之心（辞让之心）无非是仁智融合的具体形态，正是在这一意义上，孟子有时直接以仁和智来概括理想的人格：‘仁且智，夫子既圣矣’。这里的夫子即指孔子，而孔子之所以已达到完美的人格境界，便在于他已具备了仁与智的双重品格”①。荀子在《子道》篇中则从三个具体层面来论述仁智统一的教师理想人格：

> 子路入。子曰：“由，知者②若何？仁者若何？”子路对曰：“知者使人知己，仁者使人爱己。”子曰：“可谓士矣。”子贡入。子曰：“赐，知者若何？仁者若何？”子贡对曰：“知者知人，仁者爱人。”子曰：“可谓士君子矣”。颜渊入。子曰：“回，知者若何？仁者若何？”颜渊对曰：“知者自知，仁者自爱。”子曰：“可谓明君子矣。”（《荀子·子道》）

儒师人格修养境界由此可划分为如表 1 所示。

表 1　**儒师人格修养境界**

	智者	仁者
士	知己	爱己
士君子	知人	爱人
明君子	自知	自爱

仁智统一的修养境界就是从“士”“士君子”直至“明君子”③ 的有次第有层次而无止境的自我完善境界。“教学不仅仅是人们所说的

① 杨国荣：《孟子评传》，广西教育出版社 1994 年版，第 95 页。

② 知，同“智”。以下凡“知者”的“知”均同。

③ 我们如果对“三者”进行学理分析，不难发现：“士”“士君子”“明君子”三个阶段的修养过程，基本上吻合师者从“教者”“教育者”到“教育家”的从教三重境界。教者，主要是教书，有能教和善教两层次；教育者，是体现教育性的教者，需要更多优秀的个人品质；教育家，是具备教育精神和教育智慧的教育者，是从教者的最高境界。［参见刘庆昌《论从教者的三重境界：教者、教育者、教育家》，《太原师范学院学报（社会科学版）》2010 年第 3 期。］

‘成人之学’，更应该是教师的‘为己之学’，这是对教师通过教学成就自我这种个人价值追求的应有承认和基本尊重”①，即在教人中实现自我人格的完善——成人而成己。

成己成人的教学目的、文道合一的教学内容及以道自得的教学方法，共同构成了仁智统一的教学哲学的逻辑体系。其一，以君子—圣人为目标、小成与大成相结合的成为君子的教学目的，正是将《大学》之“道”与《学记》之“学”完美结合的产物。正如陈澧在《东塾读书记》中所言：“《大学》篇首云‘大学之道’，《学记》亦云‘此大学之道也’，可见《学记》与《大学》相发明，知类通达，物格知至也。强立不反，意诚心正，身修也。化民易俗，近者说服，远者怀之，家齐国治天下平也。其离经辨志、敬业乐群、博习亲师、论学取友，则格物致知之事也。分其年，定其课，使学者可以遵循，后世教士当以此为法。夫七年可以小成，九年可以大成。有志于学者，当无不乐而从之。若以此为法，学术由此而盛，人才由此而出矣”②。其二，以文道合一为主旨的教学内容，就是对以《六经》文本为中心的古代教学内容的总结和概括。文就是道，道就是文，在文就是《诗》《书》《礼》《乐》《易》《春秋》，在道就是仁与义，文道合一就是博文约礼。博我以文，致知格物也；约我以礼，克己复礼也，圣人教人惟此二事。先博我以文，使我知古今，达事变；然后约我以礼，使我尊所闻，行所知。博文约礼之中既内涵进业与成德之理，又体现知行合一之事。致知格物在于智，克己复礼在于仁，博文约礼就是智仁合一。其三，以道自得体现了教和学二者之间的辩证统一，以道是手段，自得是目的。“以道”既包括造道之法又包括修道之法，造道之法就是为学之序，为学之序就是博学、审问、慎思、明辨、力行之次序，为学依此次序就是以道；修道之法就是为仁之序，克己复礼为仁，修道能克己复礼就是以道。“自得”就是“以道深造”的目的，教学活动中教者以造道之法和修道之法而教，学者就“能以道而为之不已，造之愈深，则自然而得之”，可见，

① 徐继存：《教学乃“为己之学”——教学行为的道德评判》，《教育理论与实践》2007年第5期。

② （清）陈澧：《东塾读书记》，上海古籍出版社2012年版，第159页。

学者“自然而得之”正是缘于教者“以道”。由此而知，仁智统一的教学哲学逻辑体系中对于教与学关系的阐述，切合“教学即有教的学”中对于教与学关系的学术判断，进而为构建体现中国古代教学哲学传统的现代教学哲学体系提供必要的理论支撑。

儒家仁智统一学说正是基于君子“为己之学”的为学宗旨所形成的，同样，仁智统一的教学目的、教学内容和教学方法正是为了实现“为己之学”的为学宗旨。“为己之学”正是致力于“学”，就是“独学共学，教人以学，皆学中事”，“学与教，皆学也，惟其受教，即是学也”，就是从“成己”的目的来看待为学的过程，教人之学是自我学习的有机组成部分。学既是教者的学，也是学者的学；教者对于学者的教，也是自身学的体现。“学而不厌，诲人不倦”之中，就包含着基于教者本人来说的学与教统一体，“善教者则不然，视徒如己。反己以教，则得教之情也。所加于人，必可行于己，若此则师徒同体。人之情，爱同于己者，誉同于己者，助同于己者，学业之章明也，道术之大行也，从此生矣”（《吕氏春秋·诬徒》），学与教统一于整体的学之中。学与教的统一是从教者一生学习的角度来认识的，正是因为每个人都是学习者，所以教者在教学过程中就是从学者学的角度来思考教，由此最好的教自然就是“自得之教”——“君子深造之以道，欲其自得之也。自得之，则居之安；居之安，则资之深；资之深，则取之左右逢其原，故君子欲其自得之也”（《孟子·离娄下》）。“自得之教”所体现的正是教者的“圣化”之功：“善为师者，既美其道，有慎其行，齐（剂）时蚤晚，任多少，适疾徐，造而勿趋，稽而勿苦，省其所为，而成其所湛，故力不劳而身大成。此之谓圣化，吾取之”（《春秋繁露·玉环》）。同样，最好的学正是“自得之学”：“善学者，师逸而功倍，又从而庸之”，“师逸而功倍”不就是教的最高境界。“师逸而功倍”就会形成理想的教学效果：“安其学而亲其师，乐其友而信其道，是以虽离师辅而不反也”，安学亲师、乐友信道正是继志的表现，善教继志，教即善，学即善，善教善学就是教学哲学所期望达到的理想境界。由此，中国古代教学哲学的逻辑体系结构为：

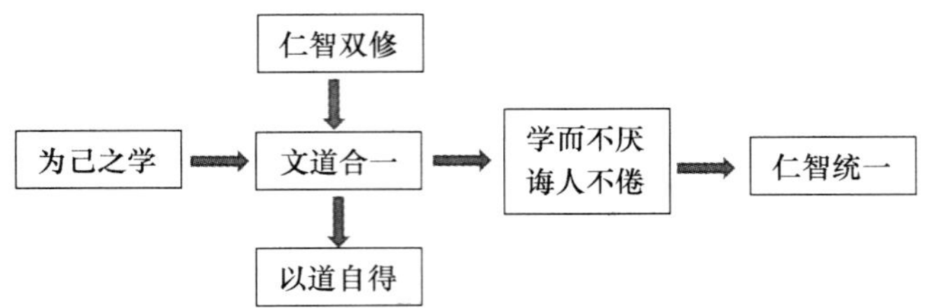

中国古代教学哲学就是教学理念和教学操作思路的统一体且止于仁智统一的圣贤境界。

中国古代教学哲学就是仁智统一的为己之学。

参考文献

程树德：《论语集释》，中华书局 2013 年版。
王弼：《老子道德经注》，中华书局 2011 年版。
焦循：《孟子正义》，中华书局 1987 年版。
王先谦：《荀子集解》，中华书局 1988 年版。
苏舆：《春秋繁露义证》，中华书局 1992 年版。
陈立：《白虎通疏证》，中华书局 1994 年版。
许维遹：《吕氏春秋集释》，中华书局 1985 年版。
屈守元、常思春：《韩愈全集校注》，四川大学出版社 1996 年版。
李翱：《李翱集》，甘肃人民出版社 1992 年版。
周敦颐：《周敦颐集》，中华书局 2009 年版。
张载：《张载集》，中华书局 1978 年版。
程颢、程颐：《二程集》，中华书局 1981 年版。
朱熹：《四书章句集注》，中华书局 2011 年版。
朱熹：《朱子语类》，中华书局 1983 年版。
陆九渊：《陆九渊集》，中华书局 1980 年版。
王守仁：《王阳明全集》，上海古籍出版社 1992 年版。
陈淳：《北溪字义》，中华书局 1983 年版。
戴震：《孟子字义疏证》，中华书局 1961 年版。
马端临：《文献通考》，中华书局 1986 年版。
黄宗羲：《宋元学案》，中华书局 1986 年版。
陈澧：《东塾读书记》，上海古籍出版社 2012 年版。
王应麟：《困学纪闻》，商务印书馆 1959 年版。
张伯行：《学规类编》，商务印书馆 1936 年版。

马一浮：《泰和宜山会语》，辽宁教育出版社 1998 年版。

许慎：《说文解字》，中华书局 1963 年版。

高时良：《学记研究》，人民教育出版社 2006 年版。

罗焌：《诸子学述》，华东师范大学出版社 2008 年版。

复旦大学哲学系中国哲学研究室：《中国古代哲学史》，上海古籍出版社 2011 年版。

汤一介、李中华：《中国儒学史》，北京大学出版社 2011 年版。

中国科学院哲学研究所中国哲学史组、北京大学哲学系中国哲学史教研室：《中国哲学史资料简编》，中华书局 1962 年版。

蒙培元：《理学范畴系统》，人民出版社 1989 年版。

郭沫若：《十批判书》，科学出版社 1959 年版。

左玉河：《从四部之学到七科之学——学术分科与近代中国知识系统之创建》，上海书店出版社 2004 年版。

刘师培：《经学教科书》，岳麓书社 2013 年版。

朱义禄：《从圣贤人格到全面发展——中国理想人格探讨》，陕西人民出版社 1992 年版。

刘蔚华、赵宗正：《中国儒家学术思想史》，山东教育出版社 1996 年版。

毛礼锐：《中国教育史简编》，教育科学出版社 1984 年版。

毛礼锐、沈灌群：《中国教育通史》，山东教育出版社 1985 年版。

张瑞璠：《中国教育史研究》，华东师范大学出版社 1991 年版。

周德昌：《中国古代教育思想的批判继承》，教育科学出版社 1982 年版。

王炳照等：《简明中国教育史》（第四版），北京师范大学出版社 2008 年版。

高时良：《中国古代教育史纲》（第三版），人民教育出版社 2003 年版。

王炳照、阎国华：《中国教育思想通史》，湖南教育出版社 1994 年版。

孙培青、李国钧：《中国教育思想史》，华东师范大学出版社 1995 年版。

顾树森：《中国古代教育家语录类编》，上海教育出版社 1988 年版。

孟宪承等：《中国古代教育史资料》，人民教育出版社 1961 年版。

陈桂生：《教育文史辨析》，华东师范大学出版社 2012 年版。

《中国哲学范畴集》，人民出版社 1985 年版。

陈壁生：《经学的瓦解》，华东师范大学出版社 2014 年版。

陈少明：《汉宋学术与现代思想》，广东人民出版社 1995 年版。
皮锡瑞：《经学历史》，中华书局 2008 年版。
钱基博：《经学通志》，上海古籍出版社 2011 年版。
熊十力：《论六经》，中国人民大学出版社 2006 年版。
朱彝尊：《经义考》，上海古籍出版社 2010 年版。
章学诚：《文史通义校注》，中华书局 2004 年版。
曹聚仁：《中国学术思想史随笔》，生活·读书·新知三联书店 1996 年版。
刘东、文韬：《审问与明辨：晚清民国的“国学”论争》，北京大学出版社 2012 年版。
马宗霍：《中国经学史》，商务印书馆 1937 年版。
张岂之：《中国学术思想编年》，陕西师范大学出版社 2006 年版。
高时良：《中国古典教育理论体系——孔子教育语义集解》，人民教育出版社 2006 年版。
杨国荣：《善的历程——儒家价值体系的历史衍化及其现代转换》，上海人民出版社 1994 年版。
杨国荣：《心学之思——王阳明哲学的阐释》，生活·读书·新知三联书店 1997 年版。
陈来：《有无之境——王阳明哲学的精神》，人民出版社 1991 年版。
陈来：《宋明理学》，华东师范大学出版社 2004 年版。
吕思勉：《理学纲要》，商务印书馆 2015 年版。
杜维明：《儒家思想新论——创造性转换的自我》，江苏人民出版社 1996 年版。
刘乐恒：《马一浮六艺论新诠》，上海古籍出版社 2015 年版。
陆有诠：《躁动的百年——20 世纪的教育历程》，山东教育出版社 1997 年版。
张岱年：《中国哲学大纲》，中国社会科学出版社 1982 年版。
周桂钿：《中国传统哲学》，北京师范大学出版社 1990 年版。
牟宗三：《中国哲学的特质》，上海古籍出版社 1997 年版。
张岱年：《中国古典哲学概念范畴要论》，中国社会科学出版社 1987 年版。

张立文：《中国哲学范畴发展史》，中国人民大学出版社 1988 年版。
《中国哲学史研究》编辑部：《中国哲学史主要范畴概念简释》，浙江人民出版社 1988 年版。
冯契：《中国古代哲学的逻辑发展》，上海人民出版社 1983 年版。
黄济：《中国传统教育哲学思想概论》，河南教育出版社 1994 年版。
于述胜、于建福：《中国传统教育哲学》，江苏教育出版社 1996 年版。
于建福：《孔子的中庸教育哲学》，中央编译出版社 2004 年版。
陈桂生：《孔子授业研究》，教育科学出版社 2012 年版。
孙杰：《中国古代教育学范畴发生史：以〈学记〉为中心》，中国社会科学出版社 2019 年版。
孙杰：《教学相长：〈学记〉历代注释的整理与研究》，中国社会科学出版社 2019 年版。
何光荣：《中国古代教育哲学》，北京师范大学出版社 1997 年。
崔宜明等：《中国传统哲学与教育》，上海教育出版社 1995 年版。
黄书光：《理学教育思想与中国文化》，上海教育出版社 1993 年版。
刘复兴、刘长城：《传统教育哲学问题新释》，湖北教育出版社 2000 年版。
张瑞璠、黄书光：《中国教育哲学史》，山东教育出版社 2000 年版。
陈元晖：《中国教育学史遗稿》，北京师范大学出版社 2001 年版。
周浩波、迟艳杰：《教学哲学》，辽宁教育出版社 1993 年版。
陶志琼：《新旧之间：教育哲学的嬗变》，重庆出版社 2003 年版。
孙喜亭：《教育学问题研究概述》，天津教育出版社 1989 年版。
吴文侃：《比较教学论》，人民教育出版社 1996 年版。
王策三：《教学论稿》（第二版），人民教育出版社 2005 年版。
裴娣娜：《现代教学论》，人民教育出版社 2005 年版。
张楚廷：《课程与教学哲学》，人民教育出版社 2003 年版。
于永昌：《教学哲学》，辽宁教育出版社 2013 年版。
张立昌、郝文武：《教学哲学》，中国社会科学出版社 2009 年版。
田慧生、李如密：《教学论》，河北教育出版社 1999 年版。
董远骞：《中国教学论史》，人民教育出版社 1998 年版。
张传燧：《中国教学论史纲》，湖南教育出版社 1999 年版。

熊明安：《中国教学思想史》，西南师范大学出版社 1989 年版。
李定仁：《教学思想发展史略》，甘肃教育出版社 2004 年版。
王毓珣：《孔子教学思想论稿》，长春出版社 2003 年版。
吴洪成：《中国学校教材史》，西南师范大学出版社 1998 年版。
熊承涤：《中国古代学校教材研究》，人民教育出版社 1996 年版。
熊明安、熊焰：《中国古代教学活动简史》，重庆出版社 2013 年版。
刘庆昌：《广义教学论》，山西教育出版社 2011 年版。
刘庆昌：《教育哲学新论》，科学出版社 2018 年版。

后　　记

中国教学哲学的历史考察是追寻教育学史研究，应成为教育史研究中心环节的主旨之旅。师爷陈元晖先生在《中国教育家评传》（沈灌群和毛礼锐先生主编）“序言”中指出：教育史研究中史与论的结合，就是教育史与教育学两者的结合。教育史应该总结前人的教育经验，总结了的经验是经过理论思维的，经过理论思维的“经验总结”，就是教育理论，就是教育学；教育学是教育思维发展史之学，是理论思维在教育方面发展的历史之学。严格地说，教育史应该叫作“教育学史”，是教育理论（教育学）在各部门体现的历史。教育学史研究应成为教育史研究的中心环节，教育学不管教育史与教育史不管教育学的分离局面必须终止。教育史与教育学的结合既是发展教育史研究之路，也是发展教育学研究之路。据此，陈元晖先生认为中国教育学起源于儒家，《论语》《孟子》《荀子》《礼记》是中国教育学的四大源泉，中国教育学就是由此发展而来的。正如导师王炳照先生在《中国教育学史遗稿》“序言”中所指出的那样，陈元晖先生就是要在总结本国优秀教育遗产的基础之上，按照中国人的学术模式撰写一部《中国教育学史》，《〈礼记〉新读》就是先生研究“自己的优秀遗产”的开篇之作（也是先生的遗作）。因此，如何沿着先生的遗迹继续寻找把教育学托上天空的彩云，从而形成一种研究中国教育史的新范式，进而实现教育学史研究成为教育史研究中心环节的研究主旨，正是作者对中国教学哲学展开历史考察的责任和使命所在。

中国教学哲学的历史考察是诠释爱智统一教育原理的思想之旅。爱智统一教育原理是刘庆昌教授提出并加以系统论证的。从《初论爱和智在教育中的统一》到《爱智统一的教育原理》再到《教育哲学新论》

一书的出版，刘庆昌教授逐步形成了系统的爱智统一教育理论。《教育哲学新论》指出：爱和智是教育的灵魂，是教育的追求和原则，爱智统一正是教育的精神所在。爱智统一的教育精神中爱是智爱、智是爱智，并与教育的基本过程、基本原则、基本追求及教育者的基本素质紧密相连。爱智统一的教育精神，是在历史的逻辑的分析基础之上提出的，源于历史，又需要回到历史，才能成立。中国教学哲学立足于为己之学的为学宗旨，从“为己”的角度来看待学和教之间的关系，学之成己与教之成人共同构成了成己成人的全过程。学而不厌与诲人不倦正是成己成人的真实写照。学而不厌为智，诲人不倦为仁，学而不厌与诲人不倦就是仁智统一的体现。仁者爱人，仁智统一就是爱智统一，仁智统一的中国教学哲学就是爱智统一教育原理的历史再现。

中国教学哲学的历史考察是践行教学观和教学操作思路统一体的学术之旅。教育思维是教育观和教育操作思路的统一体，由此可知，教学思维是教学观和教学操作思路的统一体。教育精神是教育性在人思维中的转化和升华，爱智统一的教育精神，就会形成与之相匹配的爱智统一的教育观与教育操作思路。同样，正是因为存在爱智统一的教育观和教育操作思路，才会转化和升华成为爱智统一的教育精神。本书的写作正是遵循教学观和教学操作思路相统一的思维路径，来诠释中国古代教学哲学所蕴含的仁智统一的教育精神。而以好教学、好学生、好教师为表征的教学境界，就是仁智统一的教学观和教学操作思路统一体所要追寻的理想境界。故此，中国古代教学哲学就是践行仁智统一的教育精神之学。

爱智统一的教育精神，或许可以成为理解中国教学哲学的一种新范式，一种从“自己的优秀遗产”出发来构建现代教学哲学体系的新范式。或许，我们可以从仁智统一的为己之学中寻找到未来教学哲学发展的新空间。感谢刘庆昌教授的理论智慧，为开展中国教学哲学的历史考察提供了新思路和新方法。作为同事，从 2008 年 6 月进入山西大学教育科学学院工作以来，受益于刘庆昌教授学术思想的影响和启发，更直接受益于每次推心置腹的坦诚的思想交流和学术指导，我对如何开展中国教学哲学研究有了更为深入、系统的理解和把握。本书的写作，既是追寻陈元晖先生的学术遗愿又是对爱智统一教育原理的历史诠释，成己成人，先生们用自己的教育智慧启迪了后学者的思维方式，更彰显了自己学术的思想魅力和理论价值。愿本书的写作能恰当地呈现自己的理解和收获，并以此来向学术前辈们表达自己的敬意。学习是一生的行为，愿自己能获得更多的受益，能用文字表达更多的收获。

在本书的写作过程之中，得到了教育史学界诸多专家的帮助和指导，在此一并谢过。鉴于作者本人学识和能力的局限，如果在引用基本史料的过程中存在诸种理解不到位的情况，请各位专家和学者批评、指导。感谢刘庆昌院长亦师亦友的关心和指导，感谢韩树林书记对我写作的大力支持和暖心帮助，感谢学院所有支持和帮助我的同事们。感谢家人给予我一如既往的关爱，谢谢爱人刘莉萍女士和宝贝女儿孙悠然同学，正是因为有你们，我才有努力奋斗的信心和勇气。

金秋是收获的季节更是感恩的季节，满眼的金黄，回报大地，回归故土，来年枝头的嫩叶必感恩泥土的芳香。沉醉在这北方醉人的金黄！

孙　杰

2019 年 10 月 24 日